本书是国家"十二五"科技支撑计划 06 课题 ——"基于风险的特种设备安全监管关键技术研究"（项目编号：2011BAK06B06）的研究成果，并受到科技部公益性行业科研专项（201210117，201310202）与国家科技支撑计划课题(2015BAH27F01)的资助

宏观质量管理学术丛书

ZhiLiang BoYi Lun

质量博弈论

张继宏·编著

中国社会科学出版社

图书在版编目(CIP)数据

质量博弈论/张继宏编著. —北京:中国社会科学出版社,2014.12
ISBN 978 - 7 - 5161 - 5407 - 6

Ⅰ.①质… Ⅱ.①张… Ⅲ.①博弈论—应用—质量管理—研究 Ⅳ.①F273.2

中国版本图书馆 CIP 数据核字(2014)第 308487 号

出 版 人	赵剑英
责任编辑	田 文
特约编辑	陈 琳
责任校对	张爱华
责任印制	王 超

出 版	中国社会科学出版社
社 址	北京鼓楼西大街甲 158 号
邮 编	100720
网 址	http://www.csspw.cn
发 行 部	010 - 84083685
门 市 部	010 - 84029450
经 销	新华书店及其他书店

印 刷	北京市大兴区新魏印刷厂
装 订	廊坊市广阳区广增装订厂
版 次	2014 年 12 月第 1 版
印 次	2014 年 12 月第 1 次印刷

开 本	710×1000 1/16
印 张	14.5
插 页	2
字 数	245 千字
定 价	45.00 元

跨学科的前沿探索

——《宏观质量管理学术丛书》总序

　　无论宏观质量管理的定义还需要怎样的精确界定，也无论宏观质量管理的学科体系还有待怎样的科学凝练，宏观质量作为一种客观现象的存在是毋庸置疑的，而对宏观质量的管理更是一个显而易见的问题。科学最重要的是发现"问题"，这些问题既是新的，背后的规律又是有待人们去探索的。宏观质量以及对宏观质量的管理，就是一个新的问题，也是亟须从科学上探索其内在规律的问题。《宏观质量管理学术丛书》的定位，就是立足于探索宏观质量现象背后的科学规律，并在此基础上提出科学的质量管理和质量治理的制度、方法与工具。

　　现代科学的发展趋势就是要研究"问题"，同时对问题的研究则是采用跨学科的研究方法。宏观质量管理本身就是一个复杂的问题，需要从管理科学、经济科学、信息科学、工程科学和人文科学的跨学科视野展开综合研究，只有这样的跨学科研究才能识别和认识宏观质量管理背后的一般规律。《宏观质量管理学术丛书》将从跨学科的角度，推出系列的学术专著，包括微观产品质量与宏观经济增长质量研究、中国特色质量管理体制机制变迁研究、中国质量史研究、区域质量评价与经济性影响因素研究、质量主体博弈研究、质量责任体系研究、比较实验对中国质量治理体系优化研究、中国质量服务机构发展研究、标准作为一种市场秩序的理论研究、大数据管理下的质量创新研究、电子商务中质量信息分析研究、网络质量语义研究、基于网络的质量安全监测与预警方法研究等。这些系列著作都将从跨学科的角度，研究和探索宏观质量管理这一问题。

《宏观质量管理学术丛书》的学术追求是前沿与创新，将整合应用跨学科的前沿理论，以实证为主要研究方法，立足于大数据的应用，着力于对问题背后一般规律的探索，力求提出有创新性的理论观点和科学方法。

《宏观质量管理学术丛书》由武汉大学质量发展战略研究院、宏观质量管理湖北省协同创新中心组织编辑出版，是武汉大学质量发展战略研究院学术同仁科研成果的汇聚，将集中反映武汉大学质量发展战略研究院这一学术共同体的学科范式和科学追求。

程　虹

《宏观质量管理学术丛书》主编

2014 年 12 月于武汉大学樱顶

目　　录

3

导　　论

　　经济学的三次重大的"革命"，分别是"边际分析革命"、"凯恩斯革命"与"博弈论革命"。博弈论（game theory）作为 20 世纪最重要的社会科学成果之一，深刻地影响着人们对人类社会运行模式和制度构建的思考。当代最著名的经济学家，诺贝尔经济学奖得主保罗·萨缪尔森（Paul Samuelson）曾经这样阐释博弈论对于现代社会的重要性，他说："如果想成为现代社会中博闻广识的人，你必须对博弈论有某种程度的了解与认知。"尽管博弈论还是一个非常年轻的学科，从它的创立到现在还只有 70 多年的时间，但其发展的速度却是非常之快的，其影响也是相当深远的和十分广泛的。

　　随着现代经济的迅猛发展，博弈论的分析方法日益为人们所认识和接受，并将其应用于社会现象的分析研究中。现实中，有非常多的学者把博弈论看成数学的一个分支，是一种方法学。目前，博弈论已成为一个博大精深的科学体系，广泛应用于经济学、政治学、军事决策、计算机科学与生物演化等领域的研究。同时它还与数学、心理学、统计学、认识论以及伦理学等学科有着重要的联系。更有人称博弈论为"社会科学中的物理学"，它与各学科之间相互影响、相互促进。一方面，借鉴其他学科的思想成果；另一方面，它也促进了其他学科的发展。博弈论与经济学的关系尤为密切，其最直接的应用领域是在契约、合作及各种公共产品管理等领域，博弈论的影响广及产业组织的市场理论、契约与合同的设计、政府行为与规制的机制设计等诸多方面，为研究各种经济现象开辟了全新视野。这些领域的应用情况包括 20 世纪 60 年代的国际关系，20 世纪七八十年代的经济学、商业以及进化生物学领域，还有 20 世纪八九十年代的政治科学领域。现在，人们对博弈论中的一些术语已经耳熟能详，例如："零和博弈"和"囚徒困境"，它们已经成为现代语言的一部分。

但是，博弈论在质量科学中的应用并不像在经济学中那样发展迅速，更多的是在研究经济问题时涉及某些质量现象。经济学的全部理论从根本上讲是围绕"人如何进行选择"来展开的，而"质量"其实就是一个选择问题。另外，当前我国经济增长追求"质量"与"效益"，是我国转变经济发展模式的根本要义。"质量"作为一种促进经济发展的普适性要素，在当今中国经济发展中变得越来越重要。传统教科书中讲，经济学是研究稀缺资源的有效配置的。但是"质量"作为一种普适性的经济要素，并不表现为稀缺性。从现代的观点看，更为恰当地说，经济发展中追求"质量"是研究"人"或"利益主体"的质量行为的。研究行为的学科有很多，不止经济学。但是，在研究利益主体追求"质量"行为时，就是经济学中的基本假定——人是理性的。理性人是指在面临给定的约束条件下最大化自己的偏好。理性人与自私人的不同表现在理性人可能是一个利己主义者，但也可能是一个利他主义者。

博弈论是研究决策主体的行为发生直接相互作用时候的决策以及这种决策的均衡问题。也就是说，当一个主体，一个个人或一个企业的选择受到其他人、其他企业行为选择的影响，并且反过来这种选择影响到其他人、其他企业选择的决策问题和均衡问题。在这个意义上来说，博弈论又称为"对策论"。人们之间决策行为相互影响的例子很多，几乎所有我们遇到的生活中的事情都是这样的。在"质量"管理领域也是如此。比如说检测检验市场的国际集团与我国检测技术机构之间的博弈与对抗；再有在中央政府取消质检系统垂管体系的过程中，中央政府与地方政府之间也存在相互博弈。就是说，中央政府采取一种行动会影响地方政府的行动，反过来地方政府的行动又会使中央政府采取相应的政策改变。在取消垂管体系的过程中，质检系统对取消垂管系统抵触，因为这会影响到质检系统对人、财、物的利益，而由于质检系统划归地方政府进行管理，地方政府不但每年要保证质检系统行政经费的使用，而且要担负起本地质量安全的首要责任，因而也不愿接受取消质检部门的垂直管理体系。再有，涉及质量管理部门间质量责任的博弈问题。例如，质检部门与工商部门的博弈，当一件质量安全事件爆发之后，由于目前我国商品市场监管条块化监管机制的设计，质检部门负责产品生产阶段的质量安全监管责任，而在产品进入市场流通变为商品之后，由工商部门负责监管，这使得两个部门在责任承担上出现踢皮球和相互推诿的现象，但是当遇到利益时又相互争夺，所以博弈论的应用在质量领域是非常广泛的。

博弈论可以划分为合作博弈和非合作博弈。纳什、泽尔腾和海萨尼的贡献主要是在非合作博弈方面，而且现在经济学家谈到博弈论，一般指的是非合作博弈，很少指合作博弈。合作博弈与非合作博弈之间的区别主要在于人们的行为相互作用是：当事人能否达成一个具有约束力的协议。如有，就是合作博弈；反之，则是非合作博弈。例如，现在某些行业中由企业自愿联合产生的联盟标准，这些企业以这一标准来规范行业的市场行为，联合最大化垄断利润，并且各自按这一标准进行生产。我国的船舶检测市场，由13家船级社统一船舶检测标准，13家船级社的检测业务占市场90%以上的份额，在事实上起到了强制标准的作用，它们面临的问题就是如何分享合作带来的剩余，这就是合作博弈。但是如果这些企业间的协议不具有约束力，就是说，没有哪一方能够强制另一方遵守这个协议，每个企业都只选择自己的最优产量（或价格），则是非合作博弈。例如，2000年6月2日，康佳、TCL、创维、海信、乐华、厦华、熊猫、西湖、金星国内九大彩电企业发起首届中国彩电峰会。彩电峰会成员在相关问题上达成一致并签字。会议决定：制定6月、7月彩电最低零售限价，各彩电企业全国各地市场执行零售成交价不得跌破此限价。但事与愿违，7月中旬，厦华、熊猫的29英寸超平彩电在国美以低于2000元的价格销售，低于峰会限价600多元。协议成为一纸空文，家电价格大战重又燃起。这就是两个概念的区别。同时应该指出的是，合作博弈强调团体理性，强调效率、公正、公平。非合作博弈强调个人理性、个人最优决策，其结果可能是有效率的，也可能是无效率的。

理性经济人的个人理性行为可能导致集体非理性，在传统经济学里，价格可以使个人理性和集体理性达到一致。这是因为在传统经济学中研究个人行为时，总是假设其他人的行为都被总结在一个非人格化的参数——价格之中，所以个人是在给定价格参数下进行决策。传统经济学主张通过政府干预来避免市场失灵所导致的无效状态。我国的质量管理体系尤其如此，认为政府要对所有质量安全相关的事情负责，甚至达到每一件产品的安全状况。例如，对于特种设备的安全，我国《特种设备安全监察条例》、《特种设备安全法》规定特种设备监管局对特种设备的安全负责。

这突出反映了我国质量监管制度的安排并不能满足个人理性的追求，突出显现出质量安全的权责不清，市场与政府的行为相互纠缠不清。而解决个人理性与集体理性之间冲突的办法不是否认个人理性，而是设计一种机制，在满足个人理性的前提下达到集体理性。认识到个人理性与集体理性的冲突对于质量监管制度的安排是非常重要的，也有助于我国的宏观质量治理。

4

我们知道，产生"质量安全"问题的主要原因就是信息不对称，俗话说的"买的没有卖的精"，因此，我们在本书中也将重点研究信息不对称度对个人选择与制度安排的影响。在质量领域降低或者消除信息不对称是解决质量安全问题的最根本、最有效的制度安全与管理办法。反过来，信息不对称又可以指导各地质量发展战略的实施，品牌战略的实施，在信息不对称度越大的行业越应该实施品牌战略，从而促进经济的发展。

在撰写本书时，作者确定了几个目标。首先，作者要撰写的是一本质量博弈论的教材，而不是抽象的博弈论。因此，本书中更多地探讨博弈论与信息经济学在质量科学中的应用，更能引起质量管理人员的兴趣。所选择的内容，也是质量管理过程中较普遍的博弈问题进行分析。其次，在为质量管理专业学生们写这样一本书时，我们想适应更多的质量科学在背景和需要上的多样性。我们知道，质量相关专业中，大部分研究生只有有限的数学基础和模型分析基础，因此，对很多经典模型，本书采取陈述的讲解与分析，而非严谨的数学推导。但是，因此而忽视当代经典博弈模型所依托的数学上的严谨性和关键的概念，对这些研究生并不是一件好事。建议学生可自行学习集合论、数学分析、优化理论和概率论的一些必要的知识。当然，有一些攻读质量管理学专业的研究生，有较强的数学和经济学基础。我们希望这本书对他们同样有用。因此，对一些较难和较复杂的内容，我们也做了深入的分析与阐述。

本书在内容的组织上，偏离了较为普遍的做法，因为其中包含的许多内容或者直接与质量管理学科有关，或者是针对目前质量管理专业相对薄弱的知识领域，提供有益的补充。

第一章　纳什均衡与囚徒困境

　　"囚徒困境"现象在日常生活中十分广泛，在质量管理工作中也存在着不少，本章通过经典"囚徒困境"模型，解释博弈论的基本概念与定义，并根据我国现有的质量监管机制分析为什么这一工作机制在当前环境下会导致"囚徒困境"问题。随后，分析了"德国制造"的发展历程中的"搭便车"问题。

　　本章包括五节，第一节讨论博弈论的一些基本概念和战略式表述；第二节讨论博弈论的经典案例"囚徒困境"，以电梯监管中的"隐性制度"为例，讨论我国电梯安全风险问题；第三节讨论理性选择问题，以"智猪博弈"为例讨论质量管理中的"搭便车"问题，并描述了"德国制造"的发展历程；第四节给出纳什均衡的定义，以现行的质检监察制度为对象进行博弈分析；第五节，讨论了纳什均衡的存在性及多重性问题。

第一节　博弈论的基本概念与假设

一　基本概念

　　博弈论的基本概念包括参与人、行动、信息、战略、支付（效用）、结果和均衡。其中，参与人、战略和支付是描述一个博弈所需要的最少的要素。参与人、行动和结果统称为"博弈规则"。博弈分析的目的是使用博弈规则预测均衡，下面我们来依次介绍这些基本定义。①

---

　　①　对博弈论基本概念更为精确的定义，可参阅［美］罗伯特·吉本斯《博弈论基础》，高峰译，中国社会科学出版社 1999 年版，第 1 章；张维迎：《博弈论与信息经济学》，人民出版社 1996 年版，第 1 章。

参与人（player）：参与人指的是一个博弈中的决策主体，他的目的是通过选择行动（或战略）以最大化他的效用或收益（支付）。参与人可以是生活中的自然人，也可以是一个企业或组织，甚至是政府；还可以是一个国家或者多个国家组成的集团（如 OPEC、欧盟、东盟等）。重要的是在一个博弈中，每个参与人必须有可供选择的行动和一个很好定义的偏好函数，也就是说其决策对博弈结果有着重要影响的主体，我们都把他当作一个参与人。而那些不作决策的被动主体只当作环境参数来处理。

博弈论中的基本假设是理性经济人假设，即所有的经济人都是理性的，每个参与人都追求自身利益最大化。这一假设对个人来说，更容易理解。但是对一个团体或组织，并不那么容易理解。在博弈分析过程中，当把一个组织或团体视为一个决策主体时，一般假定其有一个很好定义的目标函数。这样，我们就可以把它当作理性的主体来看待了，这一问题将在下一小节详细阐述。但是，现实中这样的一个目标函数很难定义，因为一个组织由多个个体组成，每一个个体是理性的，往往由这些个体组成的组织和团体并不是理性的，这一问题是经济学中著名的"偏好加总"问题。① 因此，任何一个组织在关键的决策问题上不能以组织的目标为重，而是以某个个人或某些小团体的利益为重，那么这个组织的生命力就非常有限，例如"文化大革命"中的"四人帮"对我国整体的破坏。

除了一般意义上的参与人之外，在博弈分析过程中，我们往往还引入一个名为"自然"的虚拟参与人。这里，"自然"是指决定外生变量的随机变量的概率分布的机制。比如，在环境质量治理过程中，很多国家都采用了市场手段，开展环境交易市场（例如，二氧化硫交易、碳交易、节能量交易等），而一个环境交易市场是否成功，不仅要看设计者的政策选择，还取决于不受设计者控制的随机因素。例如，欧盟碳交易市场前期运行良好，但由于受到经济危机的冲击，市场几乎崩溃。即我们常说的："谋事在人，成事在天。"与一般参与人不同的是，自然作为虚拟的参与

---

① 对于这一问题作出开创性贡献的是著名经济学家肯尼斯·约瑟夫·阿罗（Kenneth J. Arrow）教授，他于1951年出版的《社会选择与个人价值》一书中，提出了"不可能性定理"。他用数学推理得出这样的论断：如果两个以上偏好不同的人来进行选择，而被选择的政策也超过两个，那么就不可能作出大多数人都感到满意的决定。因此，在每个社会成员对一切可能的社会经济结构各有其特定的偏好"序列"的情况下，要找出一个在逻辑上不与个人偏好序列相矛盾的全社会的偏好序列是不可能的。他提出的"不可能性定理"是对福利经济学的革新，是新福利经济学的一个重要组成部分。

人没有自己的支付和目标函数（即所有结果对它都是无差异的）。

　　行动（action）：行动是参与人在博弈的某个时点的决策变量。参与人的行动可能是离散的，也可能是连续的。比如，下围棋时，你选择执白还是执黑。纳入碳交易的企业，企业应对的行动就是选择排放量。每一个参与人，都有多种可能的行动可供选择。所有参与人在博弈过程中所选择的行动集合就构成一个行动组合。不同的行动组合导致了博弈的不同结果。所以，在博弈中，要想知道博弈的结果如何，不仅需要知道自己的行动，还需要知道对手选择的行动。

　　与行动相关的一个重要问题是行动的顺序。即参与人行动的先后顺序。通常地，参与人的行动顺序不同，博弈结果往往也不相同。比如，下五子棋时如果没有禁手的限制，大家都愿意选择执白，因为执白先行往往带来胜利，以致输赢结果不同。现实中，许多博弈的行动顺序是由技术、制度、历史等外生因素决定的。行动顺序对于博弈的结果是非常重要的。事实上，有关静态博弈与动态博弈的区分就是基于行动的顺序作出的。我们将看到，同样的参与人，同样的行动集合，行动的顺序不同，每个参与人的最优选择就不同，博弈的结果就不同。

　　信息（information）：信息是指在博弈当中每个参与人有关博弈的知识。这些信息包括对自己以及其他参与人的某一些特征的了解。特别是对于"自然"的选择，其他参与人的特征和行动的知识。比如，对方是一个较好说话的人，还是一个特别争强好胜的人；对方的企业是否做了广告，是否采用了技术创新，等等。同样，信息也包括了对对方采取的一些行动的了解，即轮到自己行动时，对手在这之前做了些什么。比如，在产品检验市场，当轮到技术机构 A 时，其他检验机构开展的检验业务基本清楚，可以科学合理地选择是否跟进某一产品检验项目。

　　在博弈论中，信息集是博弈论中描述参与人掌握了多少信息。如果参与人对其他人的行动的信息掌握的非常充分，我们把这类博弈叫作"完美信息"博弈。如下棋时，轮到自己行动的时候，对手在这之前的行动都是可以观察到的。特别需要指出的是，如果在完美信息博弈中有自然的参与，则自然的初始行动也会被所有参与人都能准确观察到，即不再存在事前的不确定性了。例如，下五子棋之前，参与双方要通过抓阄决定谁执白谁执黑，那么谁执白谁执黑是由自然决定的，但要在下棋之前揭示出来，即自然的行动要让大家都知道。在博弈中，如果参与人对其他人的特征和类型的信息掌握的充分，我们把这类博弈叫作"完全信息"博弈。比如，下棋时，你的对手可能是高手，也可能不是。如果你和他较为熟悉，知道他的水平如何，在这种情况下下棋，就是一种完全信息博弈；如果你和他是第一次下棋，不知道其水平如何，则是一种不完全信息的博弈。对于不完全信息的博弈，往往可以视为有自然参与行动的不完美信息博弈，即由自然来决定对手的类型，但自然的行动选择不是所有的参与人都观察到了。

8

共同知识（common knowledge）：共同知识是与信息有关的一个重要概念。共同知识指的是"所有参与人知道，所有参与人知道所有参与人知道，所有参与人知道所有参与人知道所有参与人知道……"的知识。共同知识是博弈论中一个非常强的假设。在现实的许多博弈中，即使所有参与人"共同"享有某种知识，每个参与人也许并不知道其他参与人知道这些知识，或者并不知道其他人知道自己拥有这些知识。

博弈中的静态博弈与动态博弈的划分，并不是时间概念上的划分，而是信息概念上的划分。所谓静态博弈，就是所有的参与人同时行动，且只能行动一次。静态博弈中的"同时"行动，不一定是时间上的概念，而是一个信息概念，即双方不一定在时间上同时行动，而是指一方行动时不知道对方采取了什么行动。例如，我们后面要讲到的"囚徒困境"，"智猪博弈"。当然，我们日常生活中"石头剪刀布"游戏，也是典型的静态博弈。所谓动态博弈，就是博弈时，一方先行动，一方后行动，且后行动的一方知道先行动一方的选择。下棋就是典型的动态博弈。由于动态博弈参与人轮流行动，所以也称为序贯博弈。在动态博弈中，如果参与人了解对方（包括自然）之前的行动，也知道对方的类型，这一类博弈就称为完全信息动态博弈；如果只是了解对方的行动，不了解对方的类型，则称为不完全信息动态博弈。比如，打扑克时，轮到己方行动时，己方知道对方的行动，但对于对方手里都有些什么样的牌并不知道。有句俗话，叫"知人知面不知心"也是表达的这个意思。

战略（strategy）：战略是参与人在给定信息集的情况下的行动规则，它规定参与人在什么时候选择什么行动。因为信息集包含了一个参与人有关其他参与人之前的知识，战略告诉该参与人如何对其他参与人的行动作出反应，因而战略是参与人的"相机行动方案"。例如，中国工农红军创立初期，由于敌我力量对比悬殊，为适应当时的形势，1928 年 5 月毛泽东总结中国工农红军游击战初期的作战经验，提出了"敌进我退，敌驻我扰，敌疲我打，敌退我追"十六字诀，开始形成了中国工农红军游击战的基本原则。这里边实际上包含了两个行动——就是我军是否采取"进攻"，并规定了采取这两种行动的具体条件（时机）。所以战略就是行动的规则，它要为行动规定时机。

值得注意的是，战略要有完备性，也就是说针对所有可能出现的情况，都要制订相应的行动计划。比如，"敌进我退，敌退我追"并不是一个完整的战略，因为它只规定了"敌进"与"敌退"两种情况，对于其他情况没有规定。在现实中，把所有可能的战略或行动计划都制定出来，显然非常困难。因为在现实中会发生什么情况，我们有时的确难以预测。但追求战略的完备，仍然是非常重要的，就像我们常说的"不怕一万，就怕万一"。

在静态博弈中，战略和行动是相同的，这是因为，作为参与人行动的规则，战略依赖于参与人获得的信息。在静态博弈中，所有参与人同时行动，没有任何人能获得他人行动的信息，从而，战略选择就变成简单的行动选择。

支付（pay off）：支付是指在一个特定的战略组合下参与人得到的确定效用水平，或者是指参与人得到的期望效用水平。也可以说是每个参与人在给定战略组合下得到的报酬。在博弈中，每一个参与人得到的支付不仅依赖于自己选择的战略，也依赖于其他人选择的战略。支付是博弈参与人真正关心的东西。支付在具体的博弈中可能有不同的含义。比如，个人关心的可能是自己的物质报酬，也可能是社会地位、自尊心等。而企业关心的可能是利润，也可能是市场份额，或者是持续的竞争力。政府也是如此，可能关心的是国民收入的多少，国内生产总值（GDP）的多少，也可能关心的是政府的财政收入、国家的国际地位等。对于参与人支付的理解是至关重要的，如果对支付理解的不对，那么对博弈的结果预测就可能出现较大的失误或偏差。这一点对于建立博弈模型是非常重要的。比如在企业之间的竞争博弈中，很可能企业领导关心的是自己的权利扩张，其支付就是权利的大小。如果建一个博弈模型，假设他的支付为企业产品质量提升以获取持续的竞争力，这时，预测就会出现失误，因为追求企业最优产品质量提升的行为和追求最大化权利的行为是不一样的。

均衡（equilibrium）：博弈论中的均衡可以理解为博弈的一种稳定状

态，在这一状态下，所有参与人都不再愿意单方面改变自己的战略。或者可以说均衡是所有参与人的最优战略的组合。换句话说，给定对手的战略，每一个参与人都已经选择了最优的战略。

一般来说，在一个博弈中，参与人会有很多个战略，最优战略是给定其他人的战略能够给他带来最大支付的战略。需要指出的是，博弈论中的均衡概念与经济学中的"一般均衡"、"局部均衡"等均衡概念有所不同。博弈论中的均衡指的是所有参与人都不在改变自己的战略，该战略组合处于稳定状态；而一般均衡或者是局部均衡指的是一组市场出清的价格，是与市场上的供给和需求相等，市场处于稳定状态。

博弈结果（outcome）：结果是指博弈分析者所感兴趣的所有东西，如参与人的行动选择，或相应的支付组合等。他的具体含义根据不同的博弈分析，有不同的具体含义。例如，我们所说的均衡结果，有时是指均衡时每个参与人的战略或行动，有时是指均衡时各方得到多少支付。特别需要指出的是，我们讲的"结果"是从博弈的理论模型推导出的结果，不一定是现实中实际发生的事情。事实上，博弈分析的目的就是希望借助理论模型来预测博弈的结果，运用不同的均衡概念导致的结果也会不同。

二　基本假设

作为研究互动行为的一种方法，博弈论有着特色鲜明的前提假设。这些假设主要有三个：

1. 假设参与博弈的每一个博弈主体都是理性经济人（或者工具理性的[①]）；

2. 每一个博弈主体是理性经济人（或者工具理性的）是所有参与人的共同知识；

3. 所有的参与人都了解博弈的规则；

假设 1 是理性经济人假设。这一假设是博弈论的基础，每一个博弈主体都以追求效用最大化为目的的，这也符合对任何自然人、企业或组织的

---

① 工具理性是法兰克福学派批判理论中的一个重要概念，其最直接、最重要的渊源是德国社会学家马克斯·韦伯（Max Weber）所提出的"合理性"（rationality）概念。韦伯将合理性分为两种，即价值（合）理性和工具（合）理性。价值理性相信的是一定行为的无条件的价值，强调的是动机的纯正和选择正确的手段去实现自己意欲达到的目的，而不管其结果如何；而工具理性是指行动只由追求功利的动机所驱使，行动借助理性达到自己需要的预期目的，行动者纯粹从效果最大化的角度考虑，而漠视人的情感和精神价值。

基本假设。博弈主体都是充满理智的，既不会感情用事，也不会盲从，而是精于判断和计算，其行为是理性的。在经济活动中，博弈主体所追求的唯一目标是自身偏好满足的最大化。如消费者追求的是满足程度最大化，生产者追求的是利润最大化。"理性人"假设实际是对亚当·斯密"经济人"假设的延续。而偏好在博弈中应该是确定的，可以是金钱、权力、荣誉感，也可以是爱好、习惯、信仰等。例如，我国西南地区居民的饮食偏好辛辣食品，但是我国东南地区居民的饮食偏好清淡食品。北方居民偏好面食，而南方居民偏好米饭。

11

确定的偏好应具有两个基本特征：一是完备性假设。也就是说博弈主体对任何两个选择之间的喜爱程度是可以进行比较的。比如，你去商场买鞋，任意两款鞋之间你有自己明确的选择，知道自己更喜欢哪一款。二是传递性假设。如果你认为甲比乙好，乙比丙好，那么你自然会认为甲比丙好。这其实是要求博弈主体的偏好具有顺序的一致性。为了使用数学工具研究理性经济人的行为，经济学家使用"效用函数"来刻画一个人的选择和他的满足程度之间的关系。

假设 2 是共同知识假设。共同知识假设是一个非常强的假设，并且在现实生活中很难找到实实在在的实例。共同知识假设意味着每个参与人都知道其他参与人的行动与偏好。比如，两人下棋，每个人都知道对方要走哪一步棋，这导致的结果就是很难区分胜负。每个人不但知道对手后面的第一步、第二步、第三步怎么走，甚至知道最后一步怎么走。

三　社会标准

本节我们将从社会的角度来评判人类行为：一个社会应该采取什么样的标准来判断个人行为？具体来讲，我们需要知道，从社会的角度来评判，什么样的行为是正当的，什么样的行为是不正当的；什么样的行为应该受到鼓励，什么样的行为应该受到抑制。

1. 帕累托效率标准

如果我们承认每个人是天生平等的、自主的，每个人是自己幸福与否的最好判断者，那么，社会可以给个人施加的唯一约束是每个人行使自己的自由时以不损害他人的同等自由为前提；任何人的行为，只有涉及他人的那部分才须对社会负责。这一论点延伸到经济学中就是，衡量一个人的行为是否正当以及是否应受到鼓励（或抑制），应该采用帕累托效率标准。

帕累托效率又称为帕累托最优，由意大利经济学家帕累托在一百多年前提出。简单地说，帕累托效率是指一种社会状态（资源配置、社会制度等），与该状态相比，不存在另外一种可选择的状态，使得至少一个人的处境可以变得更好而同时没有任何其他人的处境变差。相应地，改变一种状态，如果没有任何人的处境变化，但是至少有一个人的处境变好，我们称之为帕累托改进。显然，如果一个社会已经处于帕累托最优状态，就不存在帕累托改进的可能（即改变现状必然有一部分人受损）；反之，如果现在的状态不是帕累托最优的，就存在帕累托改进的空间。

这也意味着从非帕累托最优点到帕累托最优点不一定是帕累托改进。特别需要注意的是，帕累托的效率标准并没有考虑收入分配的公平与否。帕累托效率或者帕累托改进带来的可能会是非常不公平的收入分配。社会的所有收入如果都集中于某一个人，也是一个帕累托最优。不同帕累托最优点之间是不可比的。如果没有其他规则（如社会正义），我们没有办法在不同的帕累托最优之间作出取舍。不过在我看来，即使某个满足帕累托最优的分配是不平等的，不值得推崇，人人都受益（尽管受益程度不同）的帕累托改进还是值得做的。也就是说，即使我们不赞成帕累托效率标准，也没有理由反对帕累托改建的变革。当然，更大的麻烦是，如果个人的效用不仅依赖于自己的绝对收入，而且依赖于与他人相比的相对收入——也就是说，如果我们都有"红眼病"，帕累托改进的空间就会大大减少，甚至可能根本没有。

回到个人的行为，帕累托效率标准意味着：一个人采取的行为如果不损害他人的利益，就是正当的；反之，就是不正当的。简单地说，利己不损人和利己又利人是正当的，但损人利己是不正当的。在第一节讲的合作问题中，双方合作是帕累托最优的，不合作不是帕累托最优的。与不合作相比，双方合作是利己又利人的事。

2. 效率的卡尔多 – 希克斯标准

现实中许多变革难以满足帕累托标准，因而就需要引进新的衡量社会效率的标准。一个可选择的标准就是"卡尔多 – 希克斯标准"。① 如果一种变革，受益者的所得可以弥补受损者的损失，这样的变革就是卡尔多 –

---

① 卡尔多和希克斯都是英国的经济学家，其中希克斯获得了 1972 年诺贝尔经济学奖。

希克斯改进。

　　为什么用这样的标准？如果以帕累托效率为标准的话，几乎所有的变革都无法进行。任何一种制度安排下都存在既得利益，改变现有的状态，必然使得既得利益受损。但是按照卡尔多－希克斯标准，改革是可以进行的，只要受益者所得大于受损者所失。这样说来，按照卡尔多－希克斯标准，拔己一毛而利天下的事，是应该做的。

　　进一步看，卡尔多－希克斯改进之所以值得重视，是因为它有可能转化为一个帕累托改进。如果两个人可以谈判，第一个人补偿大于第二个人损失的话，就形成了帕累托改进。所以说卡尔多－希克斯改进是潜在的帕累托改进。比如说，让一部分工人下岗可以使企业提高效率，更有竞争力，但是对于下岗的那部分工人来说，利益会受到损害，他们原本有工作，现在却失去了工作。解雇工人显然不是帕累托改进，但如果其带来的企业效益的提高可以弥补工人的损害，这就是一个卡尔多－希克斯改进。如果给下岗工人足够的实际补偿，使得他的收入比工作的时候并不变得更低，就变成了一个帕累托改进。

　　很多社会变革都是卡尔多－希克斯改进，要将其转化为帕累托改进，就必须解决受损者的补偿问题。根据科斯定理[①]，如果交易成本很小，个人之间的谈判将可以保证卡尔多－希克斯效率作为帕累托效率出现，效率与收入分配没有关系。现实中，如果变革涉及的人数不多，补偿问题一般通过当事人之间的谈判就可以解决，市场交易大量涉及这类谈判。但对社会层面的大变革来说，由于受益者和受损者都人数众多，谈判并不是一件容易的事。更进一步，如前所述，人们对相对收入水平和相对地位的重视，使得许多潜在的卡尔多－希克斯改进根本没有办法进行。仍然假设原来的状态时每个人得到100，现在第一个人得到1000，第二个人还是100，按照先前的标准，这是一个帕累托改进。但如果公平进入了人们的效用函数，这种改进就不见得是帕累托改进。第一个人现在的收入比原来的多很多，自然高兴，但同时，第二个人发现第一个人的收入和自己的收入差距变大，他可能会因此很不愉快。因此，这就不再是一个帕累托改进。考虑到心理成本，究竟应该给受损者补偿多少才能使他觉得自己没有受损，很

13

――――――――――

　　① 科斯定理是科斯在1960年的论文《社会成本问题》中提出的，他的基本含义是：如果产权界定是清楚的，在交易成本为零的情况下，无论初始的产权安排如何，市场谈判都可以实现帕累托最优。参阅 Cooter（1991）。

难有客观的标准。这是为什么在平均主义观念相对强的社会，变革更困难的原因。当然，好在社会文化也同样影响受益者的心理。一般来说，一个人希望自己比别人生活得更好，但是也不希望与别人的差距太大，因为如果一个人很富有，而他周围的人都是穷光蛋，根本吃不上饭，那这个富人也会没有安全感，他的福利也会因此下降。所以，大多数人并不希望社会的两极分化过于严重。

14　　再进一步讲，及时的补偿实际上不会发生，因而变革不可能得到一致同意，但如果在作出制度安排前每个人成为赢家的机会均等，从事前的角度看，卡尔多－希克斯改进也是帕累托改进。比如说，在前面的例子中，如果每个人都有 50% 的可能性成为得到 1000 的赢家，变革后每个人的预期所得是 $0.5 \times 1000 + 0.5 \times 99 = 549.5$，大于现在的 100，从事前看这样的变革没有任何人受损，所以是帕累托改进，尽管从事后看不是帕累托改进。依罗尔斯的正义论[①]，预期效用最大化意味着社会成员会事先一致同意财富最大化的制度安排。这一点同样适用于帕累托标准本身。如果社会中每个人的机会是均等的，即使事后的分配不平等，从预期效用的角度看，收入分配也是公平的。

　　正是在这个意义上，我们用"帕累托效率"作为社会最优——集体理性的标准，我们将互换地使用"帕累托最优"、"社会最优"、"集体理性"这三个概念。但如波斯纳（1980，1992）所指出的，如果一种制度对社会中某些成员有系统性的歧视，财富最大化就可能不是一个合理的标准。以交通规则为例，如果法律规定只有某种特殊身份的人可以开车，而取得这种特殊身份的机会并不开放，财富最大化的交通规则可能不具有正义性。由此看来，社会公正最重要的是机会均等。

第二节　囚徒困境：理性认识质量安全困局

一　"囚徒困境"博弈

　　"囚徒困境"博弈是任何一本博弈论著作中都会讲到的博弈模型，几乎所有的博弈理论都由此发展。"囚徒困境"是社会合作面临的基本问题，包含了丰富的内容，突出体现了个人理性与集体理性的矛盾问题。

---

　　① ［美］罗尔斯：《正义论》，何怀宏译，中国社会科学出版社 2009 年版。

"囚徒困境"的故事讲的是，两个嫌疑犯作案后被警察抓住，分别关在不同的屋子里接受审讯。警察知道两人有罪，但缺乏足够的证据。警察告诉每个人：如果两人都抵赖，各判刑一年；如果两人都坦白，各判8年；如果两人中一个坦白而另一个抵赖，坦白的放出去，抵赖的判10年。于是，每个囚徒都面临两种选择：坦白或抵赖。相应地，每个嫌疑犯面临四个可能的后果：获释（自己坦白，而同伙抵赖）；被判刑1年（自己抵赖，同伙也抵赖）；被判刑8年（自己坦白，同伙也坦白）；被判刑10年（自己抵赖，而同伙坦白）。那么，这两个嫌疑犯该如何选择呢？

我们可以看到，这个博弈有两个参与人：囚徒甲与囚徒乙。每个参与人都有两个行动：坦白或抵赖。两个人被关在不同的房间进行隔离审讯，谁都不能观察到对方坦白还是抵赖，因此是一个不完美信息静态博弈。这个博弈的支付矩阵如表1-1所示，表中列代表囚徒甲，行代表囚徒乙；甲的选择在第一列，乙的选择在第一行；矩阵中方框里的两个数字，第一个数字为甲的支付；第二个数字为乙的支付。这种描述博弈的方式我们叫标准式。

表1-1　　　　　　　　　　　"囚徒困境"博弈支付矩阵

		囚徒乙	
		坦白	抵赖
囚徒甲	坦白	-8，-8	0，-10
	抵赖	-10，0	-1，-1

我们来看这个博弈结果是怎么样的？我们假设两个囚徒都是理性经济人，都不想坐牢，而且每个囚徒都只关心自己，不关心对方。我们首先考虑囚徒甲的选择：如果囚徒乙选择坦白，而自己选择抵赖判10年，选择坦白判8年，显然坦白比抵赖好；如果囚徒乙选择抵赖，而自己选择抵赖判1年，选择坦白无罪释放，显然选择坦白也比抵赖好。因此，对于囚徒甲来说，不管囚徒乙选择什么，自己的最优选择都是坦白。反过来，对乙来说也是一样的。所以，每一个人的最优选择都是坦白。

一般来说，博弈中每个参与主体的最优选择依赖于其他参与主体的战略选择，但是在上述"囚徒困境"博弈中，每个参与主体的最优选择与他人的选择无关。这种独立于他人选择的最优策略称为该参与主体的占优策略。"占优策略"是指在博弈中参与主体的某一个策略，不管对方选择什么策略，只要该参与主体选择这一策略都会为其带来最大的收益。或者说，参与主体这一策略在任何时候都优于自己其他的策略。在博弈中，如果每一个参与人都有一个占优策略，则他们显然都会选择这一战略，那么，由占优策略组成的战略组合就构成了博弈的占优策略均衡。

16

显然在"囚徒困境"博弈中，坦白是每个参与主体的占优策略。两个囚徒都会选择坦白，这也形成了该博弈的占优策略均衡。其结果就是两个囚徒都选择坦白，各判8年。但是，从表1-1可以看出，这个博弈中最优选择应该是两个囚徒都选择抵赖，从而各判1年，达到帕累托最优。但是，对两个囚徒个人而言，选择坦白是最好的。这就是"囚徒困境"揭示出来的非常深刻的问题：个人理性与集体理性矛盾的问题。"囚徒困境"又被称为"合作悖论"或"集体行动悖论"，即尽管合作能够给双方带来好处，但双方仍然选择不合作。选择不合作基于个人理性，而选择合作则是基于集体理性。

二 "囚徒困境"举例

"囚徒困境"这种个人理性与集体理性冲突的例子在生活中有很多。例如，在我国一些比较老旧的小区，楼道中的照明灯如果坏了，一般会持续很长时间都不会被修好。这其实就是一个典型的"囚徒困境"，属于典型公共产品供给的"囚徒困境"问题。所谓公共产品是指像国防、道路、桥梁等消费起来不会排斥他人也不具有竞争性的物品和服务。与公共产品相对应的概念是私人物品，如食物、衣服、汽车等消费起来具有排他性和竞争性的物品或服务。例如，一个苹果，若被我吃了，你就吃不到了，这就是消费的排他性。同一个苹果，多一个人分享，其他人所得就必定减少，这就是消费的竞争性。回到前面的老旧小区楼道照明灯的例子，可以发现，照明灯这种公共物品，我消费时，你也可以消费，不具有消费的排他性，同时也不会减少对他人的效用，因此也不具有竞争性。但正是因为这种物品的非排他性与非竞争性，使得每个人没有积极性来主动去修楼道照明灯，每个人都希望他人来修理，而自己占他人的便宜，也称"搭便车"。通常情况下，有人因为楼道照明不足，在楼道中受伤，发现去医院的医疗费用远大于修理照明灯的费用，就会主动去修理楼道照明。现在这一问题很少发生了，主要是现在的小区基本都采用了市场化的物业服务公司来解决这一个"囚徒困境"问题。对于一个社会来说，解决公共产品供给不足的问题，即如何有效地提供公共产品，是公共治理的核心问题，也是公共经济学的核心问题。[①]

再比如，我国家电企业之间的价格大战也是一个"囚徒困境"。2000年6月2日，康佳、TCL、创维、海信、乐华、厦华、熊猫、西湖、金星国内九大彩电企业在深圳开会，发起首届中国彩电峰会。彩电峰会成员在相关问题上达成一致并签字。会议决定：制定彩电最低零售限价，各彩电企业全国各地市场执行零售成交价不得跌破此限价，由此形成"价格联盟"。但事与愿违，7月中旬，厦华、熊猫的29英寸超平彩电在国美以低于2000元的价格销售，低于峰会限价600多元。协议成为一纸空文，家电价格大战重又燃起，价格联盟名存实亡。[②] 理论上来说，这种价格联盟是无法维系的。因为，给定其他企业都保持价格的条件下，自己的最优策略就是迅速降价，就可以迅速扩大销量，占有更多的市场份额。

类似的，还有质量不好的产品占有更多的市场份额也是一个"囚徒困境"。LV女士手提包，原本是一种价格昂贵的奢侈品。但是，由于价格昂贵使得有能力购买正品的人较少。由于对品牌的追求使得很多人购买A货或者假冒的LV手包，虽然短期每个人都用较少的成本获得"LV女士手提包"，但是长期来看由于LV假货的泛滥，造成众人认为绝大部分LV包都是假的，即使你买的是正品，也会让人怀疑是不是正品，不但没有获得LV包带给你的品牌荣誉，反而给个人造成了荣誉感的损失。

近年来，我国城市环境质量不断恶化，空气质量问题尤为突出。工业排放、机动车尾气排放的激增都是造成空气质量恶化的主要原因。以私家车出行来说，如果约定大家都不开车出行，将会大大改善城市空气质量，对城市每个公民都好。但是，在给定其他人不开车时，自己最优策略是开车，这样不但可以享受较好的空气质量，而且还能享受畅通的交通体验。反之，其他人开车，而自己不开车，自己既没有享受到好的空气质量，也

---

① 公共经济学研究的核心问题，2009年诺贝尔经济学奖获得者、印第安纳大学的教授埃莉诺·奥斯特罗姆正是凭借她对公共产品的问题分析而获得这一殊荣，其主要观点可以参阅其代表作"Governance of the commons"（Ostrom，1990）。

② 彩电价格联盟的相关分析，参见《销售与市场》2000年第10期的有关报道。亦可见：http：//read. dangdang. com/content_ 2167137？ ref = read − 2 − D&book_ id = 11676。

使得自己出行时间更长。每个人总是想让其他人少开车，很少约束自己不开车的行为。所以，最后的结果就是大家都会选择开车，不仅造成交通拥堵不堪，而且城市空气质量不断恶化。

中国城市交通的发展与德国城市交通的发展：中国的城市道路规划与设计的目标导向是不断的加宽道路；德国是将道路设计得越来越窄，从而使得居民更多的选择公交出行。

18

三 "囚徒困境"的一般性讨论

"囚徒困境"的现象可以说在我们生活中处处存在，那么我们必须回答这样一个问题，产生"囚徒困境"的一般机理是怎么样的？解决"囚徒困境"的有效原理是什么？下面我们给出"囚徒困境"博弈的一般性讨论。如表 1 – 2 给出一个一般性的博弈支付矩阵。

表 1 – 2   "囚徒困境"的一般形式

		乙	
		合作	不合作
甲	合作	T,T	S,R
	不合作	R,S	P,P

由表 1 – 2 可以看出，两个博弈主体都有两个选择：合作或者不合作。因而，可能策略组合为：两个博弈主体都选择合作，各自得到的效用为 T；如果一个博弈主体选择合作，而另一个博弈主体选择不合作，那么选择合作的博弈主体得到的效用为 S，选择不合作的博弈主体得到的效用为 R；如果两个博弈主体都选择不合作，每一个博弈主体获得的效用都为 P。

形成"囚徒困境"的原因是对每一个博弈主体的最优选择是不合作，而希望对方合作。因此，上述博弈成为一个"囚徒困境"要满足 $R > T$ 与 $P > S$。另外，若同时满足 $T + T > R + S$，即两个博弈主体选择合作的收益大于一个选择合作，另外一个选择不合作的总体收益。那么，必然会出现社会集体理性与个人理性之间的冲突与矛盾。

"囚徒困境"是社会合作面临的最大难题。古今中外，人类社会的许多制度安排（包括法律和社会规范）都是为解决"囚徒困境"而设计的。

现在考虑如何借助法律执行的当事人之间的合同解决交易中的"囚徒困境"。设想甲、乙两人在采取行动之前签订一个合同,合同规定:不合作的一方将受到处罚,罚金为 X。再假设双方都相信这个合同能够在法律上得到有效执行。我们得到了表 1–3。

表1–3　　　　　　　　　　奖惩促进合作

		乙	
		合作	不合作
甲	合作	T,T	$S,R-X$
	不合作	$R-X,S$	$P-X,P-X$

此时,给定对方合作,乙方如果也合作,则双方都得到 T;乙方如果不合作,对方如表 1–3 所示,得到的支付为 S,而乙方得到的支付为 $R-X$。显然,只要罚金 X 足够大,使得 $R-X < T$,那么,每个人的最好选择都是"合作",双方都选择合作就成为一个均衡,解决了个人理性与集体理性的矛盾。这就是合同的价值。当然,如果当事人不相信合同能够得到有效执行,或者违约处罚的力度不够大(即 $X < R-T$),我们就又回到了"囚徒困境",合作仍然不会出现。

在上述例子中,我们也可以通过对合作一方提供奖励的办法解决"囚徒困境"。在经济学上,对不合作行为的惩罚等同于对合作行为的奖励,都属于激励制度,尽管在心理学上,奖励和惩罚的效果并不总是等同的。家庭和企业内部有各种各样的奖惩制度,其目的就是解决"囚徒困境"问题,促进合作。可以说,法律是解决"囚徒困境"、促进社会合作的重要手段,尽管如我们在后面章节将看到的,在重复博弈中,许多合作无须借助法律和正式的制度也可以实现。

四　电梯安全监管中的隐性制度

欧洲很多经典建筑超过了百年,而附属的电梯也超过了百年,堪称电梯中的古董!但是反观中国的建筑超过百年的鲜有存在,随着中国经济的快速发展,近几十年随着高层建筑的不断涌现,不但经典难现,而且经常出现"楼脆脆"、"楼塌塌"事件,作为建筑附属物的电梯似乎更是到了使用 15—20 年就要自然进入报废流程,其中的原因是什么呢?主要是由彼此的"制度"差异造成的，可以说是"隐性制度"差异引起的。虽然我国《特种设备安全监察条例》与《特种设备安全法》都没有明确规定电梯15年以上基本划入老旧电梯，要报废，但是在实际的工作中，检测机构一般都将这类电梯检测判定为不合格。检测机构为了规避自身的责任，控制电梯的整体风险水平，形成了一个隐性的行业规范。即，电梯运行到了15年以上就基本判定为检测不合格，从而限制该电梯使用。比较极端的情况，就是电梯即使买来不用，放在那里也有可能被判为检验不合格。但是，就是这样一个"隐性制度"为我国电梯安全水平不高埋下了伏笔。直观来看，这个结果似乎令人费解，我国规制水平比欧洲高，结果应该是中国电梯的安全水平应高于欧洲的水平。然而，事实却是相反的：我国电梯事故率是欧洲电梯事故率的3—5倍。

其实，利用博弈论基本理论来解释这个现象非常简单。由于电梯生产商作为一个市场主体，是一个典型的理性经济人。作为一个市场主体，长期在电梯市场运行，必然深知该行业的基本制度与规制原则，必然知道电梯检验机构将运行15年以上的电梯基本判为不合格这一"隐性制度"，而这一"隐性制度"也是他们欢迎的，这可从我国电梯销售量占世界65%，且年平均增速为12%这一数据中看出。详见图1-1电梯销售2007年与2012年状况的比较。

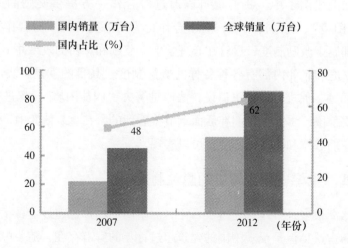

图1-1　电梯销售2007年与2012年比较

那么作为电梯生产商，为了自身利润的追求必然只会提供仅有15

年左右质量保障的电梯，以追求最大的利润率。另外，电梯的安全问题主要是由于易损件引起的，而电梯的主体通常是没有安全问题的，如果能及时更换易损件就能保证电梯的安全运转。但是，电梯生产商知道这一"隐性制度"，自然没有动力来保证该电梯零配件的常年供给，为减少库存成本，通常会保存 15 年就会处理。通过调研与访谈，我们发现中国很多电梯被强制报废的原因也多是没有配件更换，而不得不为之的行为选择。欧洲由于没有这一"隐性制度"的存在，电梯生产商的最优选择必然是提供能保障更长年限的电梯产品以减少成本，从而获得更多的利润，始终供给电梯的易损件，从而以最小成本保证电梯的安全运行。

21

　　另外，作为房地产开发商，也会知道电梯"隐性制度"的存在，在选择电梯时通常也会选择相对便宜的电梯，不会选择质量保障期更长的电梯。这是一个典型的由于制度引发的"劣币驱逐良币"的问题。因此，面对我国电梯数量不断攀升的现状，为了改变这一被动的局面以及未来不断攀升的老旧电梯的更换、维修基金使用难、大修资金筹集难问题。首先，应引入同行评价制度对电梯安全进行评鉴，从而全方位保证电梯安全，以从根本上取消"隐性制度"的存在；其次，学习欧洲电梯的保险制度，让保险公司发挥监督作用，从而减少政府监管能力不足的问题；最后，应要求房产开发商在电梯采购中向政府备案，政府及时将电梯的质量信息公布以引导消费对电梯的质量追求，从而促进开发商选择质量高的电梯。

第三节　理性化选择

一　"智猪博弈"

　　上一节，我们借助"囚徒困境"阐述了什么是占优均衡。在"囚徒困境"中，无论别人采取什么行动，每一个参与人都有一个特定的最优选择（占优战略）。也就是说，一个理性的参与人在作决策时，并不需要假定对方也是理性的。对于这样的博弈，我们很容易预测他的结果。但是有些博弈可能是一方有占优战略，另一方没有占优战略，即什么是自己的最优行动依赖于他预测对方会选择什么行动，对方的选择不同，自己的最优行动就不同。此时博弈结果又会怎样呢？下面我们就用"智猪博弈"来分析这个问题。

  "智猪博弈"说的是，有两头非常聪明的猪（要不怎么叫"智猪"呢），一大一小共同生活在一个猪圈里。猪圈的一端有一个踏板，踏板连着开放饲料的机关。只要踏一下，在猪圈的另一端就会出现 10 个单位食物。经过精确的衡量，任何一头猪去踏这个踏板都会付出相当于两个单位食物的成本；每头猪都可以选择"踏"或者"不踏"踏板。如果两头猪一起去踏，然后一起回槽边进食，则大猪由于食得更快可吃下 8 个单位食物，小猪只能吃到 2 个单位食物，扣除各自的成本，大猪实际赢利 6 个单位食物，小猪则赢利 0 个单位食物；如果大猪去"踏"，小猪先等候在槽边，则大猪因时间耽搁只食得 6 个单位食物，小猪食得 4 个单位食物；大猪扣除成本后赢利 4 个单位食物，小猪没有成本因而赢利也为 4 个单位食物；若小猪去踏，大猪等候在槽边，则当小猪赶到槽边时大猪已经吃光了 10 个单位食物，小猪不仅什么都没吃到，反而付出了 2 个单位成本；如果两头猪都不去踏，则都不付出成本，但也不会有食物吃，净收益都为 0。如表 1 - 4 所示。

表 1 - 4 　　　　　　　　　　 "智猪博弈" 矩阵

		小猪	
		踏	不踏
大猪	踏	6,0	4,4
	不踏	10，- 2	0,0

  在这个问题中，究竟谁去踏这踏板呢？先考虑大猪的情况：如果小猪去踏的话，大猪的最优选择是"等待"，也就是不踏，因为 10 > 6；但是如果小猪选择"不踏"的话，大猪的最优选择是"踏"，因为 4 > 0。这就和前面讲到的"囚徒困境"不一样了。在"囚徒困境"博弈中，每一个博弈主体都有一个占优战略——不论对方是否坦白，你最好是坦白。但是"智猪博弈"中，大猪没有占优战略，大猪的最优选择依赖于小猪的选择。所以大猪在作出选择前必须猜测小猪的选择。

  那么，小猪面对这一博弈会如何选择呢？对于小猪来说，如果大猪选择"踏"，自己的最优选择是"等待"，因为 4 > 0；如果大猪选择"不踏"，自己的最优选择仍然是"不踏"（0 > - 2）。这说明"不踏"是小猪的一个占优策略。

　　面对这种情况，那大猪应该怎么办呢？我们前面假设每一个博弈主体（大猪或小猪）都是理性的，但并没有假定一方知道另一方也是理性的。显然，小猪在做决策时并不需要假定大猪是理性的，因为无论大猪是否理性，小猪的最优选择都是"不踏"；但是，大猪的情况则不同，即使小猪是理性的，如果大猪不知道小猪是否理性，大猪就没有办法作出选择。

　　为了预测这个博弈的结果，我们必须对大猪的理性程度作出进一步的假设。假定大猪不仅自己是理性的，也知道小猪是理性的。作为理性的参与者，小猪不会选择"踏"。由于大猪知道小猪是理性的，就会知道小猪不会"踏"，因此，大猪的最优选择只能是"踏"。博弈的结局就是：大猪踏，小猪不踏，各得4个单位的净支付。

　　从这个例子里面，我们可以进一步提出一个概念——**劣战略**。所谓劣战略是指不论对手选择什么，自己都不会选择的战略。在"智猪博弈"中，对于参与者来说，"踏"就是它的一个劣战略。因为，无论大猪"踏"还是"不踏"，对于小猪选择"等待"都是它的最好选择。因此，如果大猪知道小猪是理性的，就可以把"踏"这一战略从小猪的战略集合中去掉。那么，大猪现在面对的博弈如表1-5所示：

表1-5　　　　　　　　**剔除小猪劣战略后的"智猪博弈"**

		小猪
		不踏
大猪	踏	4,4
	不踏	0,0

　　这时，对于大猪来说，"不踏"也变成了劣战略，它也不会使用这一战略。因此，我们可以把这一劣战略再从大猪的战略集合中去掉，得到如表1-6所示的结果。

表1-6　　　　　　　　**再剔除大猪劣战略后的"智猪博弈"**

		小猪
		不踏
大猪	踏	4,4

这样一来，我们得到了唯一的最优战略组合是：大猪踏，小猪等待。这就是"智猪博弈"的均衡结果。寻找这个博弈的均衡解的过程，是相继剔除劣战略的过程。所以，这个均衡被称为"**重复剔除严格劣战略均衡**"。

"智猪博弈"的均衡解在现实中有许多应用的实例。例如，小企业通常模仿大企业的产品，等大企业通过广告打开市场后出售廉价模仿品。大企业作为"大猪"常会花钱进行研究开发、技术创新，而小企业作为小猪，常常等待大企业开发出新技术、新产品后模仿起技术和产品并生产和出售类似产品，如山寨手机，假冒伪劣名牌产品，等等。最为典型的就是搭"拉菲"红酒的便车，中国大陆销售较好的两款高档红酒分别为"拉菲传奇"与"拉菲酒庄"，但是这两款红酒与"拉菲"红酒不存在任何关系，而大多数消费者根本不能区分三者的区别，通常认为"拉菲传奇"与"拉菲酒庄"是"拉菲"红酒的一个系列，价格相对比较便宜，因此受到消费者的青睐。并且用"原浆进口"与"原装进口"这样的字眼来模糊消费者，从而达到利润最大化的追求。

再比如，股份公司中，股东承担着监督经理的职能，但是股东有大股东和小股东之分，他们从监督中得到的收益并不一样。监督经理需要搜集信息，花费时间。在监督成本相同的情况下，大股东从监督中得到的好处显然多于小股东。这里，大股东类似"大猪"；小股东类似"小猪"。均衡结果是，大股东担当起搜集信息、监督经理的责任；小股东则搭大股东的便车。而很多公共产品的生产也类似"智猪博弈"，因为受益者是不对称的，有的收益大，有的收益小。在这种情况下，收益大的一方就有可能有积极性私人生产公共产品，如过去农村一些大户人家就负责本村道路的修建。这提示我们，并不是所有的公共产品都需要政府提供。①

社会改革中也有类似的情况。例如，在质量技术机构改革中，虽然我国政府已经确定了技术结构的基本方向，但是，每个省（市）的质检技术机构都持观望态度，并没有积极推进自身的改革，都希望搭政策的便车。

二　谈谈"德国制造"

从德国历史发展进程来看，"德国制造"不仅是德国工业化的产物，

---

① 有关公共产品私人生产的经典案例有许多，参阅 Coase（1974）关于灯塔的故事，Klein（1990）关于美国早期收费公路的研究。

同时也是德国社会经济发展的必然结果，是从"搭便车"到"领头羊"的转变过程。1871 年德国统一之前，以普鲁士为代表的德国工业化进程是从以铁路为代表的交通运输业开始的，制造业主要是与此相关的钢铁、煤炭和机器制造等。当时莱茵河流域的鲁尔地区成为欧洲最大的重工业集中地和工业人口稠密区之一，以蒸汽机车制造为代表的德国机器制造业，以及金属加工业取得了长足进步，大量出口到欧美市场，60%的企业达到中等规模水平。

　　1871 年至 1914 年期间，德国完成了国家统一，并借助 19 世纪后期出现的以电能、内燃机和合成化学等高新科技为基础的第二次产业革命机会，一方面，改造了传统机器设备制造业，形成以加工工具、刀具和缝纫机等为主的轻型机器设备、以机床制造为主的重型机器设备，以及电力机器设备三个主要的制造体系。为得到大量的外汇，开始大量仿制英国制造的机器产品，搭英国制造业的便车，这引起了英国厂商的不满。19 世纪 80 年代，英国人对德国所制造的山寨产品，特别是质量低下的机床设备嗤之以鼻。当时英国机床厂商曾指责德国人仿造的机床破坏其产品名声，并强迫德国厂家在机床产品上标出"德国制造"的字样。1887 年，英国议会修改了《商标法》，规定所有由德国出口到英国的物品都必须标明"德国制造"，以此将"德国制造"的劣质产品与英国制造的优质产品区别开来，"德国制造"的蔑称由此得名。为了改变"德国制造"的臭名，德国机器制造商经过近 20 年时间摸索和技术改进，不断完善机床性能和测量方法，终于在 1893 年芝加哥举行的世界博览会上赢得了好名声，过去那种质次和精度低的形象，开始被优质和高精度的形象所取代，"德国制造"脱颖而出，其含义也大为不同，并从此确立德国在机器设备制造领域的领先地位。

　　另一方面，德国企业家开拓了化学和制药等高新制造业，并在这些领域获得了国际性独家垄断地位。"德国制造"的名声也扩展到了化学、制药、电气设备、光学和精密仪器等诸多生产领域。

　　1907 年，德国在各个制造领域，特别是在技术密集型制造领域的生产率，都已领先于英国，"德国制造"模式逐步走向国际经济舞台。到 1914 年，德国不仅完成了工业化任务，建立起完整的工业体系，成为欧洲头号工业强国，同时也成为那个时代先进制造业的成功范例。1914 年至 1945 年的两次世界大战期间，德国经济经历了畸形发展阶段，"德国制

"造"也因此打上了深深的战争烙印。

第一次世界大战的失败彻底打乱了"德国制造"的发展进程，德国在海外的资产和市场直接被竞争对手接管，在世界市场上的领先地位完全丧失。20世纪20年代，在"道威斯计划"和美国援助下，德国制造业得到短暂恢复和发展。在"大危机"爆发之前，德国在钢铁、机器设备、化学品和药品、电气技术、精密仪器和光学等领域再度赢得行业领导地位。

但好景不长，30年代始于美国的"大萧条"，使德国经济也深陷其中。随后在纳粹统治时期，"德国制造"的正常发展轨迹被扭曲，制造业的诸多领域都打上了战时计划经济的印记，被绑架到纳粹战车上的许多产业和企业都或多或少地卷入了战时生产的行列。不过以战争为目的而发展的设备运输业，客观上为德国战后汽车工业的发展奠定了一定的基础，更没有料想到的是，战前成立的大众汽车公司，在第二次世界大战后居然发展成为欧洲最大的汽车生产商。

第二次世界大战失败后，"德国制造"曾是一个耻辱和负面的标签。根据战后国际社会对德处置，以及有关制度安排，德国的战后改造和经济发展，必须要遵循"非军事化"、"非纳粹化"、"非工业化"和"民主化"的基本原则。1949年，德国分为联邦德国和民主德国两个国家。

在美国支持下，联邦德国走的是"和平工业化"道路，其制造业主要发展民用制造业，为大众提供各种消费品，剔除了各种为军事目的的生产计划。

在20世纪50—70年代，面对日本厂商在钢铁、汽车、照相机与家用电器在标准化和大批量生产等方面的激烈竞争，联邦德国制造业依赖其灵活的产品设计传统，开辟了小批量定制模式，主要关注工艺技巧密集产品的制造，及时调整产业结构，把生产重点转移到对技术和投资要求更高的机械工具的模具设计、大型工业设备、精密机床和高级光学仪器等领域，尽可能制造出在质量、性能、用途和规格等方面独一无二的产品。但在70年代，联邦德国生产的机械产品2/3都是小批量生产的。

而在规模生产方面，"德国制造"则突出其在技术、产能、品质、安全和舒适性等方面的特色，如汽车制造则是典型的例子。

小规模定制和特色规模生产，使"德国制造"找到了新的发展方向。传统制造业如机器设备、电机工程机械、钢铁生产以及光学等精密仪器的制造，得到了恢复和发展，同时转型进入以化工、制药和电子为主的高新技术产业领域，能源、汽车、化工、制药、电子和信息等产业有了迅速发展。

其他制造业也打破了战后盟国的诸多约束，从20世纪50年代开始了疯狂扩张，"德国制造"仿佛回到1914年之前的发展状态，美国技术再度受到青睐，管理企业的仍是受过良好教育的工程师和科学家，而不是商人和经济学家。

在战后发展的黄金时期，联邦德国制造业在世界市场上占有重要地位。其中在化学塑料制品、化纤、矿物油加工、车辆制造、电气和电子工业等领域都处于世界领先地位。汽车制造业的发展更为突出，1970年，大众汽车在美国市场的销售量超过30万辆，占市场销售量的6%以上，几乎打破福特T型车的销售纪录。

分治后的民主德国继承了原来德国制造业的部分基础，沿着苏联计划经济模式发展。制造业以重工业为主，生产和销售活动主要以国有企业和联合企业为主体进行。在机床制造业，民主德国具有历史渊源，拥有设计和制造数控机床、加工中心、加工单元，以及包括从设计直至确保用户生产能力的长期经验。通过企业、科学家、机床制造研究中心、众多协作伙伴与用户的共同协作，民主德国制造出许多大小各异、自动化和连锁程度不同的柔性加工系统，同时在缝纫机、光学和精密仪器、钢铁生产等领域占有一席之地。

民主德国制造业主要集中于莱比锡、德累斯顿、哈雷和开姆尼斯地区，东南部城市德累斯顿成为工业中心，机械、制药和电气制造是其传统产业部门，60年代还发展起了半导体产业。卡尔·马克思城地区是民主德国重要的纺织工业区，纺织和运输机械、有色冶金、纸浆和造纸、木材加工工业比较发达。

1990年德国实现民族统一后，两个"德国制造"模式进行了调整和融合，逐步走出了一条具有德国特色的、以制造业为主的实体经济发展之路。

2008年金融危机发生以来，不被世人看好的制造业却成为德国经济逆势复苏和率先走出衰退的主导产业。"德国制造"不仅是德国企业的共有品牌，而且也是德国经济的世界名片。

长期以来，"德国制造"从最初的技术模仿到自主创新，从追赶英美到跨越式发展，最后自成体系；从追求规模数量到关注质量和品质，最后集中于工艺技术和研究密集型产品的生产，塑造了一个不同于英国制造、美国制造和日本制造的"德国制造"模式。

三 理性共识的讨论

定义 1.1 设 $G = \{S_1, \cdots, S_n; u_1, \cdots, u_n\}$ 为一个博弈，其中 S_i 表示博弈主体 i 的战略集，u_i 表示博弈主体 i 的收益函数，令 s_i' 与 s_i'' 代表博弈主体 i 的两个可行战略（即 s_i' 与 s_i'' 是 S_i 中的元素）。如果对其他博弈主体每一个可能的战略组合，i 选择 s_i' 的收益都小于其选择 s_i'' 的收益，则称战略 s_i' 相对于战略 s_i'' 是严格劣战略：

$$u_i(s_1, \cdots, s_{i-1}, s_i', s_{i+1}, \cdots, s_n) < u_i(s_1, \cdots, s_{i-1}, s_i'', s_{i+1}, \cdots, s_n)$$

对其他参与者在其战略空间 $S_1, \cdots, S_{i-1}, S_{i+1}, \cdots, S_n$ 中每一组可能的战略 $(s_1, \cdots, s_{i-1}, s_{i+1}, \cdots, s_n)$ 都成立。

理性的博弈主体不会选择严格劣战略，虽然他不知道其他博弈主体是否是理性的，但是这一战略选择方法是他的最优反应。现在，我们使用这一原则看理性的博弈主体是否能解决其他博弈问题。下面，我们举一个质量选择博弈的例子来进一步解释。

假设参与人 I 是互联网服务供应商，而参与人 II 是一个潜在的客户。他们考虑达成在一段时间内的服务协议。供给者自己决定服务的质量，高、中与低。高质量的成本更加高，部分成本独立于是否签订契约。服务水平是不可契约的，即不能可证实地写进契约。对顾客来说，高质量服务比中质量服务更有价值，中质量服务比低质量服务更加有价值，事实上，如果他知道质量是低的，顾客将不愿买服务。他的选择是去买或不买服务。见表 1-7。

表 1-7　　　　　　　剔除严格劣战略举例：质量选择博弈

		参与人 II		
		低质量	中质量	高质量
参与人 I	买	-1,3	1,2	3,1
	不买	4,0	2,-1	-1,-2

考虑表 1-7 所抽象博弈的例子，参与人 I 有两个可选战略，参与人 II 有三个可选战略：$S_1 = \{买, 不买\}$，$S_2 = \{高质量, 中质量, 低质量\}$。

对参与人 I 来说，"买"和"不买"都不是严格占优的：如果参与人 II 选择高质量战略，在参与人 I 选择"买"优于"不买"（因为 3 > -1），但如果参与人 II 选择低质量战略，参与人 I 选择"不买"就会优于"买"（因为 0 > -1）。但对参与人 II 来讲，高质量严格劣于中质量（因为 2 > 1 且 -1 > -2），因此理性的参与人 II 是不会选择高质量的。那么，如果参与人 I 知道参与人 II 是理性的，他就可以把高质量战略从参与人 II 的战略空间中剔除，即如果参与人 I 知道参与人 II 是理性的，他就可以把表 1-7 所表示的博弈视同表 1-8 所示的博弈：

表 1-8 **剔除严格劣战略举例：质量选择博弈——剔除一次严格劣战略**

		参与人 II	
		低质量	中质量
参与人 I	买	-1,3	1,2
	不买	4,0	2,-1

在表 1-8 中，对参与人 I 来讲，战略"买"就成了"不买"的严格劣战略，于是如果参与人 I 是理性的（并且参与人 I 知道参与人 II 是理性的，这样才能把原博弈简化为表 1-8），参与人 I 就不会选择战略"不买"。那么，如果参与人 II 知道参与人 I 是理性的，并且参与人 II 知道参与人 I 知道参与人 II 是理性的（从而参与人 II 知道原博弈将会简化为表 1-8 所示博弈），参与人 II 就可以把战略"买"从参与人 I 的战略空间中剔除，那么博弈从表 1-8 可变为表 1-9 所示博弈。但这时对参与人 II，战略"中质量"又成为战略"低质量"的严格劣战略，仅剩的战略组合（不买，低质量）就是此博弈的结果。

表 1-9   **剔除严格劣战略举例：质量选择博弈——剔除两次严格劣战略**

		参与人 II	
		低质量	中质量
参与人 I	不买	4,0	2,-1

上面的过程可称为"重复剔除严格劣战略"。尽管此过程建立在理性

参与人不会选择严格劣战略这一合情近理的原则之上，它仍有两个缺陷：第一，每一步剔除都需要参与者间相互了解的更进一步假定，如果我们要把这一过程应用到任意多步，就需要假定"博弈主体是理性的"是共同知识。这意味着，我们不仅需要假定所有参与人是理性的，还要假定所有参与人都知道所有参与人是理性的，还需要假定所有参与人都知道所有参与人都知道所有参与人是理性的，如此等等，以至无穷［关于共同知识的正式定义参见奥曼（Aumann，1976）］。

30

重复剔除严格劣战略的第二个缺陷在于这一方法对博弈结果的预测经常是不精确的。因为博弈论一般讲的理性，是一种要求很高的无穷阶次的理性共识。举例说明，如同一个人拿着一面镜子站在另一面镜子前，我们可以看到镜子里面有无穷个镜像。由于这一假设在现实中很少能达到，使得博弈分析的结果与现实有偏离。生活中之所以有计谋，就是由于参与人不能满足理性共识的要求，否则，博弈的结果是任何人都可以预测的，任何计谋都可能得逞。"将计就计"其实就体现了这种事实。田忌赛马的故事中，齐王的上、中、下三匹马均好过田忌的上、中、下三匹马，但是田忌用下等马对阵齐王的上等马，用上等马对阵齐王的中等马，中等马对阵齐王的下等马，结果田忌以2∶1获胜。这可以看出，田忌之所以能获胜，就是因为齐王不知道田忌聪明，或者说齐王太傻。如果齐王足够聪明的话，只要要求田忌先出马（齐王应该有这个权利），齐王一定可以3∶0获胜。

第四节　纳什均衡及应用

一　纳什均衡

把理性作为共同知识的要求并不是重复剔除严格劣战略的唯一问题。更为严重的问题是，对于相当多的博弈，我们无法使用重复剔除严格劣战略的方法找出均衡解。例如，表1-10给出的博弈，就没有可以剔除的严格劣战略。

首先考虑参与人Ⅰ的选择：如果参与人Ⅱ选择"左"，参与人Ⅰ的最优选择是"中"；如果参与人Ⅱ选择"中"，参与人Ⅰ的最优选择是"上"；如果参与人Ⅱ选择"右"，参与人Ⅰ的最优选择是"下"。再来看参与人Ⅱ的选择：如果参与人Ⅰ选择"上"，则参与人Ⅱ的最优选择是

"左"；如果参与人Ⅰ选择"中"，参与人Ⅱ的最优选择也是"中"；如果参与人Ⅰ选择"下"，参与人Ⅱ的最优选择是"右"。

表1–10　　　　　　　　　无法使用剔除严格劣战略博弈举例

		参与人Ⅱ		
		左	中	右
参与人Ⅰ	上	0,4	4,0	5,3
	中	4,0	0,4	5,3
	下	3,5	3,5	6,6

也就是说，在这个博弈中，每个参与人都可能选择三个战略中的任何一个，依赖于他如何判断对方的选择，没有绝对意义上的劣战略。所以，这个博弈不能用剔除劣战略的方法求解。由此，我们引出博弈论中非常重要的一个概念——"纳什均衡"。

定义1.2　　在 n 个参与者博弈 $G = \{S_1, \cdots, S_n; u_1, \cdots, u_n\}$ 中，如果战略组合 $\{s_1^*, \cdots, s_n^*\}$ 满足对每一个参与者 i，s_i^* 是（至少不劣于）他针对其他 $n-1$ 个参与者所选战略 $\{s_1^*, \cdots, s_{i-1}^*, s_{i+1}^*, \cdots, s_n^*\}$ 的最优反应战略，则称战略组合 $\{s_1^*, \cdots, s_n^*\}$ 是该博弈的一个"纳什均衡"。即：

$$u_i(s_1^*, \cdots, s_{i-1}^*, s_{i+1}^*, \cdots, s_n^*) \geq u_i(s_1^*, \cdots, s_{i-1}^*, s_i, s_{i+1}^*, \cdots, s_n^*) \quad (NE)$$

"纳什均衡"的意义在于：若其他参与人均采用均衡策略，则余下的这一参与人只有采用均衡策略才是最好的，或者说，对每个参与人来说，没有一个参与人能够单方面地改变他的策略并获得更好地支付，以致他们将会理性地坚持自己的策略。这使得"纳什均衡"成为博弈的一致解概念。为了理解"纳什均衡"的含义，让我们设想所有参与人在博弈之前达成一个协议，指定每个参与人选定某个特定的策略，为参与人制定的策略必须正好是各参与人自愿选择的，即制定的策略必须是每个参与人针对其他参与人所选策略的最优反应策略。这种指定的策略组合可以叫作是"自动实施"的、稳定的结果。也可以这样理解，对给定的博弈，如果使用参与人之间实现达成的一个协议来进行博弈，那么，一个有效协议中的策略组合必须是可以"自动实施"的，否则在没有外在强制力约束时，至少会有一个参与人不遵守该协议。这种能够"自动实施"的、没有任何参与人愿意单独偏离的策略组合称为"纳什均衡"。

　　寻找纳什均衡的一个最直接有效的办法就是简单查看每一个可能的战略组合是否符合定义中不等式（NE）的条件。在两人博弈中，这一方法开始的程序如下：对每一个参与者，并且对该参与者每一个可选战略，确定另一个参与者相应的最优战略。例如，对表1-10所表示的博弈做上述处理。如果参与人Ⅱ选择战略"左"，那么参与人Ⅰ的最优战略将会是战略"中"（因为4比3和0都要大），于是我们在博弈矩阵中参与人Ⅰ的收益4下画一条横线。依此方法，我们可在矩阵（上，中）参与人Ⅰ的收益4下画线，在（下，右）参与人Ⅰ的收益6下画线。反过来，若参与人Ⅰ选择"上"，那么参与人Ⅱ的最优选择是"左"，那么在矩阵（上，左）参与人Ⅱ的收益4下画线，在（中，中）参与人Ⅱ的收益4下画线，在（下，右）参与人Ⅱ的收益6下画线，详见表1-11。

表1-11　　　　　　　　　　　　　纳什均衡求解过程

		参与人Ⅱ		
		左	中	右
参与人Ⅰ	上	0, 4	4, 0	5, 3
	中	4, 0	0, 4	5, 3
	下	3, 5	3, 5	6, 6

　　这样，自由战略组合（下，右）满足不等式（NE），会得到"自动实施"，因而是一个纳什均衡。其他的战略组合至少有一人是不会遵守的。如战略组合（中，左），即使参与人Ⅰ遵守协议，参与人Ⅱ也不会遵守协议的。类似地，容易证明，除（下，右）其他的战略组合都不是纳什均衡。纳什均衡的含义提醒我们，如果一个协议、合同或制度不是纳什均衡，就可能得不到所有人的自觉遵守。

　　纳什均衡可以把前面讲的占优均衡和重复剔除劣战略得到均衡战略统一起来，占优均衡和重复剔除劣战略得到的均衡都是纳什均衡，但是，反过来是不成立的。"囚徒困境"中的（坦白，坦白），"智猪博弈"中的大猪"踏"，小猪"不踏"都是纳什均衡，但是上例中的（下，右）不是占优均衡，也不是重复剔除劣战略的占优均衡。这说明纳什均衡是一个比占优均衡和剔除劣战略的均衡战略更强的均衡解的概念。占优均衡只要求参与人自己是理性的，不要求参与人知道其他参与人也是理性的。重复剔除的占优均衡只要求有限阶的理性共识。因此，现实生活中占优均衡与重复剔除劣战略的均衡更容易发生。

二　应用举例

纳什均衡概念作为博弈分析最为重要的概念，对于我们研究和理解制度和许多经济社会现象非常重要。一个制度即使对所有人都不好，但如果它是一个纳什均衡，就仍然会持续存在。反之，一个制度即使听起来很好，但如果它不是一个纳什均衡，就不可能得到所有人的自觉遵守。特别是，如果我们的社会要从"囚徒困境"中走出来，就必须有办法使每个人选择合作成为一个纳什均衡。这就是为什么诺贝尔经济学奖得主梅耶森（Myerson，1999）认为，发现纳什均衡的意义是可以和生命科学中发现 DNA 的双螺旋结构相媲美的原因。

在现实中，消费者往往面对着不同的服务质量水平，得到的效用也是不同的。对前面质量选择博弈进行一些简化和改变。假设服务商只提供两个服务水平，高质量与低质量，而在契约中加入限制条款。即，如果消费者在消费过程中发现低质量，他有权终止认购服务，具体博弈举证见表 1 - 12。

表 1 - 12　　　　　消费者带有选择条款的质量选择博弈

		服务商	
		低质量	高质量
消费者	买	0, 1	3, 3
	不买	1, 1	2, 0

可以发现这个博弈有两个纳什均衡，每个博弈主体确定性地选择他的策略。一个策略组合（低，不买），这是一个均衡，因为"低"是"不买"的最优反应（利润最大化原则），反之亦然。第二个纳什均衡是策略组合（高，买），因为消费者购买时，服务商愿意提供高质量服务，相反，当质量为高时，消费者愿意买。对两个参与人来说，这个纳什均衡有比前者更高的支付，是更加理想的解。

三　混合策略纳什均衡

前面我们给出纳什均衡的定义，并举例说明纳什均衡的求解方法——

画线法，从而确定每个参与人的最优行动。但是，并不是所有的博弈都可以用这种方法进行确定，也就是说参与人的最优博弈不是一个确定的行动或战略。现在我们看"猜硬币"博弈。可以发现这个博弈是不存在纳什均衡的。

有两个参与人，每人各拿一枚硬币，决定正面向上还是反面向上。如果两枚硬币相同的面同时向上，参与人Ⅰ支付给参与人Ⅱ一元钱；否则，参与人Ⅱ支付给参与人Ⅰ一元钱，见表1-13。

表1-13 猜硬币博弈

		参与人Ⅱ	
		正面	反面
参与人Ⅰ	正面	-1, 1	1, -1
	反面	1, -1	-1, 1

从支付矩阵可知，"猜硬币"博弈是一个零和博弈。零和博弈是指一个参与人所失正好等于一个参与人所得。我们对"猜硬币"博弈采用画线法进行求解，结果发现，没有一个矩阵单元中的支付同时有下划线，因此，这个博弈没有（纯策略）纳什均衡。前面我们讲的纳什均衡，指的是纯战略纳什均衡，即确定地选择某一个特定的战略，如果两个战略互为最优，就是一个纯战略纳什均衡。与纯战略纳什均衡相对应的是**混合战略纳什均衡**，参与人以某一概率随机地选择某一行动。例如，在猜拳博弈中，每个参与者的最优选择一定是要随机地出招，从而使对方无法猜测自己要出什么，否则某个参与人确定他总是选择某个战略（如拳头），那么他一定会输得一塌糊涂。

定义1.3 在 n 个参与者的博弈 $G = \{S_1, \cdots, S_n; u_1, \cdots, u_n\}$ 中，假设参与人 i 有 m_i 个纯策略：$S_i = \{s_{i1}, \cdots, s_{im_j}\}$，那么，概率分布 $p_i = (p_{i1}, \cdots, p_{im_j})$ 称为参与人 i 的一个**混合策略**，这里，对所有的 $j = 1, \cdots, m_i$，$p_{ij} = p(s_{ij})$ 是参与人 i 选择 s_{ij} 的概率，$0 \leq p_{ij} \leq 1$ 且 $\sum_{j=1}^{m_i} p_{ij} = 1$。

注意，对于不同的参与人，他们的纯策略数也许不同，因此，我们用 m_i 表示参与人 i 的纯策略数，即 $m_i = |S_i|$。当某个 $p_{ij} = 1$ 时，参与人 i 确定性地选择 $s_{ij} \in S_i$。因此，纯策略可以看成混合策略的一个特例。用

P_i 表示参与人 i 的混合策略空间，$p_i \in P_i$，混合策略组合记为 $p = (p_1,$ $p_2, \cdots, p_n)$，混合策略空间为 $\prod_{i=1}^{n} P_i$，$p \in \prod_{i=1}^{n} P_i$，除参与人 i 之外的其他参与人的混合策略组合记为 $p_{-i} = (p_1, \cdots, p_{i-1}, p_{i+1}, \cdots, p_n)$。

　　对混合策略的一个合理的解释是，一个参与人选择混合策略的目的是要给其他参与人造成不确定性，这样尽管其他参与人知道他选择某个策略的概率是多大，但却不能猜透他实际会选择哪个策略，所以，混合策略是一个参与人对其他参与人行为的不确定性的反应。混合策略不像纯策略那样能直观地明确告诉我们一次博弈中各参与人的具体选择和博弈的确定结果。由于这个原因，许多人认为混合策略纳什均衡是一个难以令人满意的概念。但混合策略告诉我们参与人决策的具体方式以及平均意义上的支付，即期望效用。

　　令 $p_i \in P_i$，$p = (p_1, p_2, \cdots, p_n)$ 为博弈的一个混合策略组合。在此策略组合下，参与人 i 的支付为预期支付

$$E_i(p) = \sum_{i_1=1}^{m_1} \sum_{i_2=1}^{m_2} \cdots \sum_{i_n=1}^{m_n} u_i(s_{1i_1}, \cdots, s_{ni_n}) p_{1i_1} p_{2i_2} \cdots p_{ni_n}$$

　　定义 1.4　在 n 个参与者的博弈 $G = \{S_1, \cdots, S_n; u_1, \cdots, u_n\}$ 中，设 p^* 为一混合策略组合，如果

$$E_i(p_i, p_{-i}^*) \leqslant E_i(p^*), \forall \, p_i \in P_i, i = 1, 2, \cdots, n$$

成立，则称 p^* 是一个**混合策略纳什均衡**。

　　混合策略纳什均衡可以解释为一个随机稳定状态。参与人拥有过去行动被采用频率的信息，每个参与人使用这些频率信息去形成他关于别的参与人未来行动的信念，因此，可以系统表达他的行动。在均衡中这些频率随时间保持不变并在这样的意义下是稳定的：给定稳定状态信念，由参与人用正概率选择的任何行动是最优的。

　　现在看一个混合策略纳什均衡的应用——监督检查博弈。假设一个消费者购买一个软件包的许可证，同意对它的使用，但有所限制，即只能本人使用，其他人不能使用。显然，消费者有违背协议的激励。而软件生产者检查消费者是否遵守协议，但这样就必须付出一定的成本。如果软件生产者检查并发现消费者不遵守协议，就会对消费者进行惩罚。相应的博弈矩阵如表 1 – 14 所示。

表1-14　　　　　　　　　　监督检查博弈

		消费者	
		遵守	违背
软件生产商	不检查	0, 0	-8, 8
	检查	-1, 0	-4, -64

36

　　用画线法可以发现，无法找到一个纯策略的纳什均衡，即存在一个单元格中的两个支付同时有下画线。

　　现在我们来看这个博弈有什么特性。在没有检查时，消费者宁愿违背协议，因为他将获得支付8，软件生产商将获得的支付为-8；在有检查时，消费者将会选择遵守协议。因为遵守协议获得的支付0大于违背协议获得支付-64。而如果消费者遵守协议，那么软件生产商会选择不检查，因为0比-1好；如果消费者选择违背协议，那么软件生产商会选择检查，因为-4比-8好。这样，就形成了一个循环，因此，没有一个纯战略的纳什均衡。

　　参与人在这类博弈中的最优战略是以一定的概率随机地选择各个战略。假设消费者违背协议的概率是p，遵守协议的概率是$1-p$，从软件生产者的角度，检查的预期收益是

$$-1 \times p + (-4) \times (1-p) = 3p - 4$$

如果不进行检查，则软件生产商的预期收益为

$$0 \times p + (-8) \times (1-p) = 8p - 8$$

　　从消费者的角度，消费者不希望软件生产商猜测到自己选择违背协议还是遵守协议，即要是软件生产商的预期收益在检查与不检查之间没有区别，也就意味着两种预期收益应该相等：

$$8p - 8 = 3p - 4$$

即$p = \frac{4}{5}$。这时，消费者选择以$\frac{4}{5}$的概率违背协议，以$\frac{1}{5}$的概率遵守协议，那么软件生产商检查与不检查的收益是一样的。

　　假设软件生产商以q的概率选择检查，以$1-q$的概率选择不检查，这时，从消费者的角度，选择违背协议的预期收益是

$$(1-q) \times 8 + q \times (-64)$$

遵守协议，消费者的预期收益是

$$q \times 0 + (1 - q) \times 0$$

要是消费者在二者之间的选择是无差异的，则在两种战略上的预期收益是相等的，

$$72q - 64 = 0$$

即 $q = \dfrac{1}{9}$，这意味着软件生产商以 $\dfrac{8}{9}$ 的概率不进行检查，以 $\dfrac{1}{9}$ 的概率进行检查。这时消费者在两种战略之间的预期收益是一致的。

因此，混合策略纳什均衡是：消费者以 $\dfrac{4}{5}$ 的概率违背协议，以 $\dfrac{1}{5}$ 的概率遵守协议；软件生产商以 $\dfrac{8}{9}$ 的概率不检查，以 $\dfrac{1}{9}$ 的概率进行检查。在检查的背景下，随机化是实践的方法，可以消减成本，即使检查不是确定的，足够高被抓住的机会将威胁住违背协议行为，至少在某种程度上是可以做到的。

如果软件生产商不检查的概率 $1 - q > \dfrac{8}{9}$ 时（或者检查的概率 $q < \dfrac{1}{9}$ 时），消费者的最优策略就是违背协议，如同没有检查一样；当检查的概率 $q > \dfrac{1}{9}$ 时，消费者最优的策略就是选择遵守协议。反过来，当消费者遵守协议的概率 $p > \dfrac{1}{5}$ 时，软件生产商就选择不检查，但是消费者遵守协议的概率 $p < \dfrac{1}{5}$ 时，软件生产商就应该选择检查。

在特种设备使用单位规范生产方面，很多单位都存在不规范生产，从而造成安全事故。例如，电梯困人、塔吊倒塌伤人事件等。那么，是大型企业不规范生产的现象严重，还是小企业不规范生产的可能性更大呢？直观地讲，两类企业都有不规范生产的现象，但是大企业的情况要好得多，因为它不规范生产如果发生事故，会引起较大危害及经济损失，并且主要负责人还要担负刑事责任，所以大企业一般会注意企业安全生产的教育。但是小企业由于违法成本较低，从而造成许多小企业长期存在不规范生产的现象。虽然监管部门加大了投入，但是相反成了监管的难点。下面我们用混合策略纳什均衡的分析方法，对我国现行的质检体制进行一定的分析。

四 现有质检体制的博弈分析

我国现行质检体制是以《计量法》、《国境卫生检疫法》、《进出口商品检验法》、《进出境动植物检疫法》、《产品质量法》、《节约能源法》、《食品安全法》、《特种设备安全法》等 8 部法律为核心、13 部行政法规为主干、191 部部门规章为基础、200 余部地方性法规规章为补充的质检法律法规体系，形成以国家级技术机构为龙头、省级技术机构和区域性中心实验室为骨干、县级技术机构和常规实验室为基础的检验检测体系。为了表述后面分析的方面，这里以我国特种设备安全监察制度为例展开分析。①

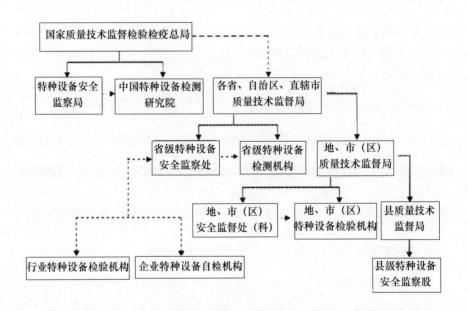

图 1-2　我国特种设备安全监督管理组织结构图

特种设备是指涉及生命安全、危险性较大的锅炉、压力容器、压力管道、电梯、起重机械、娱乐设施、客运索道、场（厂）内机动车辆等设备设施，是国民经济和人民生活的重要基础设施。目前，特种设备安全监

---

① 食品药品、工业产品、出入境检验检疫、工程、环境等方面的检验检查与特种设备安全监察制度基本是一致的。

察工作的主要法律依据是2013年颁布、2014年开始实施的《特种设备安全法》。特种设备安全监察工作实行部门依法监管、企业全面负责、政府督促协调、社会广泛监督的工作机制。依据《特种设备安全法》的规定，特种设备安全监察工作对特种设备的设计、制造、安装、使用、维修、改造、检验等七个环节实行全过程、全生命周期的安全监察。

按照行政管辖区域和具体的工作分工，我国的特种设备安全监察工作分为四个层级，分别由国家、省（自治区、直辖市）、市、县特种设备安全监察机构组织实施（如图1-2所示）。

39

在具体监管方式上，主要实行特种设备行政许可和监督检查两项基本制度。依据行政许可法，目前国家正式确认的特种设备行政许可项目共计8项，按照工作分工，分别由国家和省（市）特种设备安全监察机构具体承担。具体见表1-15.

表1-15　　　　　　　　**特种设备行政许可与监督检查制度**

行政许可制度	监督检查制
设计许可	强制检验制度
制造许可	现场监察制度
安装改造维修许可	事故调查处理制度
充装许可	安全责任追究制度
使用登记	安全状况公布制度
检验检测单位许可	
检验检测人员考核	
作业人员考核	

国家和省（市）特种设备安全监察机构根据这8项工作内容，在国家、省（市）层面，形成了特种设备安全监察局与特种设备检测技术机构之间的"法律授权——技术支撑"的工作关系。以强制检验制度为例，各地特设局授权检测技术机构对辖区内特种设备进行强制检验，并根据检验报告对违法的特种设备使用单位进行处罚，具体逻辑关系见图1-3。

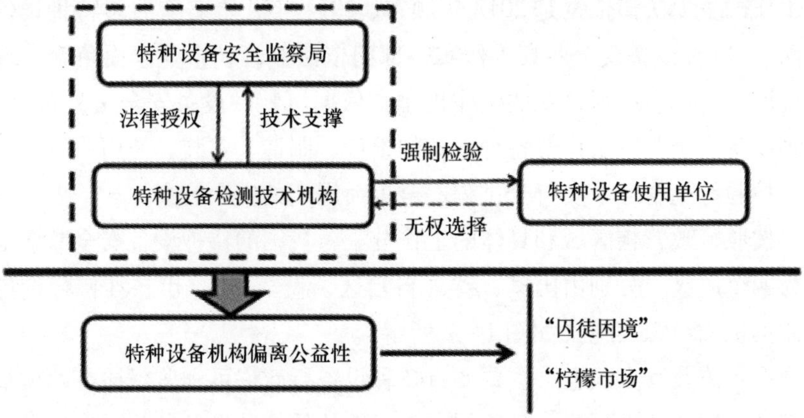

图 1-3　特种设备强制检验制度逻辑图①

　　为什么现行的特种设备强制检验制度会导致特种设备监管机构偏离公益性，从而导致特种设备安全检验的"囚徒困境"与"柠檬市场"？以电梯为例，随着我国房地产行业的快速发展，带动了电梯保有量的迅速增长，到 2013 年底，我国电梯保有量超过了 300 万台。但是，我国现有的电梯安全检验技术人员总共约 3 万人。在某些地区人机矛盾表现得更为突出，以北京朝阳区为例，电梯检验师 31 人，辖区内电梯约 1.2 万台，根据《特种设备安全法》要求，每台电梯每年必检，两人互检，对辖区内的电梯检验需要近 5 年的时间，造成电梯风险水平居高不下。一方面，技术机构不愿意将电梯检验业务交给市场，因为每台电梯的检验费平均5000 元，符合博弈主体理性人的假设；另一方面，由于强制检验制度使得电梯安全的责任实际有特设局承担，符合电梯使用单位的利益追求，因此电梯使用单位也希望由具有政府背景的特种设备技术机构承担检验工作，这就造成了现在电梯检验的"囚徒困境"。由于电梯使用单位不会主动履行自己的主体责任，就不会主动选择维保质量高的维保公司对电梯进行维保服务，而选择价格便宜的维保公司提供低质量的维保服务。但是，

---

　　① 柠檬市场（The Market for Lemons），也称次品市场，又称阿克洛夫模型。是指信息不对称的市场，即在市场中，产品的卖方对产品的质量拥有比买方更多的信息。在极端情况下，市场会止步萎缩和不存在，这就是信息经济学中的逆向选择。"柠檬"在美国俚语中表示"次品"。"柠檬市场"效应则是指在信息不对称的情况下，往往好的商品遭受淘汰，而劣等品会逐渐占领市场，从而取代好的商品，导致市场中都是劣等品。

由于检验技术机构没有能力对每台电梯每年进行检验，却又不能不让电梯运行，因此在很多情况下，在没有检验的情况下，给电梯发放"检验合格证"允许其运行。造成低质量的维保公司市场份额越来越大，而高质量的维保公司会退出市场，形成电梯维保市场的"柠檬市场"现象。

下面，使用混合策略纳什均衡的求解方法，分析一下现行的特种设备监察制度存在的问题。

情景一　根据图1-3，形成了特种设备监管主体（包括了特种设备监察局与特种设备检验技术机构）与特种设备使用单位之间的博弈。假设特种设备监管主体只有"行政作为"与"行政不作为"两种选择，而特种设备使用单位有"规范生产"与"不规范生产"两种选择。我国现行的特种设备监察制度对不规范使用特种设备的单位有处罚权，并将全部或部分罚金作为特种设备监察主体的行政经费。[①] 鉴于此，建立如表1-16所示的"特种设备监察主体— 特种设备使用主体"之间博弈支付矩阵。

表1-16　　**特种设备监察主体—特种设备使用主体博弈支付矩阵**

		特种设备使用主体	
		规范生产	不规范生产
特种设备监察主体	作为	$-c, r$	$F-c, R-F$
	不作为	$0, r$	$0, R$

这里，c 表示特种设备监察主体进行监管所耗费的成本（包括检查、信息收集和处理等费用）；r 表示特种设备使用主体选择规范生产所获得的收益；R 表示不规范生产所获得的短期收益；F 表示特种设备使用主体由于不规范生产受到处罚的罚金。

假设特种设备监察主体选择"行政作为"的概率为 p，那么"行政不作为"的概率为 $1-p$；特种设备使用主体选择规范生产的概率为 q，那么"不规范生产"的概率为 $1-q$。由此可计算特种设备监察主体进行监管所获效用的期望收益为：

---

① 实际的过程是将罚没款先上交国家或省财政，再按一定的比例返还。表面上是特种设备监察主体没有直接追求罚金，但实际特种设备监察主体是受益者。例如，我国一些部门存在罚款任务的现象。

$$E(p) = p \cdot [q \cdot (-c) + (1-q) \cdot (F-c)] + (1-p) \cdot [q \times 0 + (1-q) \times 0] = p(F - Fq - c)$$

同理，特种设备使用主体进行规范生产所获效用的期望收益为：

$$E(q) = q \cdot [p \cdot r + (1-p) \cdot r] + (1-q) \cdot [p \cdot (R-F) + (1-p) \cdot R] = q(r - R + pF) + (R - pF)$$

42

在长期均衡条件下，根据完全信息静态均衡博弈混合策略的求解方法可得：特种设备监察主体"行政作为"的概率为：

$$p = \frac{R-r}{F}$$

特种设备使用主体选择"规范生产"的概率为：

$$q = \frac{F-c}{F}$$

我们分析特种设备监察主体"行政作为"的概率 p 与特种设备使用主体"规范生产"的概率 q 同特种设备监察主体处罚力度 F 的关系。根据

$$\frac{\partial p}{\partial F} < 0, \frac{\partial q}{\partial F} > 0$$

可以得出：特种设备监察主体选择"行政作为"的概率同处罚力度 F 呈负相关关系，其含义表示随着特种设备监察主体处罚力度 F 的增大，比如处罚金额上涨，特种设备监察主体选择"行政作为"的概率将减小。但是，特种设备使用主体选择"规范生产"的概率同处罚力度 F 呈正相关关系，其含义表示随着特种设备监察主体处罚力度 F 的增加，特种设备使用主体选择"规范生产"的概率将增加。如果处罚力度 F 远大于特种设备监察主体的"行政作为"成本，那么特种设备使用主体选择"规范生产"的概率将接近于1。反过来看，如果特种设备监察主体处罚力度 F 与特种设备监察主体选择"行政作为"的成本 c 差不多时，生产单位选择"规范生产"的概率将接近于0。因此，对于不同的生产单位（设计、制造、安装、改造及维保），监督检查管理部门的行政作为成本不完全相同，对于八大类特种设备的生产单位的行政监管成本也存在很大的差异，为了使八大类特种设备的特种设备使用主体都能"规范生产"，特种设备监察主体的处罚力度 F 应当设计得更加细致，而不能使用统一的处罚力度。

然而，在考察特种设备监察主体的期望收益函数时可发现：

$$\frac{\partial\, E(p)}{\partial\, q} < 0$$

其含义代表当特种设备使用主体选择"规范生产"的概率增加时，特种设备监察主体的期望收益将减少。如果将特种设备监察主体视作理性经济人，在现实中，特种设备监管机构的处罚所得罚金先上交给地方或国家财政，而后国家财政又按一定的比例或全部返还给特种设备监察主体，也就是说 F 全部或部分返还，这种假设是基本合理的。特种设备监察主体就会想方设法阻止 q 的增加，甚至在办公经费短缺的时间会想办法让 q 减少，也就是说特种设备监察主体不愿看到所有的特种设备使用主体都选择"规范生产"策略，其目的是为了追求获得更多的罚没款 F。但由于中国特种设备分布差异性极大，在现实中这种"放水养鱼"的现象主要出现在特种设备法定检验量较少的西部地区，而对于东部特种设备法定检验量大且检验人员不足的东部地区，就如前文分析的那样，各个特种设备检验技术机构为了完成每年的检验任务只能应付了事，走形式，走过场，乱发证。这种特种设备安全管理机制已经不能应对我国快速增长的经济发展与特种设备数量的增长，是特种设备安全风险不断增高的主要原因，为应对这一困局，对特种设备安全检验机构进行市场化改革是必需的。

另外，由于 $q = \dfrac{F - c}{F}$，意味着随着特种设备监察主体"行政作为"成本 c 的增加，F 有上限限制[①]，特种设备使用主体"规范生产"的概率 q 将降低。意味着特种设备监察主体管的越多，特种设备使用主体越不会落实自身的主体责任。这与现实情况基本符合，例如，特种设备监察主体对特种设备从设计到最终的报废实施全生命过程的监管，导致一旦出现特种设备安全事故，不是特种设备使用主体来承担责任，而是由特种设备监察主体首先承担了失察责任。由于 $p = \dfrac{R - r}{F}$，所以随着罚款金额的"F"增大，特种设备监察主体行政作为的概率将减小，这是因为如果假设罚金是特种设备监察主体行政经费的唯一来源，假设特种设备监察主体处罚一次就能获得充裕的行政经费，那么必然会选择不作为。

通过以上的分析，我们不难发现，现有的特种设备监察体制已经不能适应我国特种设备安全监察工作，必须改革。基本思路，就是让特种设备

---

① 我国行政法规定，处罚上限为 20 万元。

使用单位承担起主体责任，也就是应让特种设备使用主体的"无权选择"变为"有权选择"，从而优胜劣汰，使得提高优质服务的维保公司通过竞争获得更大的利润。

情景二 现行的特种设备监察体制为特种设备监察局指定特种设备检测技术机构，对特种设备每年进行法定检验，而技术机构隶属于特种设备管理局（见图1-2）。由于这种从属关系，使得特设局对下属的技术机构监察并不到位，而技术机构为了本身的利益诉求而透支政府的信用，不规范检验。对于特种设备监察主体的"行政不作为"行为，目前缺乏有效的监督，也仅是在发生重大事故之后开始追责。在没有引发重大事故时，也仅是公众对政府的管理水平进行指责，形成了对特种设备监察主体的条件性处罚。当公众获悉特种设备使用主体从事不规范生产，并且特种设备监察主体采取不作为策略的时候，则公众更可能产生"政府玩忽职守导致生产单位肆意违法"的印象。例如，杭州拼装电梯案，就暴露出特种设备监察主体对这一产业链的各个环节的不作为。这里假设特种设备监察主体蒙受了 $-s$ 的损失，可理解为受到公众的处罚，也可理解为公众满意度的损失，那么新的支付矩阵如表1-17所示：

表1-17 引入特种设备监察主体有条件的
损失的博弈支付矩阵

		特种设备使用主体	
		规范生产	不规范生产
特种设备监察主体	作为	$-c, r$	$F-c, R-F$
	不作为	$0, r$	$-s, R$

根据上述矩阵，重新求解特种设备监察主体期望效用函数为：

$$E(p) = p \cdot [q \cdot (-c) + (1-q) \cdot (F-c)] + (1-p) \cdot [q \times 0 + (1-q) \cdot (-s)] = p(F - Fq - c - sq + s) + sq - s$$

与特种设备使用主体的期望效用函数为：

$$E(q) = q \cdot [p \cdot r + (1-p) \cdot r] + (1-q) \cdot [p \cdot (R-F) + (1-p) \cdot R]$$
$$= q(r - R + pF) + (R - pF)$$

在长期均衡条件下，根据完全信息静态博弈混合策略的求解方法可得：特种设备监察主体选择"行政作为"的概率依然为：

$$p = \frac{R - r}{F}$$

而特种设备使用主体选择"规范生产"的概率变为：

$$q = \frac{F + s - c}{F + s}$$

与情景一比较，在引入特种设备监察主体的有条件的损失 s 后，特种设备监察主体选择"行政作为"的概率并没有发生变化。这说明，对于发生特种设备重大事故之后才对特种设备监察主体进行追责与处罚，并不能引起监管部门的重视，这种侥幸心理普遍存在于特种设备管理部门，因而事后追责对于监管部门提高自身的管理质量并没有明显的效果。

特种设备使用主体选择"规范生产"的概率 q，由于分子、分母中都增加了 s，使得

$$\frac{F + s - c}{F + s} > \frac{F - c}{F}$$

也就是说，特种设备使用主体选择"规范生产"的概率增加了。若 s 远大于处罚力度 F，那么生产单位选择"规范生产"的概率将接近于 1。反过来，如果 s 足够小，或者对特种设备监察主体几乎不构成多少损失，那么对于提升特种设备使用主体选择"规范生产"的概率不会发生多少作用，作用几乎为零。在当今经济发展占主要地位，特种设备监察主体很少关注公众对其满意度的评价水平，也就是这种损失并不能影响特种设备监察主体的行为选择，那么对短期改善特种设备使用主体选择规范生产的概率不会发生影响。为了使特种设备使用主体进一步提升选择"规范生产"的概率，可以考虑对特种设备监察主体的条件损失的机制设计，特种设备监察主体对特种设备使用主体处罚罚金不是唯一手段。比如，将公众对特种设备监察主体的满意度评价作为特种设备监察主体内干部的考核依据，可有效地促进特种设备的安全水平。

考虑特种设备监察主体的期望效用 $E(p)$ 同生产单位选择"规范生产"的概率 q 之间的关系，效用 $E(p)$ 对 q 求导有，

$$\frac{\partial E(p)}{\partial q} = s(1 - p) - pF$$

那么，当 $s > \frac{pF}{1 - p}$ 时，可知两者呈现正相关关系。由此可知，当特种设备监察主体非常重视公众评价时，或者对特种设备监察主体事后的处

罚足够大时,政府的期望收益将随着特种设备使用主体选择"规范生产"的概率的增加而增加。反过来,如果特种设备监察主体追求公众对它的主观高评价,或者避免遭受重处罚,那么生产单位也比较追求"规范生产"的高概率。

应将对特种设备监察主体的事后处罚,变为公众对特种设备监察主体的日常评价,并且公众评价是考核特种设备监察主体的重要指标,将有效地改善特种设备监察主体与特种设备使用主体的博弈收益,向着"双赢"的局面发展。

情景三 从激励相容的角度分析,特种设备监察主体对特种设备使用主体"不规范生产"进行处罚的同时,还可以在一定程度上对特种设备使用主体选择"规范生产"的策略进行一定的奖励。例如,官方免费宣传,政府设立专项奖励基金,针对原材料的上涨,政府给予一定的补贴,税收上给予一定的减免等等。由于特种设备监察主体因以上策略的成本此处设为 w,建立新的博弈支付矩阵如表 1-18。

表 1-18 　　　　对"规范生产"特种设备使用主体进行
奖励的博弈支付矩阵

		生产企业	
		规范生产	不规范生产
监督检查部门	作为	$-c-w, r+w$	$F-c, R-F$
	不作为	$0, r$	$-s, R$

根据上述矩阵,重新求解特种设备监察主体期望效用函数为:

$$E(p) = p \cdot [q \cdot (-c-w) + (1-q) \cdot (F-c)] + (1-p) \cdot [q \times 0 + (1-q) \cdot (-s)] = p(F - Fq - c - sq - wq + s) + sq - s$$

与特种设备使用主体的期望效用函数为:

$$E(q) = q \cdot [p \cdot (r+w) + (1-p) \cdot r] + (1-q) \cdot [p \cdot (R-F) + (1-p) \cdot R] = q(r - R + pF + pw) + (R - pF)$$

在长期均衡条件下,根据完全信息静态博弈混合策略的求解方法可得:特种设备监察主体选择"行政作为"的概率为:

$$p = \frac{R-r}{F+w}$$

特种设备使用主体选择"规范生产"的概率为：

$$q = \frac{F+s-c}{F+s+w}$$

分析特种设备监察主体选择"行政作为"的概率 p ，与特种设备使用主体选择"规范生产"的概率 q 值的变化，由于矩阵中引入了奖励变量 w ，使得：

$$\frac{R-r}{F+w} < \frac{R-r}{F}, \quad \frac{F+s-c}{F+s+w} < \frac{F+s-c}{F+s}$$

从而可以得出，政府奖励的越多，特种设备监察主体选择"行政作为"的概率与生产单位选择"规范生产"的概率减小，这似乎有悖常理。但从另一个角度来看，是十分合理的。对于特种设备监察主体进行检查时，若检查到特种设备使用主体"规范生产"就必须给予奖励，使得特种设备监察主体自身收益变小，因而就会减少对特种设备使用主体的监督检查。而特种设备使用主体发现特种设备监察主体有降低监督检查概率的情况，就会选择"不规范生产"策略，而有效地降低成本，增加利润。因而，在进行优秀企业奖励的机制设计中，应避免特种设备管理部门直接进行奖励，而从其他领域进行奖励，从而产生正的外部性。

情景四　由当前的特种设备发生事故后追究特种设备监察主体的责任，改为对特种设备监察主体的行为追究责任。也就是，不管是否发生特种设备事故，只要发现特种设备监察主体有"行政不作为"情况，就要追责。这里我们引入对特种设备监察主体"行政不作为"没有发生事故蒙受的损失为 $-t$ ，建立新的博弈支付矩阵，如表 1-19.

表 1-19　　　由因"后果"追责变为因"行为"追责的博弈支付矩阵

		特种设备使用主体	
		规范生产	不规范生产
特种设备监察主体	作为	$-c, r$	$F-c, R-F$
	不作为	$-t, r$	$-s, R$

根据上述矩阵，重新求解特种设备监察主体期望效用函数为：

$E(p) = p \cdot [q \cdot (-c) + (1-q) \cdot (F-c)] + (1-p) \cdot [q \cdot (-t) + (1-q) \cdot (-s)] = p(F-Fq-c) + (1-p) \cdot (sq-s-qt)$

与特种设备使用主体的期望效用函数为：

$$E(q) = q \cdot [p \cdot (r) + (1 - p) \cdot r] + (1 - q) \cdot [p \cdot (R - F) + (1 - p) \cdot R] = qr + (1 - q) \cdot (R - pF)$$

在长期均衡条件下，根据完全信息静态博弈混合策略的求解方法可得：特种设备监察主体选择"行政作为"的概率为：

$$p = \frac{R - r}{F}$$

特种设备使用主体选择"规范生产"的概率为：

$$q = \frac{F + s - c}{F + s - t}$$

分析特种设备监察主体选择"行政作为"的概率 p ，与特种设备使用主体选择"规范生产"的概率 q 值的变化，由于矩阵中引入了行为处罚变量 t ，使得：

$$\frac{F + s - c}{F + s - t} < \frac{F + s - c}{F + s}$$

从而可以得出，因特种设备监管过程中的事前行为不规范处罚与事故事后处理对监管单位的监管概率没什么任何影响，但是可对企业安全生产的概率得到有效的改善，从长期来看，改善了企业安全生产的纳什均衡。在特种设备生产过程中，只要发现特种设备监察主体行政不作为就进行追责，变事后处理为事前预防，可有效提高企业安全生产的概率。

第五节　纳什均衡的存在性及多重性

对于数学家来说，一个数学概念的存在性与唯一性是特别需要加以关注的。从波普尔的证伪主义哲学看，模型均衡解的唯一性关系到模型的预测功能，从而是科学理论应基本具有的特征。博弈论目前发展的情况是这样的：已经证明在非常一般的情况下，纳什均衡是存在的，这是一个好的结果；但是，在许多情形，模型的纳什均衡解并不是唯一的，这被称为纳什均衡的多重均衡问题。

一　纳什均衡的存在性

自从纳什（1950）首先给出存在性定理及其证明之后，许多学者又相继提出了不同表述下的存在性定理和不同的证明方法。这里，我们仅给出不同定理表述，而不给出证明，有兴趣的同学可找其他相关书籍学习。

定理 1.1（Nash，1950）任何一个战略式表述的有限博弈都至少存在一个混合博弈纳什均衡。

定理 1.2（Debreu，1952；clicksberg，1952，Fan，1952）在 n 人战略式表述博弈 $G = \{S, \cdots, S_n; u_1, \cdots, u_n\}$ 中，如果纯战略空间 Si 是欧氏空间上的非空有界闭凸子集，支付函数 u_i 是连续的且对 S_i 是拟凹的（$i = 1, \cdots n$），则 G 存在一个纯战略纳什均衡。

定理 1.3（Glicksberg，1952）在 n 人战略式表述博弈 $G = \{S_1, \cdots, S_u; u_1 \cdots u_n\}$ 中，如果纯战略空间 S_i 是欧氏空间上一个非空有界闭凸集，支付函数 u_i 是连续的，则 G 存在一个混合战略纳什均衡。

以上定理说明了纳什均衡的存在性，每一个有限的博弈，至少存在一个纳什均衡，可能是纯战略纳什均衡，也可能是混合战略的。纯战略纳什均衡也可以被叫做（退化）的混合策略纳什均衡。例如，在质量选择博弈中，企业选择高质量战略的概率为 1，低质量概率为 0，就成为一个纯战略纳什均衡。一般来讲，纳什均衡都是奇数个，如果一个博弈存在两个纯战略纳什均衡，那么一定存在第三个混合战略纳什均衡。

需要指出的一点是，前面的讨论都假定参与人是完全理性的，并且不会犯任何错误。这个假设是不符合现实情况的。当然，在某些情况发生错误的概率微乎其微，纳什均衡仍然能够给出一个合适的预测。但是在一些特殊情况下，即使很小的错误也可能导致大的灾难（比如，特种设备事故通常都是由于操作人员很小的一个事物操作，造成严重的事故后果），那时纳什均衡就不能产生具有说服力的解释。现在我们来看一个特殊而简单的博弈，其支付矩阵如表 1 – 20。

表 1 – 20　　　　　　　　高风险与纳什均衡

		参与人 I	
		左	右
参与人 II	上	8，10	– 1000，9
	下	7，6	6，5

表 1 – 20 所示的博弈中，战略组合（上，左）是一个纳什均衡。但实际决策中，参与人 II 会选择战略"上"吗？如果他 100% 地确认参与人

I 选择战略"左",其最优选择当然是"上",如果有很小的概率(比如1%)知道对方可能犯错误,即有可能选择右,因为9:10 小 1 个单位。这样参与人 II 有 99% 的可能得到 8,但却有 1% 的风险损失 1000。那么,参与人 II 必然会考虑这种风险问题,那么在这种情况下,参与人 II 最好的选择可能变为战略"下",因为他仍然可以得到 7 或 6,是一个非常安全的战略选择。这个例子说明,博弈主体有时并不像我们想象的那么完全理性,在遇到高风险时,博弈主体会考虑风险水平,从而使得最终的结果偏离纳什均衡,那么纳什均衡就不会正确的给予预测。

二 多重均衡问题

许多技术或产品会存在一个兼容性问题,需要遵循某种特定的技术标准。如果标准多样,就会使使用效率降低,甚至根本没有办法使用。比如,手机充电器的插头,每家手机制造商都根据自己的设计进行生产,造成市场上存在多种手机充电器并存,而消费者一旦更换手机同时就会更换充电器,这种情况造成社会资源极大浪费,这就是标准不统一的问题。当然现在的趋势是充电器逐渐统一为 USB 接口,不但提高了资源的效率,而且方便了消费者。下面以充电器的标准兼容性问题,来说明多重均衡问题。

数据线是计算机重要的外部设备,可用于手机充电,还可以用于数据传输。目前主要存在两种不同类型接口与收集连接:一类是 B 型 USB 接口;另一类是 A 型 Mini – USB 接口。设想有两家生产手机的企业,每个企业都可以选择生产接口不同的手机,它们的选择可能得到的结果如表1 – 21 所示:

表 1 – 21　　　　　　　　　　USB 接口标准博弈

		企业 2	
		B – USB	A – Mini USB
企业 1	B – USB	8, 8	3, 2
	A – Mini USB	2, 3	6, 6

如果两家企业都生产带有 A – Mini USB 接口的计算机,每个企业的利润为 6 个单位;都生产带有 B – USB 接口的手机,每个企业的利润为 8 个

单位；若一家生产 A - Mini USB 接口，另一家生产 B - USB 接口，则生产 B - USB 接口的企业获得 3 个单位利润，而生产 A - Mini USB 接口的企业获得 2 个单位利润。两家企业都希望生产同一类型的手机，因为如果市场的手机类型相同，无兼容性问题，消费者使用比较方便，购买意愿上升，企业利润也随之上升。

这个博弈中存在两个纳什均衡：两家企业都生产 A - Mini USB 接口的手机和两家企业都生产 B - USB 接口的手机。但是在这两个纳什均衡中，有一个纳什均衡是帕累托最优的，就是都生产带有 B - USB 的手机。因为两家企业从都生产 A - Mini USB 接口的手机转向都生产 B - USB 的手机，利润都增加 2 个单位。这一均衡对所有人都有利的，参与人比较容易协调相互的预期。

如果一个博弈存在多个纳什均衡，仅仅利用理性是无法预测人们行为的。此时，人们如何协调各自的预期，形成预期的一致性，是博弈中预测人们行为的关键所在。

协调人们的预期必须依赖一些具体因素，如社会规范和法律。尽管博弈论专家和经济学家利用抽象的数字和模型来模拟人们的互动行为已经取得丰硕成果，但是有些东西是无法数字化的，如文化、教育和经历。而这些东西可能是协调人们预期的关键因素。所以，我们预测人们行为时，必须在抽象模型中重新适当引入一些无法数字化的要素。

在多重均衡的博弈中引入具体因素来预期博弈结果，这方面的开创性研究工作是由 2005 年诺贝尔经济学奖获得者托马斯·谢林完成的。他于 1960 年出版了《冲突的分析》一书，书中提出一个很重要的概念——聚点均衡（focal point）。聚点均衡就是在多重纳什均衡中人们预期最可能出现的均衡，之所以最容易出现，是因为它符合普通人的行为习惯，因而最容易被预测到。谢林认为，博弈论专家利用博弈模型研究社会问题和人们行为时，往往省略一些重要因素，如文化和环境，而这些因素在人们实际的决策中往往发挥重要作用。因此，当一个博弈存在多个均衡时，我们有必要重新考虑协调人们预期的因素，从而更准确地预测人们的行为。再举一个例子，设想甲、乙两个人做选择城市的博弈，每个人可以选择 5 个城市，如果两人的选择没有重复，双方都赢；如果两人的选择有重复，双方都输。进一步，规定甲的选择中必须包括北京，乙的选择中必须包括上海。那么，我们可以想象，天津、哈尔滨、大连、石家庄将更可能出现在参与人甲的选择中，而杭州、南京、苏州、宁波更可能出现在参与人乙的选择中。这实际上就是一个聚点均衡。

让我们回到前面提到的产品标准化问题，这个博弈存在两个纳什均衡。如果两家企业有机会交流，显然它们会选择生产带 B – USB 的手机，因为它对于双方都有利，这个均衡是帕累托最优的。一般来说，当多个纳什均衡中存在唯一一个帕累托最优的纳什均衡时，协调就比较容易达成。此时，参与人之间的交流采取的是所谓"廉价交谈"（cheap talking）方式。所谓廉价交谈是指在双方的交流中大家都不会故意撒谎，以实话实说方式进行。所以，当一个博弈有多个纳什均衡存在时，帕累托标准有助于协调人们的预期，但帕累托标准的作用与交流和风险等因素有关。如果参与人之间能够无成本交流而且选择风险小，则帕累托标准就能很好地协调人们预期；反之，则帕累托标准就难以发挥聚点的作用。

三 路径依赖的困惑

在前述手机接口标准化的问题中，有两个纳什均衡：都生产有 B – USB 接口的手机和都生产 A – Mini – USB 接口的手机。假设一开始企业只能生产 A – Mini – USB 接口的手机，生产 B – USB 接口的手机的技术随后出现，企业是否会采用新技术呢？如果只有两家企业，两家企业直接交流一下，很容易达成都采用新技术的协议，因为采用新技术对双方都有利。如果有许多家手机生产企业，那么企业间谈判和协调成本就很高，很难达成采用新技术的协议。此时，尽管每个企业都希望采用新技术，但是由于无法通过协议来协调行为，很可能的结果是所有的企业仍然使用老的技术。因为每个企业都担心其他企业不采用新技术。在这种情况下，尽管出现了有效的新技术，但是企业仍然可能沿用对所有企业不利的老技术，这就是"锁定效应"。与"锁定效应"相关的概念就是"路径依赖"，即初始选择决定了未来的选择。例如，在一个小区中，如果刚开始建的房子风格离奇，则后来建的房子为了与刚开始建的房子协调一致，也只能采用同样的风格，这就是典型的"路径依赖"。

由于存在"锁定效应"和"路径依赖"，整个社会可能会处于一些帕累托无效的状态，这在"网络性产品"上表现得尤为突出。所谓"网络性产品"，就是每个人使用产品得到的效用随着使用产品的消费者人数的增加而增加。电话就是典型的"网络性产品"。如果只有你一家安装电

52

话，则你的电话是没有任何价值的。只有当你的亲戚朋友也安装电话时，你的电话才有价值，而且你的电话价值随着你的亲戚朋友使用电话数量的增加而上升。由于"网络性产品"存在网络外部性，市场可能锁定于对所有人都不利的纳什均衡。

"锁定效应"和"路径依赖"经常被用来证明"市场的失灵"。然而，市场是否真的一直会"锁定"在无效率状态是值得怀疑的。在短期内，"锁定效应"也许是存在的；但从长期来看，帕累托最优的均衡更可能出现。无论在技术方面，还是制度方面，都是如此。当然，时间长到多长，短到多短，在不同领域是不同的。这可以解释为什么尽管微软的标准长期独霸软件市场，但随着技术的发展，苹果的 OS 系统以及谷歌的安卓系统（Android）开始挑战微软的 Windows 系统。同样可以解释为什么计划经济体制可以在一些前苏东国家和中国存在多年，但这些国家最终还得走向市场化改革。就是因为，与计划经济相比，市场经济是一个帕累托最优的均衡。下面举几个典型的案例来说明这个问题。

案例一　键盘的寓言

一个经典的例子是"键盘的寓言"（David，1985）。我们现在使用的计算机键盘是 1868 年 Sholes 发明的 QWERT 打字机键盘的延续，据说是一种效率较低的键盘。1936 年，一位名叫 Dvorak 的美国人发明了一种叫 DSK 的简化键盘。根据当时的宣传，有人认为 DSK 键盘通过平衡双手和更有力的手指之间的工作量，极大地提高了打字速度，并且有利于减少疲劳以及更容易学习。人们为什么没有采用 DSK 键盘呢？流行的解释就是由于没有办公室使用 DSK 键盘，打字员不愿学习使用 DSK；而所有办公室又因为没人会使用 DSK 键盘打字，也不愿购买 DSK 键盘。也就是说，由于协调的问题，人们仍然使用低效率的键盘，出现了"锁定效应"。

但是最新的研究表明情况并非如此，人们发现：

（1）关于 DSK 键盘优越性的论点证据不足，许多观点仅仅是一种猜想；

（2）人体工程学的研究表明，与 QWERT 键盘相比，DSK 并没有可靠、重要的优势；

（3）实际上当时打字机市场竞争十分激烈，存在多种可供选择的键盘；

（4）一些有记载的比赛表明，当时存在的许多键盘比 DSK 更优越。

53

因此，我们不能断言，在键盘问题上，QWERT 的胜利就是因为"锁定效应"。

案例二　VHS 的秘密

在 DVD 发明之前流行的家庭录像机使用的磁带都是 VHS 制式的，但据说 Beta 制式的磁带质量更高，也更加清晰，而且体积又小。总之，Beta 制式的磁带比 VHS 制式磁带更加优越，VHS 的胜利被一些学者，如阿瑟（Arthur，1990），认为可能又是一种"锁定效应"的结果。

但是，事实并非如此。利布维茨和马格利斯（Liebowitz, Stan J. and Stephen E. Margolis, 1999）详细考察了这一段历史。1975 年，索尼公司开始生产 Beta 制式磁带时，同时将技术提供给松下和 JVC。1976 年 4 月三家公司最终同意召开一个会议来比较 Beta、VHS 和 VX 的性能。由于 JVC 的坚持，大家不欢而散。索尼最终选择生产 Beta，并且和东芝及三洋结盟。而松下和日立、夏普和三菱联手，生产 VHS 制式的磁带。两大阵营在各个方面展开了激烈的角逐，一种制式的任何改进立刻伴随着另一种制式的相同改变，一方降价，另一方也跟进。两种制式几乎在所有方面都被证明是完全相同的，但是有一方面例外——播放时间，VHS 制式比 Beta 制式的播放时间更长。当 Beta 制式能播放 2 小时的时候，VHS 制式能播放 4 小时；而当 Beta 制式能播放 5 小时的时候，VHS 制式能播放 8 小时。市场竞争的结果表明，播放时间是决定性的。在竞争初期，Beta 制式占据市场主导地位；但是到 1984 年，松下大获全胜，几乎完全占领市场。

案例三　微软神话

微软的成功，许多人认为与微软成立之初获得 IBM 的支持密不可分。据说当时 Mactonish 的操作系统具有视窗功能，性能比 DOS，甚至比基于 DOS 的 Windows 都要好。但是由于微软和 IBM 合作，而 IBM 是当时主要的计算机供应商，因此，人们一致认为微软会成功，从而都使用 DOS，于是微软就真的成功了。但是事情的真相并非如此，利布维茨和马格利斯（Liebowitz and Margolis, 1999）通过考察，指出微软成功的主要原因是：

（1）成本优势：使用 Mactonish 的操作系统需要配备专门的打字机；

（2）速度优势：DOS 的速度比 Mactonish 的操作系统快；

（3）功能优势：DOS 虽然比较难学，但是 DOS 学会后可以进行多种技术操作；

（4）配套优势：基于 DOS 写应用软件比基于 Mactonish 容易。

因此，微软的成功并不是人们认为它会成功而成功，而是微软的技术优势和市场竞争的结果。

55

第二章　重复博弈

前面章节分析的博弈，所有参与人都同时行动（并非时间上的同时，而是参与人信息上的对等），这样的博弈被称为静态博弈。这一章我们开始关注动态博弈。动态博弈中的参与人行动有先后顺序，后行动者在先行动者作出决策之后再选择自己的行动。生活中大部分博弈属于动态博弈。本章包括四节，第一节以质量选择模型介绍了完全信息动态博弈的概念与定义；第二节导出子精炼纳什均衡的概念，其中介绍了子博弈、逆向归纳法、承诺行为，最后以杭州拼装电梯案为例进行了分析；第三节介绍了重复博弈与合作行为，包括了有限博弈分析、无限博弈分析与无名氏定理；第四节以质量竞争为背景，解释了企业为什么会提升产品的质量，以及对电梯维保公司行为的解释。

第一节　完全信息动态博弈：概念与定义

由于动态博弈行动有先后顺序，在描述动态博弈时，需要把参与人行动的顺序刻画出来，所以，博弈论中常用博弈树（game tree）描述动态博弈，如图 2-1 所示。

在图 2-1 中，空心和实心的小圆点被称为决策结（decision nodes），位于决策结旁边的文字或字母代表在这个决策结处进行行动选择的局中人，该局中人在此决策结处进行行动选择。例如，图 2-1 中的商家与消费者。通常，整个博弈中进行第一个行动选择的决策结用空心圆点表示。图中的线段被称为"枝"（branches），"枝"表示位于该枝起始端的决策结处的局中人在该决策结可能选择的一个"行动"。而最下方的枝的结束端被称为终点结（terminal nodes），当博弈进行到任一终点结时，博弈过程结束。终点结处的向量表示博弈进行到此处每个局中人的支付，向量中从左端数起第一个数字是最先行动的局中人的支付，第二个数字是第二行动的局中人的支付，等等。每一个"枝"旁边的文字指出了该"枝"代表的行动，博弈的行动顺序在图中是从"上"到"下"。现在，我们来看看这个博弈的"均衡"是什么。当商家选"低质量"时，消费者接着就会选"不买"；当商家选"高质量"时，消费者接着选的是"买"。商家比较两种选择所获得支付，从而选择"低质量"或"高质量"。于是，博弈只有一个"均衡"，即 {高质量，买}。均衡结果是：商家选"高质量"，消费者选"买"。图 2 - 1 中的几何图形常被称为"博弈树"。

57

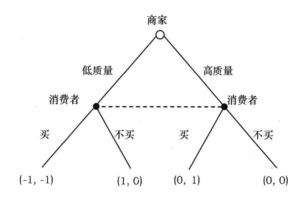

图 2 - 1 质量选择"博弈树"

我们通常将支付矩阵（或代数形式）表达博弈的方式称为博弈的"战略式"表述（strategic form representation）或标准式表述（normal form representation），而将用图 2 - 1 中那种"博弈树"表达博弈的方式称为博弈的"扩展式"表述（extensive form representation）。两种表述方法本质上是相同的，但通常用战略式表述表达静态博弈较为方便，而动态博弈用"扩展式表述"更为直观一些。譬如，我们用表 3 - 1 中的战略式表述来表示由图 2 - 1 给出的动态博弈。

在表 2 - 1 中，消费者有 4 种选择或战略，每一个战略用一个向量表示，向量中左端第一个行动选择对应于商家选"低质量"时消费者的行动选择；第二个行动选择对应于消费者选"高质量"时消费者的行动选择。那么，消费者的 4 种选择或战略如下：

表 2 - 1 　　　　　用战略式表述表示图 2 - 1 中的动态博弈

		消费者			
		{买，买}	{买，不买}	{不买，买}	{不买，不买}
商家	低质量	-1，-1	-1，-1	1，0	1，0
	高质量	0，1	0，0	0，1	0，0

58

　　战略 1：无论商家选择"低质量"还是"高质量"，消费者都选择"买"；

　　战略 2：如果商家选择"低质量"，则消费者选择"不买"；如果商家选择"高质量"，则消费者选择"买"；

　　战略 3：如果商家选择"低质量"，则消费者选择"买"；如果商家选择"高质量"，则消费者选择"不买"；

　　战略 4：无论商家选择"低质量"还是"高质量"，消费者都选择"不买"。

　　通过画线法求解这个博弈的纳什均衡，可以发现共有三个纳什均衡：给定商家选择"低质量"，消费者的最优选择是 {不买，买} 和 {不买，不买}；当商家选择"高质量"时，消费者的最优选择是 {买，买} 和 {不买，买}。当消费者选 {买，买} 时，商家的最优选择是"低质量"；当消费者选 {买，不买} 时，商家的最优选择是"低质量"；当消费者选 {不买，买} 时，商家的最优选择是"高质量"；当消费者选 {不买，不买} 时，商家的最优选择是"高质量"。所以，有两个纳什均衡：{低质量，(不买，不买)} 与 {高质量，(不买，买)}，均衡的结果为：商家选择"低质量"，消费者选择"不买"和商家选择"高质量"，消费者选择"买"。"均衡结果"指商家和消费者的均衡战略组合下的预测的商家和消费者的行动组合，"均衡"指均衡战略的组合，两者是不同的概念。显然，在这里，多个不同均衡可以带来相同的均衡结果。细心的读者会发现：表 2 - 1 中用战略式表述的纳什均衡比图 2 - 1 中用扩展式表述的均衡多出一个，即 {高质量，(买，买)}，其均衡结果为商家选择"高质量"，消费者选择"买"。这个均衡实际上是不可信的，因为消费者宣扬无论商家是否选择"高质量"都会选择"买"，若商家相信消费者的承诺，给定消费者无论如何都选择"买"，商家的最优选择当然是选择"低质量"。但是，商家怎么能相信消费者的承诺呢？因为，只要商家选择了

"低质量"，消费者的最优选择就是"不买"而不是"买"。所以，在我们对局中人的理性行为假定下，应该预测商家会选"低质量"而消费者选"不买"。所以，这个多出来的均衡应去掉。显然，当用战略式表述表达动态博弈时，可能将一些不可信的均衡包括进来，所以在动态博弈分析中常用的表述方式是扩展式而不是战略式表述。当博弈的一方发出威胁或承诺，接到威胁或承诺的一方就需要判断这一威胁或承诺是否可信。如前述分析，这一威胁或承诺可信性问题的根源是动态博弈中事前最优和事后最优的不一致性。而在静态博弈求解——纳什均衡并没有考虑这种动态不一致性。因此，当我们用纳什均衡概念来求解动态博弈时，有可能会出现包含不可置信的纳什均衡。在这里，不可信的均衡中含有消费者对商家的不可置信的承诺，应该从预测的均衡中去掉。这就意味着，我们不能简单地把纳什均衡应用到动态博弈中。动态博弈需要能够反映动态一致性、排除不可置信承诺（威胁）的均衡概念。

一　完全信息动态博弈的定义

在以上直观性说明的基础上，我们可以借用图论中的概念对"博弈树"作出说明，随后我们先给出动态（或扩展式）博弈的一般性定义。

设有可数性集合 $V = \{V_i\}$，其中 $i \in I$，I 为一可数指标集。构造另一集合 $A = \{(v_i, v_j) \mid v_i \neq v_j, v_i, v_j \in V, i, j \in I\}$。一个未定向的"图"指由集合 V 与 A 的一个子集 $\tilde{A}$ 的一个构成[①]。称 $v_i \in V(i \in I)$ 为图的一个"顶点"（vertex）或"结点"（node），称 $(v_i, v_j) \in \tilde{A}(i, j \in I)$ 为一段（联结"顶点"v_i 和 v_j 的）弧（arc）或"枝"（branch）或"边"（edge）。一个连接结点 v_1 与 v_m 的（开的）"路径"（path）指一个结点序列 $v_1, v_2, \cdots, v_m$ 满足：$v_i \in V(i \in I)$ 且 $(v_1, v_2), (v_2, v_3), \cdots, (v_{m-1}, v_m)$ 都在集合 $\tilde{A}$ 中[②]。

当 $v_1 = v_m$（且 $m \geqslant 2$）时，我们就得到一个"圈"（cycle）或"闭路径"。图 2-2 中给出了两个"图"的例子。

---

① $\tilde{A}$ 既可以是空集（即没有"枝"的图或散点图），也可以为整个 A（称为一个"完全的"图）。

② 由于我们在这里要求 A 中元素由 V 中任意两个不同的结点排列而成，故这里排除了 $v_1 = v_2$ 且 $m = 2$ 的情形，因此一个路径至少含有两个结点。

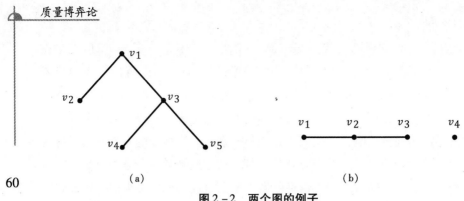

（a）   （b）

图 2 - 2　两个图的例子

60

在图 2 - 2（a）中，$V = (v_1, v_2, v_3, v_4)$，$\tilde{A} = \{(v_1, v_2), (v_1, v_3), (v_3, v_4), (v_3, v_5)\}$；在图 2 - 2（b）中，$V$ 与（a）中相同，而 $\tilde{A} = \{(v_1, v_2), (v_2, v_3)\}$。

当且仅当任意两结点由唯一的一条"路径"连接时，称一个图为一个"树"（tree）。图 2 - 3 中给出"树"和"非树"图的例子。

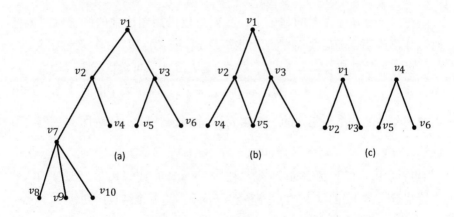

图 2 - 3（a）中的图是"树"，（b）和（c）中的图不是"树"

显然，"树"中是没有"圈"且任意两个结点间是"连通的"。

现假设图 T 是一个"树"，并设 r 为 T 中的一个结点，定义 r 为图的一个"根"（root）。我们现在可以将树中所有的"枝"进行"定向"，使得它们都是从"根"向外"定向"的。对于 $\tilde{A}$ 中任意的 (v_i, v_j)（$i, j \in I$），我们知道从 r 到 v_j 有唯一的一条路径。如果该路径通过结点 v_i，则"枝"(v_i, v_j) 的方向为 $v_i \rightarrow v_j$ 或就记为 (v_i, v_j)；否则，从 r 到 v_i

的唯一路径必经过 v_j。若不然，就不难找到两条从 r 到 v_i 的路径了，这违反了"树"的定义。因此，在这种情形可将"枝"(v_i,v_j)方向定向为 $v_j \to v_i$ 或记为 (v_j,v_i)。按照这种记法，我们知道 r 有如下性质：即 r 与另一不同结点 v_i 所构成的"枝"的方向必为 (r,v_i)，即从 r 只有"发出"（outgoing）的"枝"。相反，当从 r 发出"枝"时，r 必为"根"。当结点 z 与"树"中任意其他结点 v_i 构成的"枝"的方向为 (v_i,z) 时，称 z 为"叶"（leaves）或终点结（terminalnodes），记 $Z = Z(T)$ 为由"树"T 的所有终点结所构成的集合。图 2-4 给出一个"树"的例子。

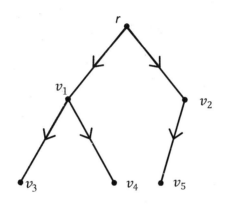

图 2-4　一个"树"的例子

其中 r 为"根"，$Z(T) = \{v_3, v_4, v_5\}$。注意，以上关于图及"树"的概念定义中不排除 V（及 A 和 $\tilde{A}$）中有无限个元素的情形。我们今后在不引起混乱的情况下可省略表示方向的箭头。有了上述概念准备，我们就可以正式给出 n 个动态博弈（扩展式表述的博弈）的定义。

定义2.1　称 G 为一个动态博弈（扩展式表述的博弈），则 G 应同时满足下列条件：

（i）$\Gamma = \{1, 2, \cdots, n\}$ 是局中人集合，n 为自然数；

（ii）T 为一个"树"，称为"博弈树"，其中的"根"被称为初始结；

（iii）T 的非终点结集合 $T/Z(T)$ 被分成 $n+1$ 个不相交的子集 $P^0, P^1, P^2, \cdots, P^n$。$P^0$ 中的元素被称为"机会"（chance）或"自然"（nature）结；对于每个 $i \in \Gamma$，P^i 中的元素被称为局中人 i 的决策结；

（iv）对于 P^0 中的每个结点，从它向外发出的任一"枝"上被赋予了一个概率分布密度值；

（v）对所有的 $i \in \Gamma$ ，P^i 又被分成 $K(i)$ 个互不相交的集合，称为"信息集"（informationsets），记为 $U^i_1, U^i_2, \cdots, U^i_{K(i)}$ ，满足：对于每个 $j = 1$，$2, \cdots, K(i)$ ，有：

（a）从 U^i_j 中每个结点（$j = 1, 2, \cdots, K(i)$）发出的枝的数目相同，且 U^i_j 中不同结点发出的"枝"的集合之间存在一个给定的一一对应；

62

（b）从"根"或初始结出发到终点结的每一个（定向的）路径至多通过每一个 U^i_j 一次；

（vi）对每个终点结 $z \in Z(T)$ ，对应于一个 n 为支付向量 $g(z) = (g_1(z), g_2(z), \cdots, g_n(z))$ ，其中 $g_i(z)$ 被称为局中人 i 的支付（$i = 1, \cdots, n$）。

（vii）上述从（i）到（vi）的完全描述是所有局中人之间的共同知识。

定义 2.1   在描述上较为抽象，但其好处符合数学的严密性。定义 2.1 中的信息集的概念，我们在后面给出。此处，我们可以这样来直观地理解其含义：每一个信息集中的结点是一个局中人进行决策的位置，称为决策结；博弈从"树" T 的"根"开始。按归纳法表述，假定博弈已进行到非终点结 v 处。若 v 是局中人 i（即 $v \in P^i$）的决策结，则局中人 i 根据 v 所在的信息集选择从 v 发出的一个"枝"。

由此，存在一条从初始结到某一终点结 Z 的唯一路径，博弈到 Z 处终止且每个局中人 i 获得支付 $g_i(z)$（$i = 1, \cdots, n$）；或者博弈从初始结开始沿着唯一一条路径进行下去但并无终点结，但仍然规定局中人 i 获得支付 g_i（$i = 1, \cdots, n$）；前者称为"有限"次进行的动态博弈，后者称为"无限"次进行的动态博弈。"自然"的选择通常表示局中人面临外生的不确定性，是一种外生的条件。当不存在这种不确定性时，我们就得到完全信息博弈。

定义 2.2   在定义 2.1 中，当 P^0 为空集时，称 G 为完全信息动态博弈（Complete information dynamic game）。

定义 2.3   如果定义 2.1 中每个信息集 $U^i_j (j = 1, \cdots, K(i))$ 中只有一个元素（称为单结信息集），则称 G 为完美信息博弈（Perfect information game）。

完全信息博弈中没有外生的不确定性，而完美信息博弈则不存在任何的不确定性（事前和事后的不确定性皆不存在）。

二　完全信息动态博弈中的战略概念

参与人 i 的一个纯战略指对于参与人 i 在每一个信息集上所进行行动选择的一个规定。对参与人 i 来说，同一个信息集上的不同决策结应该在行动选择的范围上是不能有差别的，否则参与人 i 就可以识别出他在同一信息集的哪一个决策结上，而这与信息集本来的含义相矛盾。对于参与人 i，我们用 $A_i(U_j^i)$ 表示其信息集与行动空间的对应，即 $A_i(U_j^i)$ 是参与人 i 在信息集 U_j^i 上所有决策结所能进行选择的行动的集合，称为参与人 i 在信息集 U_j^i 上的行动空间。例如在图 2-1 中，有一条虚线，这条虚线表示所连接的决策结点属于同一**信息集**，信息集包括所有满足下列条件的决策结：（1）每个决策结都是同一个参与人的决策结；（2）当博弈达到信息集中的一个结，应该行动的参与人并不知道达到了（或没有达到）信息集中的哪一个结。

记 $I_i = \{U_j^i | j = 1, \cdots, K(i)\}$，即 I_i 为参与人 i 的信息集空间；定义映射 $S_i: S_i(U_j^i) \in A_i(U_j^i)$。则有

定义 2.4　称 S_i 为参与人 i 的一个纯战略。显然，参与人 i 的一个纯战略必是集合 $A_i = \prod_j A_i(U_j^i)$ 中的一个元素，反之亦然。

定义 2.5　称集合 $A_i = \prod_j A_i(U_j^i)$ 为参与人 i 的纯战略空间。

类似于战略式表述，我们可以有纯战略组合 $s = (s_1, \cdots, s_n)$ 及纯战略组合空间 $S = \prod_i A_i$ 等概念。同样，在完全信息动态博弈中我们也有类似于完全信息静态博弈中的纯战略纳什均衡定义，这里不再给出。

与静态博弈不同，在动态博弈情形，"战略"不完全等同于"行动"。在动态博弈中，在每一个信息集上有一个行动选择的问题，而一个参与人在由他进行行动选择的所有信息集所进行的行动选择构成他的一个战略，即战略是行动选择的一个集成。一个战略规定了所有参与人在由他进行选择的所有信息集上所要选择的行动，即参与人在博弈开始之前所制订出的一个"相机行动计划"，它表明"如果……发生，我将选择……"的一种情景分析方式。

在动态博弈中，一个战略规定了所有信息集上的行动选择，即使在博弈的均衡中某些信息集实际上达不到也如此。这是因为，也许正是那些在均衡中达不到的信息集上的特定行动选择规定才使得对应的均衡出现。譬

如，在毛泽东的对外政治军事战略中，"人不犯我，我不犯人；人若犯我，我必犯人"就规定"我"在什么情形"不犯人"和什么情形"犯人"的行动选择。见图2-5，其中当"人犯我"时，"我"（我国）选择"犯人"；当"人不犯我"时，"我"选择"不犯人"。

64

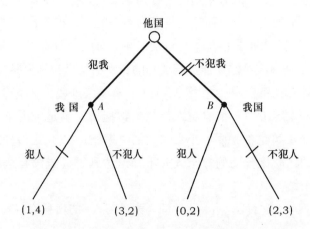

图2-5　毛泽东的对外政治军事战略

显然，在 A 处，"我国"选择"犯人"，在 B 处，"我国"选择"不犯人"。我们用在"枝"上画上一条短线的方法来标识"我国"的行动选择。给定"我国"的上述战略，"他国"将选择"不犯我"的战略，我们用在"枝"上画两条短线的方法来标识"他国"的行动选择。"他国"之所以选择"不犯我"是因为他在初始结上进行行动选择时发现，如果"他国"选择了"犯我"，则"我国"必选择"犯人"，其所得支付为1；而当他选择"不犯我"时，"我国"必选择"不犯人"，其所得支付为2；故他必选择"不犯我"。所以，"他国"选"不犯我"，"我国"选"不犯人"是一个均衡，即可以作为博弈模型的一种预测结果。我们称"不犯我"和"不犯人"是均衡路径上的"枝"，它们组成的路径被称为"均衡路径"；而不是"均衡路径"的路径就被称为"非均衡路径"，如图中的由"犯我"和"犯人"两条"枝"构成路径（"犯我"和"不犯人"以及"不犯我"与"犯人"构成另外两条非"均衡路径"）。尽管 A 不会达到，但"我国"的战略规定"我国"在 A 上选择"犯人"是起了作用的。这是因为，如果"我国"在 A 上选择"不犯人"（作为理性人的

"我国"不可能作此选择），则"他国"在初始结上就会选择"犯我"而不是选择"不犯我"了。

我们在前面已经表明扩展式博弈可以用战略式表述方式给予表述，而在战略式表述博弈中，我们已经定义了纳什均衡、战略空间、支付函数、博弈结果等有关概念。这些概念可以直接转换成扩展式表述博弈中的对应概念，这里就不再重复给出这类定义了。

65

三　完全信息动态博弈的纳什均衡

在前面我们曾经指出，一个博弈的扩展式表述和战略式表述是等价的，只不过在动态博弈场合用扩展式表述更加直观一些。下面我们来看一下静态博弈如何表示成扩展式。在静态博弈中，由于参与人是同时行动的，因此，他们的博弈树可以从任何一个参与人的决策点开始。如图2-1所示，假设由商家开始，消费者仅仅知道进入了他的信息集，但是不知道商家选择了"低质量"还是"高质量"。如果一个信息集只包含一个决策结点，称为单节点信息集，如图2-5所示的信息集都是单节点；如果一棵博弈树的所有信息集都是单节点信息集，意味着该博弈树所表述的动态博弈是完美信息博弈，即博弈中没有任何两个参与人同时选择行动，且所有后行动的参与人知道此前所有参与人的行为。对于博弈树来说，有虚线连接的博弈为不完全信息博弈，没有虚线连接的博弈称为完美信息博弈。图2-1就是一个不完美信息博弈，而图2-5就是一个完美信息博弈。根据第四章中的纳什存在性定理，我们直接得到如下结论。

定义2.6　如果一个扩展式博弈有有限个信息集，每个信息集上局中人有有限个行动选择，则称该博弈为有限博弈。

定理2.1　如果一个扩展式博弈是有限博弈，则该博弈至少存在一个混合战略纳什均衡。

定理2.2（Zermelo，1913；Kuhn，1953）一个有限完美信息博弈至少有一个纯战略纳什均衡。

定理2.1可直接由第四章的定理推出，而对于定理3.2的证明，需要引入三个新的知识点：子博弈，逆向归纳法与承诺行为。本书仅介绍这三个概念，但不对定理3.2进行证明，有兴趣的读者可找相关书籍自己阅读。

第二节　子博弈精炼纳什均衡

纳什均衡往往在同一个博弈模型中存在多重性，这对模型的可预测性造成问题。根据 1994 年诺贝尔经济学奖得主、德国经济学家泽尔腾（Selten）教授的思想，在一个动态博弈中，参与人如果是理性的，他应该往前看，即不管事前制订的计划如何，他在新的决策点上作决策都应该根据当前的情形选择最优的行动。我们可以把动态博弈中的这种理性行为称为序贯理性（sequential rationality），因为它要求参与人在一个接一个的决策节点上都要选择最优行动。在序贯理性的假设下，能将模型中出现的多个纳什均衡消除一些，从而提高模型的预测能力，这类工作被称为纳什均衡的"精炼"（refine）。我们把所有不包含不可置信的行动的战略组成的纳什均衡称为精炼纳什均衡（perfect Nash equilibrium）。这意味着，精炼纳什均衡要求博弈的参与人必须是序贯理性的，因此有时候精炼纳什均衡也被称为序贯均衡。

一　子博弈

精炼纳什均衡首先必须是一个纳什均衡。而在所有的纳什均衡中，只有那些战略中不包含不可置信承诺（威胁）的纳什均衡才是精炼纳什均衡。问题是：如何在所有的纳什均衡中找出精炼纳什均衡？

精炼纳什均衡要求参与人是序贯理性的，在每一个决策节点都要选择最优行动。而一个行动是否是最优选择需要比较选择这一行动后最终得到的报酬与选择其他行动的报酬，而这些报酬不仅取决于自己选择的行动，还有赖于其他参与人对自己选择的应对。这意味着从任意一个决策节点开始的决策情形就像是在原有博弈基础上开始一个"新的博弈"。如果我们能够在每一个这样的"新的博弈"上把最优行动都确定下来，所有这些"新的博弈"上的最优行动就构成了原有博弈的精炼纳什均衡。

为了准确刻画这些原有博弈基础上的"新的博弈"，泽尔腾（Selten，1965）引进一个概念：子博弈（subgame）。子博弈是指原博弈中由某一个决策时点开始之后的部分所构成的博弈，它本身可以视为一个独立的博弈，代表的是参与人在博弈过程中某一个决策时点所面临的决策情形。子博弈体现在博弈树上，相当于从博弈树中某一个决策节点出发，保留原有博弈树结构的部分。原博弈可以看成是一个从初始点开始的子博弈。如果一个子博弈起始点不是初始点，可以把它称为原博弈的一个真子博弈（proper subgame）。在图 2 - 6 所示的博弈中，有两个子博弈，也是真子博弈。

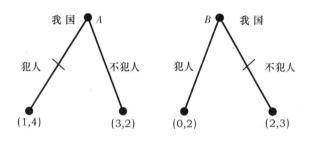

图 2 - 6　子博弈示意图

可以看出，每一个子博弈都代表着参与人所面临的一个决策时机或情景。按照序贯理性的定义，只要博弈的参与人在每一个子博弈上面都选择了最优行动，该参与人一定是序贯理性的。同时，既然子博弈也是一个独立的博弈，那么它也有它的纳什均衡。某一子博弈上的纳什均衡是由所有的参与人在该子博弈上面的最优行动组成的。这就意味着，如果参与人是序贯理性的，其在子博弈上选择的最优行动就一定构成了该子博弈的纳什均衡。若一个博弈有多个子博弈，那么参与人在每一个子博弈上选择的最优行动就构成了相应子博弈上的纳什均衡。显然，由这些每一个子博弈的纳什均衡策略所组成的策略组合也就构成原有博弈的精炼纳什均衡。这样，我们就可以通过逐一确定每一个子博弈上的纳什均衡得到原有博弈的精炼纳什均衡。正因为如此，精炼纳什均衡又被称为子博弈精炼纳什均衡（subgame perfect Nash equilibrium）。

定义 2.7　（Selten，1965）如果参与人的策略在每一个子博弈中构成了纳什均衡，则称纳什均衡是子博弈精炼纳什均衡。

一般地，对于有限的完美信息动态博弈，我们可以运用逆向归纳法求出子博弈精炼纳什均衡，该方法实际上是重复剔除劣战略方法在扩展式博弈中的应用，是从倒数第一个决策结开始剔除"劣行动"，然后依次倒推至初始结。但是，对于无限博弈和不完美信息博弈，逆向归纳法不适用。因无限博弈，要么没有最后一个决策结，要么在某个决策结上有无限个行动，以至于无法比较与选择；而不完美信息博弈中存在包括多个决策结的信息集，由于参与人不能区分它们，故不能定义"最优行动"。尽管如此，有时也可用逆向归纳法的思路去找出不完美信息博弈的均衡解。

二 逆向归纳法

根据序贯理性，博弈的参与人在每一个子博弈上都会进行最优选择。那么，他在最后一个子博弈上也会是最优选择，再倒回第二个子博弈点，参与人在这个子博弈上也会进行最优选择。那么，当我们顺着博弈的发展方向难以确定最优选择时，就可以倒着找出每一个子博弈上的最优选择，进行逆向归纳（backward induction），一直到初始决策点。这样找到的战略组合在每个子博弈上都构成一个纳什均衡，从而也是整个博弈的子博弈精炼纳什均衡。下面，我们通过一个双寡头企业质量竞争的例子进一步讨论逆向归纳法。

考虑一个双寡头质量竞争的模型：企业 1 和企业 2 是两家生产同质产品的企业，单位产品的成本都是 2。企业 1 可以装备一种新的技术，从而使得其单位生产成本降低为 0，且质量水平提升。但是装备这一种新的技术，需要花费 f。企业 1 首先行动，企业 2 观察到企业 1 是否投资于这一项新技术后，与企业 1 进行库诺特竞争，企业 1 和企业 2 分别选择产出水平 q_1 和 q_2。因此，这是一个两阶段的博弈。

假设需求为 $p(q_1, q_2) = 10 - q_1 - q_2$，并且每家企业的目标都是要使扣除成本之后的净收入最大化。企业 1 如果不投资的话，则它的收益是 $(8 - q_1 - q_2)q_1$，但若它投资与新技术的话，则它的收益是 $(10 - q_1 - q_2)q_1 - f$；企业 2 的收益是 $(8 - q_1 - q_2)q_2$。

现在，我们采用逆向归纳法，由后往前推算。如果企业 1 不投资于新技术的话，则两家企业的单位成本都是 2，从而他们的反应函数为 $R_i(q_j) = 4 - \dfrac{q_j}{2}$。反应函数相交于点 $\left(\dfrac{8}{3}, \dfrac{8}{3}\right)$，每一个参与人的收益都是 $\dfrac{64}{9}$。如果企业 1 进行技术投资，则它的反应函数为 $\widetilde{R_1}(q_2) = 5 - \dfrac{q_2}{2}$。在第二阶段的均衡则为 $(4, 2)$，企业 1 的总收益为 $16 - f$。因此，如果 $16 - f > \dfrac{64}{9}$，即 $f < \dfrac{80}{9}$，则企业 1 就会进行技术投资。

注意，技术投资可以从两个方面增加企业 1 第二阶段的利润：（1）

企业 1 在任何给定的产出下都能获得比原来要高的利润，因为它的生产成本价低了；（2）企业 1 还可以从企业 2 第二阶段产出减少中获利。企业 2 的产出减少是由于企业 1 通过降低其生产成本可以改变它自身在第二阶段的激励因素，特别地，可以是其自身变得更有竞争力，及在任何 q_2 下都有 $\widetilde{R_1}(q_2) > R_1(q_2)$。

三　承诺行为

在博弈论中，如果某个参与人采取某种行动，使得一个原来事后不可置信的威胁或承诺变成一个事后可以置信的威胁或承诺，事前最优和事后最优相一致，则这种行动被称为承诺或威胁。"承诺或威胁"指的是一种行动，言而有信。让"承诺或威胁"能够发挥作用的关键是承诺需要花费成本。

例如，淘宝网公司曾于 2011 年 10 月 10 日宣布建立"商家违约责任保证金"制度，向淘宝商城内的商家收取 1 万元至 15 万元不等的"信用保证金"。尽管此事曾经在淘宝网和入驻的商家之间掀起一阵风波，但应该承认的是，提高保证金的确会起到让商户更加守信的作用。

在创业投资中，创业者出资的数量也能起到承诺作用。创业者出资越多，投资者可能越愿意投资。因为一旦创业者不好好经营的话，他的损失是很大的。更一般地，一个人对其财产拥有的所有权可以起到他对社会的承诺作用。也就是说，"恒产者有恒心"。比如中产阶级参与革命的可能性比较小，而没有资产的人群，因为机会成本小，更有可能揭竿而起。有一定资产的人希望社会是稳定的，因为如果社会不稳定，动荡不安，他们的损失也会更大。从这个意义上讲，中产阶级是社会稳定的重要因素。承诺行动的实质是限制自己的选择范围，即放弃某些选择，或使得如果不选择所许诺行为而是选择其他行为的话，就要付出更高的代价。选择少，让自己的许诺变得可信，反倒对自己有利。这实际上是"置之死地而后生"的道理。

承诺是企业在市场竞争中经常使用的策略。1991 年诺贝尔经济学奖获得者罗纳德·科斯在 1972 年发表的《耐用消费品和垄断》一文中就认识到，生产耐用品的垄断企业需要对消费者进行承诺，因为即使没有对手，它也经常面临现在和未来之间的竞争（Coase, 1972）。举例而言，假设某企业的生产成本为 0，它可以生产 1 单位耐用消费品，也可以生产 2、

3 个或 4 个单位产品。如果生产 1 单位，消费者愿意支付的最高价是 100，这样，企业利润也是 100；如果生产 2 单位，消费者愿意支付的最高价是 80，企业的利润为 160；如果生产 3 单位，消费者愿意支付的最高价是 50，利润为 150；如果生产 4 单位，消费者愿意支付的最高价是 30，企业得到的利润是 120。如果从利润最大化的角度，企业应该生产 2 单位产品，获利 160。但是进一步思考会发现，最好的办法是先生产第一个单位，并卖给愿意出 100 的消费者；然后再生产第二个单位，并卖给出价 80 的人；再继续生产第三个单位，卖给出价 50 的人；最后生产第四个单位，卖给出价 30 的消费者。这样就总共可以赚到 260，这可以说是最大的利润了。

不过问题在于，第一个人会预计到自己买后企业就会降价，因此他会选择等待。同理，第二个人也会等待，因为他预计产品的价格会继续下降到 50；第三个人预计价格会下降到 30，同样会选择等待。所以最后产品的价格为 30，这就是著名的科斯猜想。

这样的困境显然对企业不利。为了改变困境，企业可能会告诉第一个消费者，自己只会生产一个单位的产品，但如果消费者是理性的，他显然不会相信。为此，厂商需要做一个承诺，比如补差价。企业可以最初定价 80，并起草一个销售条款，规定如果一年之内降价的话，厂商就会把差价返还给已经购买了产品的人。如果这个条款具有法律上的可执行性，或者企业非常重视自己的声誉，就不会降价了，因为，多生产一个单位的产品卖出 50，但必须给原来的两个买主返还 60，得不偿失。通过这个承诺，科斯猜想中的困境就会得到解决。

四　应用举例

例 1　承诺行动——项羽的破釜沉舟

秦朝末年，反秦义军在新上任的统帅项羽的率领下，渡过大河与秦军精锐主力决战。当时的情况是，秦军主力是由名将章邯率领的精锐之师，而项羽统领的义军是一群缺乏训练、给养不足的乌合之众，且项羽本人又是刚刚通过斩了统帅宋义而自任统帅上台的，军心欠稳。两军相比，秦军无论在人数、装备及给养，还是士兵素质方面都远强于义军。若此两军相遇，好似狮犬之搏，一般人都会认为义军不是章邯大军的对手（宋义是在义军统帅项梁去世后接替项梁而出任义军统帅的，但在决战前夕就是因此顾虑而终日饮酒不敢出战被愤怒中的猛士项羽所杀）。这样，决定战争胜负的因素就取决于两军的士气了。项羽深知这一点，他在义军渡过河后令人击碎煮饭的大锅（破釜），还将渡河用的船只悉数尽沉河底（沉舟），然后告诉义军士兵："我们已没有退路了，只有不顾一切地猛击秦军，才有一线生路。"结果义军果真一鼓作气大败秦军，俘虏了秦军大将章邯。此战实际上为彻底推翻秦王朝打下了基础，从此义军一路顺风打到了秦朝国都咸阳。

71

　　用博弈论的语言来描述历史上的这一著名战役，我们说项羽的破釜沉舟就是一个"承诺行动"。对于义军士兵来说，其行动空间在项羽破釜沉舟之前可以说有四个元素，即{勇猛进攻，与秦军僵持不下，投降秦军，乘船返回逃跑}。如果两军相遇，义军选择"勇猛进攻"会冒很大风险，因为秦军太强大了；如果义军选择僵持不下，也不是个办法，因为拖延进攻时间对义军并无好处；如果义军选择投降，则按当时的情况无异于自取灭亡，因为秦军肯定会对投降的义军赶尽杀绝（当时的战争并无"优待俘虏"的说法）。因此，乘船逃跑很可能就是义军在强敌面前会出现的结果了。同时，秦军知道义军有退路，因而预料义军可能是一触即散的乌合之众，不会遇到顽强抵抗，因此他们会勇猛作战。再回过来，义军知道秦军有如此心理，更加对秦军产生了畏惧，选择逃跑可能是更应考虑的退路；给定义军的这种心理状态，秦军会进一步增强信心，因而进攻会更加有条不紊和猛烈；而给定秦军的这种心理，义军就会更加胆怯……如此往复，可以猜想最后的结果怎样——几乎可以肯定义军会在战斗开始就出现混乱，而秦军如虎狼之师般横扫义军于河滩上。

　　然而，当项羽作了"破釜沉舟"的承诺行动之后，义军士兵的行动空间就减少了三个元素，变为{勇猛进攻，僵持不下，投降}。两者比较，"勇猛进攻"是占优于"投降"和"僵持不下"的，因为根据当时的情况，投降无异于自取灭亡，而选择"勇猛进攻"还可能打败秦军而获取一条生路。同样，僵持不下只会增加对方的实力，因为己方无退路而对方有后援。所以义军在此情形下必定会选择万众一心的勇猛杀敌战略。给定义军的这种选择，秦军反而胆怯了，因为他们遇到了义无反顾的拼死大军；而给定秦军胆怯，义军在心里又增强了战胜敌军的勇气；而给定义军的这种勇气，秦军会进一步准备溜走逃命而不打算拼死作战……如此反复，我们看到"破釜沉舟"这一承诺行动彻底扭转了两军在心理上及士气上的对比，因而使义军在人数、训练和装备较敌军为劣的情况下，通过在心理士气上占优势而取胜。

破釜沉舟是战争史上运用承诺行动的一个著名战例，在其他的古代战争故事中也不乏此类例子，如韩信赵国之战时，将被赵军追击下的大军故意引至绝无逃路的大海边，然后高呼我们无退路了，只有拼死一战才有逃生之望，结果绝望中的士兵拼死反击追军而大获全胜。事后韩信称此计为"置之死地而后生"。其他还有三国时的曹操与袁绍的"仓亭之战"等。有鉴于此，古兵书中有明训"穷寇勿追"，以免被追急了的对方反咬一口。

例2　"杭州拼装电梯案"的博弈分析

1. 背景

在"杭州拼装电梯案"中，杭州市特种设备检测院萧山工作站于2006年对违法拼装电梯出具了合格报告，并使拼装电梯拥有了新的注册代码：30113301092006070015。在随后的4年中，该工作站一直为该电梯定期出具检验合格报告。作为特种设备安全的监管者的技术机构，腐败现象为何愈加凸显集体腐败的特征呢？下面用一个二阶段的博弈模型对其进行解释。博弈的参与人为监管者和假冒伪劣特种设备生产厂商。

2. 模型构建

假设1　假冒伪劣特种设备销售主体在市场上销售劣质产品所获取的利润是 B，若被特种设备监察主体查处，对其的惩罚是 A，B 作为财政收入上交政府，这一假设在上一章中已经给出了分析，则有 $A > B > 0$[①]。

假设2　特种设备监察主体是风险中性的，特种设备监察主体可以利用手中的权力来寻租，但他收取贿赂的同时可能会因特种设备安全事故受到惩罚。C，α 分别表示监管者因特种设备安全事故可能受到的惩罚及被惩罚的概率，$1 - \alpha$ 表示监管者没有受到惩罚的概率，$0 < \alpha < 1$。

假设3　监管者的工资收入为 w，若因受贿被惩罚将失去工资收入。

假设4　当假冒伪劣特种设备厂商决定对监督者行贿时，行贿金额为其所获利润的 θ 倍，$0 < \theta < 1$[②]。如果监管者接受假冒伪劣特种设备厂商

---

①　一般来说，政府对假冒伪劣特种设备厂商的惩罚要大于其获得的非法利润，这样才能减少制假、售假者，因此 $A > B > 0$。

②　假冒伪劣特种设备厂商行贿的目的就是期望双方"共赢"，甚至持续合谋。因此，$0 < \theta < 1$。

给予的贿赂金，将会默许其在市场上继续经营，形成监督者和假冒伪劣特种设备厂商的重复博弈。如果监管者拒绝了贿赂金，将对假冒伪劣特种设备厂商给予更严厉的惩罚 A'，$A' > A$ ①。

假设5　假冒伪劣特种设备厂商和监督者双方拥有完全信息。

此博弈为二阶段的完全信息动态博弈，在第一阶段，假冒伪劣特种设备厂商被监管者查处，其考虑是否对监督者行贿；在第二阶段，监督者考虑是否接受假冒伪劣特种设备厂商的贿赂。假冒伪劣厂商与监管者的完全信息动态博弈模型如下：

模型中收益组合的第一项为假冒伪劣特种设备厂商的收益；第二项为监管者的收益。具体详见图 2 - 7。

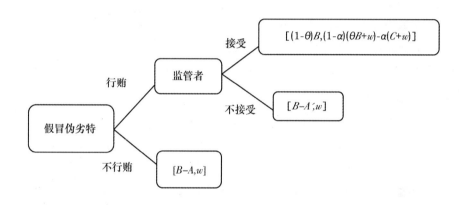

图 2 - 7　二阶段的完全信息动态博弈模型

利用逆向归纳法求解此博弈的子博弈精炼纳什均衡：

情况1：博弈的第二阶段：若 $(1 - \alpha)(\theta B + w) - \alpha(C + w) > w$，监管者因特种设备安全事故可能受到的惩罚 C 及被惩罚的概率 α 比较小，使其接受贿赂的期望收益大于不接受贿赂的收益 w，那么风险中性的监管者将接受贿赂；

博弈的第一阶段：$(1 - \theta)B > 0 > B - A$，即假冒伪劣特种设备厂商行贿优于不行贿。因此，假冒伪劣食品厂商将选择行贿。

博弈的子博弈完美纳什均衡为 {（假冒伪劣特种设备厂商行贿），（假冒伪劣特种设备厂商行贿，监管者接受）}。"双赢"的均衡结果使假冒伪

---

① 　根据我国法律，为谋取不正当利益，给予国家工作人员以财物的，犯行贿罪。

劣特种设备厂商和监管者在食品市场上持续合谋。社会性规制的目的是为特种设备质量安全提供担保，消除了消费者与厂商的信息不对称问题，提高社会福利。但官员们利用公共权力的寻租活动，使消费者面临更为糟糕的后果。

命题1：在我国特种设备安全处于多部门监管的制度安排下，客观上使一些监管者权力寻租的成本比较小，即 C、α 比较小，假冒伪劣特种设备厂商和监管者在食品市场上合谋是均衡结果。

而我国长期以来对特种设备实行多部门监管，涉及特种设备安全监管职责的有工商、质监、安监等几个部门。一方面执法中各部门职责交叉、都可以执法；另一方面则出现模糊或真空地带，给不法分子造成可乘之机。这样就出现了我国特种设备安全"都管但都管不好"的局面，也为一些监管者权力寻租找到了借口。这种监管体制客观上使一些监管者权力寻租的成本比较小，接受贿赂、与假冒伪劣特种设备厂商持续合谋是风险中性监管者的理性选择。在杭州拼装电梯事件中，工商、质检、监测机构部门互相推卸责任的虚假行政、监管者的腐败行为也客观反映了我国特种设备安全监管制度安排的不合理。

特种设备安全监管体制若改变多头监管，实行单部门监管体制，或由一个部门统一协调的综合性监管体制，解决特种设备监管职责过于分散的状况，将对特种设备安全监管的职能相对集中，权责进一步明晰，并按照责权一致的原则，建立特种设备安全监管责任制和责任追究制。下面考虑监管制度安排的变化是否有助于解决监管者的腐败问题。

情况2：博弈的第二阶段：特种设备安全监管制度安排的变化使监管者因特种设备安全事故可能受到的惩罚 C 及被惩罚的概率 α 足够大，从而 $(1-\alpha)(\theta B+w)-\alpha(C+w)<w$，即监管者接受贿赂的期望收益小于不接受贿赂的工资收入，风险中性的监管者将拒绝贿赂。

博弈的第一阶段：$B-A'<B-A$，即行贿对于假冒伪劣特种设备厂商而言是劣策略，其选择不行贿。

命题2：特种设备安全实行单部门监管体制，或由一个部门统一协调的综合性监管体制，将有助于解决监管者的权力寻租，严惩假冒伪劣特种设备厂商，从而保证了食品质量的安全。

在这种情况下，博弈的子博弈完美纳什均衡为 {（假冒伪劣特种设备厂商不行贿），（假冒伪劣特种设备厂商行贿，监管者不接受）}。博弈的均衡结果是假冒伪劣特种设备厂商接受惩罚 A，从而其生产假冒伪劣特种设备的预期收益为 $B-A<0$，理性的假冒伪劣特种设备厂商可能不会从事假冒伪劣特种设备的生产。因此，社会性规制不仅保证了特种设备质量的安全，还对假冒伪劣特种设备的生产有较强的威慑效应。

两种制度背景下博弈模型的均衡结果表明：特种设备监管制度安排的变化，即改变多头监管，实行单部门监管体制或由一个部门统一协调的综合性监管体制，将有助于防止监管者的寻租行为，严惩假冒伪劣食品厂商，从而保证食品质量的安全。

第三节　重复博弈与合作行为

博弈论中最为著名的模型大概是前面章节中介绍的"囚徒困境"模型，它告诉我们一个参与人之间非合作的故事。按照博弈论中关于参与人为理性人的假定："囚徒困境"中参与人之间的不合作似乎是必然的结果。在本书前面部分所给出的诸多例子中，似乎给人这样一种印象，即不合作好像是博弈中司空见惯的现象。但是，从另一方面看，现实生活中存在着诸多的合作现象，并且，对于经济学家来说，制度的形成及演化必定需要合作行为作为其基础。对于一个社会来说，基于合作的道德规范都是以合作为前提的。因此，博弈论能否与这些重要的经济社会现象相协调对于博弈论的预测能力来说是至关重要的。

到目前为止，博弈论专家认为博弈论不仅能解释不合作现象，而且也能解释合作现象。博弈论专家认为，合作现象可能来源于两种条件，一是博弈的无限次重复；二是信息不完全。

在"囚徒困境"中，如果一个囚犯考虑到出狱后还要与另一位囚犯打交道，则出卖同伙可能存在成本，当他足够高地估计这种成本时，他也许就会选择"抵赖"。当两个小偷都如此选择时，合作结果就出现了，而博弈的均衡结果就会是（抵赖，抵赖）而不是原有的（坦白，坦白）。博弈论专家认为，当局中人考虑到短期决策的长远利益时，其选择就可能倾向于合作。这样，当博弈可重复多次时，局中人就会考虑短期决策对其长远利益的影响，因而原有的仅考虑短期利益的均衡就可能变为注重长期利益的均衡。当"囚徒困境"中的囚犯在出狱后还会再次联合作案时，他们就不得不考虑这次出卖同伙会在今后受到同伙惩罚的可能，因而其选择

"坦白"的战略就增加了一个额外的成本。

这样,我们就进入了重复博弈的领域。在前面所介绍的动态博弈模型都有一个共同的特点,即不同阶段开始的子博弈结构并不完全相同,这类动态博弈称为"序贯博弈"(Sequential game),而这里将引入的是同样结构的博弈重复多次,每一次称为"阶段博弈",这类博弈就是"重复博弈"。比如生活中,我们总是需要和亲戚朋友、左邻右舍来往;工作中,每天都要和同样的同事打交道;商场每天都在出售商品给顾客,而不是只售一次,等等。这些都是同样结构的博弈重复多次。我们把重复博弈中的每一个子博弈叫做阶段博弈(stage game)。这个阶段博弈本身也可能是一个动态博弈,并且可以重复出现。

进一步讲,理论上讲的重复博弈有如下三个基本特点:

一是阶段博弈之间没有物理上的联系(no physical link),即前一段博弈的结果不改变后一阶段博弈的结构。比如,双方玩两次"剪刀石头布"的游戏,第一次一方可以从"剪刀"、"石头"、"布"三种战略中选一个;第二次还是可以从同样的三种战略中选择一个。第一次的选择不会对第二次带来影响。当然,现实中的重复博弈这个特点并不能严格保持,比如说,企业与客户之间是重复博弈,但企业生产的产品还是会随时间变化的,客户的偏好也会随时间变化;中国与美国之间是重复博弈,但各自的内部结构和在国际关系中的相对地位在不同时期是不同的。但是"田忌赛马"的游戏不是一个重复博弈,因为田忌和齐王在第一轮比赛中所使用的马匹到第二次不能再使用了,这样一来,上一阶段的选择对下一阶段的选择会产生影响。当然,如果田忌和齐王愿意的话,可以举行多次赛马比赛,就是重复博弈了。

二是每个参与人都能够观察到博弈过去的历史,也就是博弈过去发生的事情。比如,每个参与人在过去的博弈当中,选择了欺骗还是诚实,选择了合作还是不合作,这些行为都是可以被观察到的。

三是每个参与人得到的最终报酬是各个阶段博弈支付的贴现值之和。含义是,由于博弈重复多次,参与人关心的不仅仅是现阶段的收益,还包括未来的收益。正是这一点使得他们有积极性作出不同于一次性博弈时的最优选择。

重复博弈有有限次重复博弈和无限次重复博弈之分。所谓"有限次重复博弈",是指博弈在某一特定的时刻(或次数)后就结束,当事人不再进行同样的博弈。所谓"无限次重复博弈",是指博弈一直会进行下去,没有结束的时刻,或者,尽管博弈有可能在某个时刻结束,但参与人不知道什么时候会结束。

一　有限次重复博弈的定义

定义2.8　一个动态博弈是重复的,如果:

(1)前一阶段博弈不改变后一阶段博弈的结构;

(2)所有局中人都观察到了过去的博弈历史;

(3)局中人的总支付是所有阶段支付的贴现值之和。

重复博弈可能使局中人不得不考虑这一阶段的行为对后面阶段博弈的影响,即注重声誉,这样,原来在单阶段博弈中不会出现的"合作"均衡〔如"囚徒困境"中的(抵赖,抵赖)〕,在重复博弈中就可能作为均衡出现,而这正是研究重复博弈的意义所在。

重复博弈对局中人短期决策的影响程度还取决于博弈重复的次数,显然,当博弈重复次数较少时,长远利益不太重要,这种影响也就不太大,合作行为就不会出现。但是,令人感到惊讶的是,即使博弈可重复任意次,只要是有限次,合作行为仍然不会出现。这一次义是理性人假定在起作用。因为,最后阶段博弈的结果是可以预知的,并且必然是不合作的,因为对于最后阶段博弈来说,考虑长远利益已无意义。既然最后阶段博弈的结果是预先就明确知道了,之前的行为不会影响最后阶段博弈的结果,因而倒数第二阶段博弈也无须考虑长远利益,所以必然是不合作的。以此类推,我们知道从倒数第一、第二、第三、……直到第一阶段的博弈都是不合作的。比如,将"囚徒困境"博弈重复进行一万次。在第一万次,也就是最后一次,参与人不会选择合作;进一步倒推可知,双方在第九千九百九十九次也是不会合作的,因为这次合作与否并不影响最后一次的选择;同样的道理,第九千九百九十八次,以及之前的每一次,双方都不会合作。

但是,现实生活中,即便是有限次重复博弈,我们也可以看到合作会出现。如何解释这种有限次重复博弈中合作行为呢?最早注意到有限次重复博弈中合作悖论的是1994年诺贝尔经济学奖获得者泽尔腾(Selton,1978)。他在1978年用"连锁店悖论"(chain-store paradox)来描述这一问题。

77

二 连锁店悖论

一个垄断的百货销售集团在 20 个地区都设有连锁店，另外一家公司打算在这 20 个地区也设立 20 个连锁店销售同类产品与前一公司竞争。假定原来的垄断者（在位者）在每个连锁店每年有 100 万元利润，而一旦新的公司设立的连锁店（进入者）进入，则由于进入者存在额外的进入成本，在位者每个连锁店的年利润下降到 50 万元而进入者年利润为 40 万元；当在位者对进入者进行打击，譬如说通过降价或折扣降低售价时，在位者每个连锁店的年利润降为零而进入者因存在较高的成本，其年利润会降到 －10 万元，即每年亏损 10 万元。现在的博弈问题是：当进入者进入每一个地区时，在位者都有两种战略即打击或默许；而进入者在每一个地区也都有两种战略即进入还是不进入。表 2－2 给出了阶段博弈的战略式表述，而重复博弈就是两家公司在这 20 个地区不断重复的市场进入及阻挠博弈，假设进入者依次从第 1 个，第 2 个……到第 20 个地区进行进入决策博弈。

表 2－2　　　　　　　　　　　连锁店悖论

		在位者	
		默许	打击
进入者	进入	40，50	－10，0
	不进入	0，100	0，100

根据画线法，我们知这个阶段博弈只有一个纳什均衡（进入，默许），并且不难验证它没有混合战略纳什均衡。

从直观上看，在第 1 个地区的博弈中，在位者为了使进入者不敢在别的地区开店，它会选择打击，但实际上这种威胁是不可置信的。我们用逆向归纳法的逻辑来分析：

在图 2－8 中，考虑第 20 个地区的博弈。因这是最后一个地区，打击对在位者无意义，其最优选择是“默许”，进入者进入。

再看第 19 个地区，因进入者和第 20 个地区上的博弈结果必是在位者默认，它进入，结果是确定的，不受这次博弈的影响，故知在位者必选“默许”，“打击”的威胁是不可置信的，故它必进入。

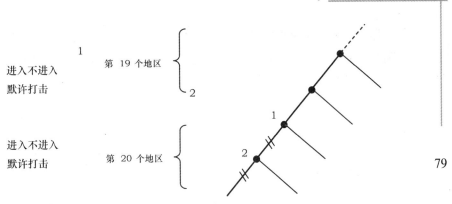

第 19 个地区

1

进入不进入

默许打击

2

第 20 个地区

1

2

进入不进入

默许打击

图 2 - 8　连锁店博弈

显然，如此倒推，可知每一个地区的阶段博弈均衡必是（进入，默许），图 2 - 8 中的逆向归纳法求解表明这是唯一的子博弈精炼纳什均衡。由此，我们有如下定理。

定理 2.3　令 G 是阶段博弈，$G(T)$ 是 G 重复 T 次的有限次重复博弈（$T < \infty$），则当 G 有唯一的子博弈精炼纳什均衡时，重复博弈 $G(T)$ 的唯一子博弈精炼纳什均衡结果是阶段博弈 G 的纳什均衡重复 T 次的结果。

三　胡萝卜加大棒

另一种重复博弈中合作之所以出现，是因为人们担心不合作会受到惩罚。Abreu 在 1986 年的一篇文章中指出，使用严厉可信惩罚战略（strongly credible punishment）也能够促使人们在博弈中选择合作。如果没有惩罚，或是惩罚的力度不够，那么，就不会出现合作。因此，有关惩罚的一个重要的问题就是：什么样的惩罚最有利于鼓励人们合作？

所谓"严厉可信惩罚战略"是指当发现对方有不合作行为时，对于对方的惩罚期限足够长、足够大，并对实施处罚的人来说是最优的。比方说，甲乙双方签订一个合作协议，甲方按照协议执行合作的战略，而乙方没有履行协议，如果甲方能够确认乙方欺骗了自己，那么乙方每欺骗甲方一次，乙方就被惩罚三次。此时乙方选择违背协议的总收益为违背一次得到的收益 R 加上未来的三次惩罚让你得到的收益 $P\delta + P\delta^2 + P\delta^3$，即 $R + P\delta + P\delta^2 + P\delta^3$；而总是选择遵守协议得到的收益为 $T + T\delta + T\delta^2 + T\delta^3$。因此，只要

$$T + T\delta + T\delta^2 + T\delta^3 > R + P\delta + P\delta^2 + P\delta^3$$

那乙方就会选择遵守协议，而不是违背协议。这就是说，不一定需要无限期的惩罚，只要惩罚期足够长就可以了。这里要特别提到 Abreu 的一个所谓"胡萝卜加大棒"（stick and carrot）战略。该战略是这样的：开始每个参与人都选择合作；如果在第 t 期参与人 1 发现参与人 2 欺骗了自己，那么参与人 1 在第 $t+1$ 期就不与参与人 2 合作了，但是参与人 2 在第 $t+1$ 期必须与参与人 1 合作（代表你认罚）；接着，从第 $t+2$ 期开始，参与人 1 与参与人 2 恢复合作。如果第 $t+1$ 期该合作的一方没有遵守协议，或者该惩罚的一方没有受到惩罚，那么在第 $t+2$ 期各参与人继续按照原来第 $t+1$ 期应该采取的方式进行博弈。也就是说，如果参与人 1 在第 t 期选择遵守协议，但参与人 2 在第 t 期选择违背协议，那么不合作就会发展下去，直到参与人 2 接受惩罚并且与参与人 2 合作为止。所以说，惩罚不仅仅要惩罚那些首次不合作的人，而且要惩罚那些该惩罚却没惩罚的人。

具体来说，假设每个参与人都选择"胡萝卜加大棒"战略，参与人如果选择合作，那么第一阶段可以得到收益 T，而且下一阶段也可以得到收益 T；如果在第一阶段选择不合作，将得到收益为 R，但是到了下一阶段必须要接受惩罚，从而将得到的收益为 S。所以要想实现合作就一定要满足 $T + \delta T > R + \delta S$，得到的结果是 $\delta > \dfrac{R - T}{T - S}$。

还有一种情况是：参与人 1 曾经选择违背协议，参与人 2 要参与人 1 接受惩罚，如果参与人 1 选择接受惩罚，将得到收益 S，然后参与人从下期开始继续合作，每个参与人都将得到收益 T。那么，贴现回来是 $S + \delta T$；如果参与人 1 这次不接受惩罚，但是双方选择还是继续合作，那么参与人 1 将得到的收益 P，但是下一阶段参与人 1 必须要继续接受惩罚，也就是最终的贴现值为 $P + \delta S$。那么如果 $S + \delta T > P + \delta S$ 成立，参与人 1 就会甘愿接受惩罚，成立的条件就是 $\delta > \dfrac{P - S}{T - S}$。这两种情况都可以证明，如果贴现因子足够高，不需要无限期的惩罚，只要惩罚足够严厉，就完全可以形成威慑，促使参与人合作。

之前分析我们假设惩罚是可信的。但是，当实施惩罚的条件不可信时，合作是不可能维持的。在有些重复博弈中，惩罚确实是不可信的。例如，考虑某些垄断企业（如有线电视、电力公司、电信公司、煤气公司、自来水公司等）与普通消费者之间的博弈。我们知道任何一个消费者几乎每天都在使用他们提供的服务，所以是一个重复博弈。而消费者每次都会面临一个选择：购买或者不购买。如果消费者选择不购买，那么双方都不会有收益，得到的收益都为0。如果消费者选择购买，将会面临另一个情况：垄断企业是选择高质量服务，还是低质量服务呢？如果垄断企业选择高质量服务，双方将各得到收益5；如果垄断企业选择低质量服务，那么消费者将得到收益1，而垄断企业将得到收益7。详见图2-9。

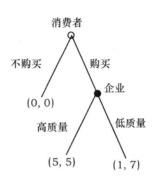

图2-9　惩罚与不可信博弈

　　如果这个博弈只进行一次，那么精炼纳什均衡是企业选择低质量服务，而消费者选择购买。如果这个博弈无限次重复下去，那么企业会变得诚实吗？设想消费者宣布这样一个威胁：如果企业选择高质量战略，那么消费者自己将会选择继续购买；但一旦企业提供的是低质量服务，那么消费者今后将不再购买。如果企业相信消费者确实会这样行动，那么企业的最优战略选择是坚持高质量服务。但是，企业知道自己企业垄断经营的现实，消费者的这一声明是不可信的。因为提供低质量服务后，消费者虽然不满，但是如果选择不再购买会得到0，现实情况是生活将非常不便利，这不是消费者的最优选择。所以惩罚就是不可信的，垄断企业不会选择高质量服务的。

　　这可以解释为什么国有垄断企业的服务质量总是比较差。比如，根据银行业满意度评价，工商银行、建设银行、农业银行等具有国企背景的银行服务满意度最低，而招商银行、华夏银行等商业银行的服务满意度相对要高。那么，解决垄断企业低质量服务问题的基本办法是引入竞争。如果有另一个企业提供替代性的产品或服务，消费者的威胁就变得可信了，那么每个企业都不得不选择诚实。因此，为提供我国整体质量水平的基本路径就是进一步推进市场经济的建设，竞争越充分，整体质量水平就越高，那么国家竞争力将更好。

四 无限次重复博弈

前面我们讨论了有限次重复博弈的情形，在博弈是有限次进行的情况下，完全信息重复博弈通常情况下不可能带来合作行为，那么无限次重复博弈是否会带来合作呢？在现实生活中，博弈应该说都是有限次的，但是，值得注意的是参与人通常情况下并不知道博弈会在哪一时刻结束，每一次阶段博弈之后都有可能再一次博弈，那么这就相当于参与人认为博弈是可能进行无限次的。这好像是一个不完全信息的有限次重复博弈的范畴。在博弈论中，不完全信息一般指参与人不知道其他参与人的支付函数，对于博弈进行的次数一般不假定存在不完全信息。当参与人不清楚博弈在未来什么时候结束，但可以假设他知道未来每一个时刻博弈结束的概率。

无限次重复博弈之所以会导致合作，是因为它可以改变参与人的战略空间，形成更多的战略组合。例如，在单次"囚徒困境"博弈中，两囚犯只有两种选择：合作还是不合作。每个囚犯的战略选择没有办法建立在观察对方是如何选择的基础上。但在重复博弈中，由于每个囚犯过去的行动历史都可以被对方观察到，每个囚犯就可以把自己当前的战略选择建立在对方行动历史的基础之上。囚犯甲若上一次博弈选择了不合作，那么囚犯乙当前就会选择不合作；囚犯甲若上次选择了合作，那么囚犯乙当前就选择合作，反之亦然。由于过去的行动历史多种多样，当前的行动和历史关联的方式也多种多样，这就使得每个人的战略空间大大扩展了。正是这种可能性使得合作有可能作为均衡结果出现。

在"囚徒困境"博弈重复多次中，参与人可以选择一种永远不合作的战略，即无论过去发生什么，总是选择不合作；当然，还可以选择的战略是永远合作战略，即无论过去发生什么，总是选择合作。可以发现，以上两个战略都不依赖于过去的行动历史。更复杂一点的战略包括：无论对方选择什么，己方可以选择合作和不合作交替进行的战略。先合作，而后总是选择不合作。简单讲就是你若骗我一次，我先原谅你，继续选择合作，但你如果再骗我一次，我将永远不再与你合作；先合作三次，然后不合作两次，再合作三次，再选择不合作两次，如此循环。类似的战略很多，举不胜举。这样，参与人可以选择的战略大大增加了。新战略的出现可以让参与人针对对方过去的行动进行观察进而选择最优战略，从而使得双方之间的合作成为可能。但合作结果能否出现，依赖于参与人选择什么样的特定战略。

由于合作可能生成共赢的局面，每个参与人存在可能性选择合作战略，导致合作结果出现的战略。那么，什么样的战略选择既能满足个人理性又能保证合作结果的出现？在现实生活中，有两种战略是人们最普遍使用的，而这两种战略也是最有可能导致合作行为的，下面分别进行讨论。

83

一种是"针锋相对"战略：即每一次的行动都建立在对方前一次行动的基础上。比如，对方上阶段博弈选择了不合作，那么本阶段博弈，自己就会选择不合作；如果对方上阶段选择合作，那么本阶段，自己就选择合作。这实际上就是我们经常讲的"你不仁，我不义；你若仁义，那我也仁义"，或者"以牙还牙，以眼还眼"。

另一种是"冷酷战略"：即合作会一直持续下去，但如果一方有一次选择不合作，那么就会永远不合作。这表明，冷酷战略中只要有任何一方采取一次不合作行为，就可以使整个合作彻底破裂。这样的战略其实很残酷，因为，参与人都会犯错误，有时候即使是失误，也会导致合作关系破裂。也正因为这样，它可以促使人们选择合作时倍加小心和认真。下面讨论这两种战略是否可以导致合作。

为方便，我们假设博弈在每一个阶段结束的概率为 p，且各个阶段博弈是否结束是相互独立的，那么博弈进行到第 t 个阶段的概率为 $(1-p)^{t-1}$，则参与人在第 t 阶段的期望支付为 $(1-p)^{(t-1)}\pi_t$，其中 π_t 为参与人在 t 阶段的支付，设其贴现因子为 δ，则参与人在 t 阶段的支付贴现值为 $\delta^{t-1}(1-p)^{t-1}\pi_t$。令 $\tilde{\delta}=\delta(1-p)$，则这个贴现值就可记为 $\tilde{\delta}^{t-1}\pi_t$，若博弈为无限次重复博弈，那么参与人总的支付为 $\pi=\sum_{t=0}^{\infty}\tilde{\delta}^{t-1}\pi_t$。

首先讨论当两个因犯都选择"冷酷战略"时的情形。"囚徒困境"博弈中冷酷战略是指：

（1）在博弈开始选"抵赖"；

（2）若没有任何一方选"坦白"，那么双方就一直选"抵赖"；但如果重复博弈过程中有一方选择"坦白"，之后双方永远都选"坦白"。

给定因犯乙选择冷酷战略，可证因犯甲也选冷酷战略是最优的。

若本阶段博弈之前的博弈，囚犯甲、乙没有人选"坦白"（包括在博弈开始时），若囚犯甲选择"坦白"，那么本阶段囚犯甲得到 0 单位支付，但此举将触发囚犯乙之后永远的报复，即囚犯乙会在接下来的博弈永远选战略"坦白"，故在本阶段之后囚犯甲每阶段支付最多为 -8，那么，容易知道其总支付至多为

84

$$0 + (-8)\delta + (-8)\delta^2 + \cdots = \frac{-8\delta}{1 + \delta}$$

而当囚犯甲本阶段选"抵赖"并且之后每阶段都选"抵赖"的话，囚犯乙之后也会配合，每阶段都选"抵赖"，故此战略选择使其总支付为

$$-1 + (-1)\delta + (-1)\delta^2 + \cdots = \frac{-1}{1 + \delta}$$

当 $\frac{-8\delta}{1 + \delta} \leqslant \frac{-1}{1 + \delta}$，即 $\delta \geqslant \frac{1}{8}$ 时，囚犯甲选"抵赖"是最优的。故当 $\delta \geqslant \frac{1}{8}$ 时，囚犯甲在没有人先选"坦白"时会选"抵赖"最优，并且，囚犯甲之后每阶段都选"抵赖"是最好的选择。

当囚犯乙在本阶段之前已选择"坦白"，则囚犯乙之后会永远选"坦白"，显然，给定囚犯乙在此时及之后永远"坦白"，囚犯甲在此时选"坦白"是最优的，且囚犯甲之后每阶段都选"坦白"是最优的。

当囚犯甲在之前选过"坦白"，因为囚犯乙此时及之后必然会一直选择"坦白"，故囚犯甲在此时及之后一直选"坦白"是最优的。

所以，给定囚犯乙选"冷酷战略"，囚犯甲选冷酷战略是最优的。由对称性知，当囚犯甲选冷酷战略时，囚犯乙选冷酷战略也是最优的。因此，两人都选冷酷战略构成一个纳什均衡。

进一步地，由于每个阶段博弈是一个完全信息静态博弈，因而每个子博弈的开始是从一个阶段博弈开始，且从任一阶段开始的子博弈与原博弈在结构上是相似的。容易证明在每个子博弈上，双方都选择冷酷战略构成纳什均衡，因而是一个子博弈精炼纳什均衡。由此证明：当 $\delta \geqslant \frac{1}{8}$ 即参与人有足够耐心或足够关注长远利益时，参与人都将选冷酷战略构成无限次囚徒困境重复博弈的子博弈精炼纳什均衡，其均衡结果显然就是每阶段都为（抵赖，抵赖），它是帕累托最优的。这样，囚徒们走出了一次性博弈的困境。

正如我们在第一章所述，"囚徒困境"实际上刻画了一系列社会经济

现象中的不合作行为，因此，对于这些现象，如果将博弈变成无限次重复博弈，则在贴现因子充分大时也可望出现合作均衡。但是当前利益大于长期的预期收益时，合作也不容易出现。这可以解释现实中观察到的这样的情形：正常时候两人之间合作很好，但一旦出现暴利的机会，合作就破裂，甚至朋友间也如此。原因在于，能支持正常情况下合作的贴现因子到暴利出现时就不够了。

85

在前面的分析中我们假定每一个参与人的行为都可以立即被其他参与人观察到，如果一方参与人选择不合作，另一方参与人可以马上选择不合作战略对其实施惩罚。但是，假如选择不合作战略的方法不容易被观察到，其他参与人暂时不知道自己有没有被骗，需要过一段时期才能知道，这时结果会怎样呢？

假如一方参与人不合作行为再经过两次博弈才会被发现，并开始受到惩罚。那么选择不合作的参与人，第一个阶段可以得到0，下一个阶段仍得到0，从第三阶段开始，对方不再合作，收益从此变为 -8。这时，在任意的某个时期选择不合作的预期收益应为：

$$0 + 0 \cdot \delta + (-8)\delta^2 + (-8)\delta^3 + \cdots = -\frac{8\delta^2}{1-\delta}$$

选择合作的预期收益仍然是 $\frac{-1}{1-\delta}$。这样，如果仍要保证交易双方实现合作，δ 的值必须使得下述不等式成立：

$$-\frac{1}{1-\delta} \geq -\frac{8\delta^2}{1-\delta} \quad \Rightarrow \quad \delta \geq \sqrt{\frac{1}{8}} \geq \frac{1}{8}$$

回忆冷酷战略的分析，如果有一次不合作行为就会被观察到，δ 只要满足 $\delta \geq \frac{1}{8}$ 就可以了。可见，与前面的合作条件相比，这里对于 δ 的要求提高了。这意味着，合作比之前更难了。容易证明，观察越滞后，合作所要求的贴现因子越大。这就是说，当欺骗行为不容易被发现时，要维持合作，需要博弈的参与人更有耐心，对未来的利益更加重视。或者反过来说，欺骗行为越难以被发现，欺骗发生的可能性就越大，合作就变得越困难。极端地，如果欺骗行为永远不可能被对方观察到，合作结果是根本不可能出现的。

一个人欺骗别人多少次会被发现和一个社会中的信息传递速度有很大的关系。根据奥斯特罗姆的理论，有效的信息传输路径将极大地消除不合作行为。比如，过去在农村，人与人之间相互熟悉，村民之间的家长里短的议论实际上在发挥信息传递的作用，以至于如果村里有一个人做了坏事后，很快就会被大家知道。由此使得坏人也只好"兔子不吃窝边草"，到别的村子去做坏事了。现在，城市居民流动频繁，相互陌生，一个人干了坏事很容易躲避，所以需要借助公共的媒体平台或专业化信息提供商来获取信息。因此，媒体的发达程度对于维护社会合作非常重要。尤其现在移动互联网的快速发展，使得每个消费者都成为一个小媒体——"自媒体"形式的出现，如微信、微博、社区性网站（如 facebook）、点评类网站（如大众点评网）之类有助于信息的迅速传递，这对于维持社会的合作也非常重要。信息的传递又依赖于很多技术的因素和制度的因素。技术的因素具体指那些可以使信息的传达变得更加快捷的各种工具。制度因素，比如参与人信息披露的积极性等，我们会在后面进行探讨，具体看例3，讨论了移动互联网时代，对于质量水平的提升。

再来讨论"针锋相对"策略，给定囚犯乙使用"针锋相对"战略，并在第一阶段博弈选择合作，如果囚犯甲总是选择不合作战略，就意味着从第二阶段博弈开始，囚犯乙也将开始选择永不合作的战略。此时囚犯甲的收益为：在第一阶段博弈，囚犯乙选择合作而己方选择不合作，因此己方的收益0；从第二阶段博弈开始，双方都选择不合作战略，双方从此都只得到收益都为 -1，经贴现加总后为

$$0 + (-8)\delta + (-8)\delta^2 + \cdots = -\frac{8\delta}{1-\delta}$$

如果双方都选择合作，则双方每一期的收益都是 -1，那么贴现加总的收益为 $-\frac{1}{1-\delta}$。比较两个选择的不同总价值，容易看出，只要 δ 足够大从而满足 $\delta > \frac{1}{8}$，那么给定对方选择针锋相对战略的情况下，己方的最优选择是合作，而不是不合作。进一步，维持合作所要求的最低 δ 值大小，依赖于博弈中参与人的支付。显然，合作的支付越大，单方不合作的支付和双方都不合作时的支付越小，满足合作条件的 δ 就越小，合作的可能性就越大。

但是，容易知道"囚徒困境"博弈中，双方都选择针锋相对的战略构成的是一个纳什均衡，却不是一个精炼纳什均衡。为什么呢？假设在第 t 个阶段的博弈，囚犯甲选择不合作，那么这个战略意味着囚犯乙将在下

一个阶段博弈中，也就是第 $t+1$ 个阶段博弈中，选择不合作战略。但问题的关键在于：囚犯乙会这样做吗？如果囚犯乙认为囚犯甲采取的是"针锋相对"战略，那么囚犯乙对囚犯乙在第 t 个阶段博弈的不合作行为实施惩罚，双方从第 $t+1$ 阶段博弈开始的行为将变为：

囚犯甲的行为：合作；不合作；合作；不合作；……

囚犯乙的行为：不合作；合作；不合作；合作；……

那么，囚犯乙的预期收入流将是：0，-10，0，-10，0，-10，$\cdots$，这样一直交替下去，那么贴现后加总的支付为 $-\dfrac{10\delta^2}{1-\delta^2}$。但是如果囚犯乙选择原谅囚犯甲，合作就从第 $t+1$ 个阶段又开始恢复了，囚犯乙的预期收入流为：-1，-1，-1，$\cdots$，那么贴现后加总的支付为 $\dfrac{\delta}{1-\delta}$。比较这两个收入序列，后者大于前者。也就是说，给定一方在某个阶段没有合作，只要另一方相信对方实行的是针锋相对战略，那么他就没有积极性去实施惩罚，而是选择原谅对方继续合作。但是这时，对方又会考虑，既然自己可以被原谅，那么又为什么不继续行骗呢？所以，它不是一个精炼纳什均衡。

但是，"针锋相对"战略确实是人们在生活最经常使用的战略，无论是出于理性的考虑还是情绪使然。事实上，这样的行为方式已成为一种普遍接受的社会规范。在我们的社会中，按这种方式行事的人被认为"讲义气"、"有骨气"。相反，习惯于总是原谅别人的人被认为"窝囊"。在研究社会合作博弈中，Axelrod（1984）做了大量的计算机模拟实验，发现在所有的战略当中，针锋相对是成功率最高的一种战略，选择这种战略的人，平均获得的报酬最高。

第四节　质量竞争的重复博弈分析

一　厂商为何提供高质量产品：一个重复博弈解说

对于大多数产品来说，消费者在购买时很难一下子判断出产品的质量好坏。如果厂商提供的产品存在质量问题，往往要待消费者使用之后才会发现。当然，一旦消费者在使用产品后发现产品存在质量问题，往往可以通过诉诸法律的方式指控厂商，如果厂商预期到生产低质量产品可能会招致起诉，他们就会注重产品的质量管理，从而尽量减少产品中的低质量比例。但是，许多消费者即使事后发现所购买的产品存在质量问题，也不一定会起诉，因为维权存在成本。所以，对厂商的产品质量管理产生约束机制的还不仅限于潜在的起诉可能性，我们在本小节将表明，如果厂商关注长期利益，他们与消费者之间进行的是无限次重复博弈，则存在长期的合作均衡即厂商总是生产高质量产品的均衡。

88

　　这里，我们构造一个简单的模型来加以说明。假定有一个厂商是长期的固定局中人，他不断重复性地提供产品；但消费者是不固定的，每一阶段有一个消费者只买一次。这样，模型的基本假设是，一个无限次重复博弈的局中人由一个固定的厂商和无限个不同的消费者（也可以一部分消费者是相同的，如同一位消费者在不同的阶段决定买与不买）。厂商在每个阶段决定是生产一单位高质量的产品呢还是生产低质量的产品，而每一个阶段有唯一的一个消费者面临是否购买一单位产品的抉择。假定消费者在购买时不知道自己买的产品的质量，但知道所有之前的消费者购买的产品质量。如果消费者不买，他的支付为0；如果买到高质量产品，其支付为1；如果买到的是低质量产品，他的支付就为 – 1。厂商卖出高质量产品，其支付为1，但若卖出低质量产品，支付就为2。这里所说的支付都是指阶段支付。表2 – 3给出了这个博弈的阶段博弈支付矩阵。

表2 – 3　　　　　　　　　　　　　产品质量博弈

		厂商	
		高质量	低质量
消费者	买	1, 1	– 1, 2
	不买	0, 0	0, 0

　　如果是一次性博弈，则只有一个纳什均衡（不买，低质量），这对应于走街串巷的小贩们难以取得人们信任的情形。因为游走于街坊之间的小贩们知道即使卖低质量产品坑蒙大家，人们也不一定能在事后抓住他，因为他下一次不会再走同样的路线，这就激励小贩们兜售低质量产品。给定小贩们的这种战略，理性的消费者是不愿购买小贩们的产品的。理性消费者更愿意到大商场或坐摊上买东西，为什么呢？这是由于大商场明天不会不见了，坐摊一般也会长期在同一个地方卖产品，于是，如果买回来的产

品存在质量问题，明天还可以去找他们索赔。给定这一战略，厂商若要把生意长期做下去，就不会提供低质量产品，而给定厂商提供高质量产品，消费者就会买。下面，我们来证明这是一个精炼均衡。设厂商执行的战略是：开始生产高质量产品，继续生产高质量产品，除非曾经生产过低质量产品；如果上一次生产了低质量产品，之后永远生产低质量产品。

消费者的战略是，第一阶段的消费者决定买；只要厂商不曾生产过低质量产品，随后阶段的消费者继续买；如果厂商曾经生产过低质量产品，之后的消费者不再买。显然，这些战略实际上是冷酷战略。

给定消费者战略，当厂商生产低质量产品时，得到 2 单位短期支付，但之后每阶段支付为 0；若厂商总是生产高质量产品，每阶段支付为 1，贴现后总支付为 $\dfrac{1}{(1-\delta)}$，其中 δ 为厂商的贴现因子。当 $\dfrac{1}{(1-\delta)} \geq 2$ 或 $\delta \geq \dfrac{1}{2}$ 时，厂商就会总生产高质量产品。所以，若之前不曾生产低质量产品，厂商的最优选择是继续生产高质量产品。如果之前曾生产低质量产品，给定消费者战略，之后消费者不再买，破罐子破摔地继续生产低质量产品是最优的。这样，当厂商具有足够的长期利益关注时（即 δ 足够大）给定消费者战略，厂商战略是最优的。反过来，给定厂商战略，假设 $\delta \geq \dfrac{1}{2}$。每个消费者只关心单阶段支付，当之前厂商不曾生产低质量产品时，他预期该阶段厂商将继续生产高质量产品，给定厂商生产高质量产品，消费者的最优选择是买。当之前厂商曾生产低质量产品，他预期厂商在该阶段会生产低质量产品，给定厂商提供低质量产品，他的最优选择是不买。于是，给定厂商战略，消费者战略也是最优的。从而构成一个纳什均衡。下面证明该均衡还是精炼的。首先，在之前厂商不曾生产低质量产品的阶段出发的子博弈上，原有战略组合给出的在子博弈上的限制是完全等同于原有的战略组合，从而是子博弈上的纳什均衡。其次，在之前厂商曾生产低质量产品的阶段出发的子博弈上，原有战略组合给出的在子博弈上的限制是，厂商总生产低质量产品，消费者总选择不买，这显然也构成子博弈上的纳什均衡。所以，原有战略组合是一个子博弈精炼纳什均衡。该博弈的子博弈纳什均衡不止一个，如"消费者永远不买，厂商总生产低质量产品"也是一个子博弈纳什均衡。这个均衡实际上意味着这个厂商并不存在。

Simon（1951）和 Kreps（1986）曾用类似的博弈解释为什么存在"企业"，他们认为企业存在的原因之一正是创造了一个"长期的局中人"，从而使 δ 足够大，使消费者相信其产品质量，反过来消费者的不断购买又激励企业不断生产高质量产品。这个模型是 Klein 和 Leffler（1981）提出的模型的一种简化形式，它解释为什么消费者愿意去大商店买东西而不太信赖走街串巷的小贩。

二 电梯维保公司的行为选择

从成本收益角度分析，在现有的特种设备监察制度环境下，特种设备维保单位或使用单位之所以不太重视特种设备的维保质量，是因为从短期看可以获得更多的收益。在市场竞争中，相对于重视安全生产，即注重特种设备检测与维保质量的特种设备使用单位与维保单位，其劳动成本更低，生产环节所耗费的劳动时间更少，从而在同等价格条件下，其获得的收益或利润更多；或相同收益或利润条件下，其价格更低，竞争力更强，市场占有率更高。虽然，市场上特种设备维保单位有很多，但是，在市场竞争中，可以把多家维保单位竞争，看作一家维保单位与其他多家维保单位竞争的过程，所以，可以简化为两家维保单位的博弈。现假设在一定区域内只存在两个特种设备维保单位（两家维保单位在技术水平，规模及服务供应量等方面差别不大），考察它们之间的博弈关系，见下表 2-4：

表 2-4　　　　　　　　维保单位之间的静态博弈支付矩阵

		特种设备维保单位 B	
		高质量维保	低质量维保
特种设备维保单位 A	高质量维保	TR, TR	$TR - \alpha, TR + \alpha$
	低质量维保	$TR + \alpha, TR - \alpha$	TR', TR'

两个特种设备维保单位 A 和 B 都存在两种策略选择，即高质量维保和低质量维保，所以由支付矩阵可知存在四组策略。第一组策略：两个企业都选择高质量维保，其获得的总收益都为 TR。第二组策略：A 高质量维保，B 低质量维保，其所获得的收益分别为（$TR - \alpha, TR + \alpha$）。在此种情况下，由于相同价格条件下，B 低质量维保所消耗的劳动资源（技术、人员、时间等）更少，并且维保单位 B 与维保单位 A 同时存在于市

场，在无有效监管的条件下，其所获得的收益超过正常收益 TR 的部分为 α ，而 A 由于高质量维保使其价格高于 B ，使得收益减少，因此损失的收益为 $-\alpha$ 。同理可得第三组策略为 A 采取低质量维保策略，而 B 采取高质量维保单位策略，其获得的收益分别为（ $TR+\alpha,TR-\alpha$ ）。第四组策略为 A，B 都选择低质量维保策略，那么他们获得的收益为 $TR^{'}$ 。显然在同一个区域内，特种设备维保单位都选择低质量维保，那么这个市场将混乱不堪，特种设备使用单位选择哪家维保单位都差不多，那么整个维保市场进入恶性竞争之中，维保单位的价格会越来越低，所以由 $TR^{'}<TR$ 。因此有：

$$TR-\alpha < TR^{'} < TR < TR+\alpha$$

这是一个与"囚徒困境"非常相似的结果，即 A 和 B 都担心获得 $TR-\alpha$ 的收益而选择低质量维保策略，则此静态博弈的纯纳什均衡为（ $TR^{'},TR^{'}$ ）。

但是这一结论是在一次博弈条件下得出的，现在将这一支付矩阵纳入到无限期重复博弈中考察每一组解的总效用。将四组策略的总效用分别用 $[\Omega_{A1},\Omega_{B1}]$ ， $[\Omega_{A2},\Omega_{B2}]$ ， $[\Omega_{A3},\Omega_{B3}]$ 和 $[\Omega_{A4},\Omega_{B4}]$ ，表示， $[\Omega_{A1},\Omega_{B1}]$ 与 $[\Omega_{A4},\Omega_{B4}]$ 分别表示 A、B 两企业始终选择高质量维保和始终选择低质量维保所获得的效用； $[\Omega_{A2},\Omega_{B2}]$ 表示 A 企业在第一期中选择高质量维保策略，但是在第二期中由于 B 企业始终选择低质量维保策略而改变自己原来的策略，进而选择低质量维保策略并一直持续下去所获得的效用； $[\Omega_{A3},\Omega_{B3}]$ 与 $[\Omega_{A2},\Omega_{B2}]$ 恰恰相反。设折现因子为 i，则 A、B 企业在这四组策略中所获得的总效用分别为：

$$\begin{cases}\Omega_{A1} = \dfrac{TR}{1-i}\\[2mm]\Omega_{B1} = \dfrac{TR}{1-i}\end{cases}\begin{cases}\Omega_{A2} = TR-\sigma+\dfrac{TR\hat{\imath}}{1-i}\\[2mm]\Omega_{B2} = TR+\sigma+\dfrac{TR\hat{\imath}}{1-i}\end{cases},$$

$$\begin{cases}\Omega_{A3} = TR+\sigma+\dfrac{TR'i}{1-i}\\[2mm]\Omega_{B3} = TR-\sigma+\dfrac{TR'i}{1-i}\end{cases}\begin{cases}\Omega_{A1} = \dfrac{TR'}{1-i}\\[2mm]\Omega_{B1} = \dfrac{TR'}{1-i}\end{cases}$$

根据前述 $TR-\alpha < TR^{'} < TR < TR+\alpha$ ，显然在无限期重复博弈 $[\Omega_{A1},\Omega_{B1}]$ 解中，两企业所获的效用最大，也无须政府监管，是我们最希望得到的均衡解，因此无需讨论。 $[\Omega_{A2},\Omega_{B2}]$ 和 $[\Omega_{A3},\Omega_{B3}]$ 表示两个企业

选择的策略恰恰相反，我们以 $[\Omega_{A2}, \Omega_{B2}]$ 为例作为一种情况讨论。对于 $[\Omega_{A2}, \Omega_{B2}]$，即使 A 企业在第一期中选择高质量维保的策略，却由于 B 企业选择低质量维保而使自己的收益变少，即

$$\Omega_{A1} - \Omega_{A2} = \frac{(TR - TR')}{1 - i} + \sigma$$

因此，在第二期博弈中转而选择低质量维保策略，但是其收益和 Ω_{B2} 相比，仍然少获得 $2\sigma(\Omega_{B2} - \Omega_{A2})$。因此，在这里我们可以引入前文中增加的变量———政府奖励 w，如果政府给予高质量维保企业的奖励 $w > 2\sigma$，则对于维保企业 A，无论 B 选择什么样的生产策略，A 都会选择高质量维保。那么，在这一重复博弈过程中，企业 B 通过观察，发现自身选择低质量维保策略会获得比 A 更少的收益，同时，如果再加上政府的严格监管，自身还要冒着被政府处罚 F 的罚金，其理性的收益最大化选择必然是选择生产安全食品策略。对于 $[\Omega_{A4}, \Omega_{B4}]$，因在 $[\Omega_{A2}, \Omega_{B2}]$ 和 $[\Omega_{A3}, \Omega_{B3}]$ 中，如果存在政府给予高质量维保企业的奖励 $w > 2\sigma$，此时，无论是企业 A 还是企业 B，都不必担心对方选择低质量维保策略而使自身的收益变小。因而，双方都会选择高质量维保策略。所以，在引入奖励 $w > 2\sigma$ 的情况下，第四种策略组合不会发生，也无须讨论。这样，从长期来讲，因为引入政府奖励，将使维保单位最终（无论是第一期还是后期）都会选择高质量维保策略。这也使得前文中提到的"安全监管部门奖励越多，维保单位高质量维保的概率越小"的悖论得到了解决。应该说，政府的奖励或补贴是一笔不小的开支。然而从时间维度讲，这笔开支却可以从两个方面支出，首先是针对低质量维保单位的罚金中支出。

当罚款效应逐渐从博弈支付矩阵中发生作用的时候，即企业选择低质量维保策略的收益在减少的情况下改变自身的生产策略，这部分开支就可以转而从维保单位全都选择高质量维保策略从而使自身收益和社会效益都达到最大化的情况下，从未来更多的税收中支出。

三 互联网时代下的质量监察

前面的分析讲到，信息的传播有助于社会合作的达成。而在质量监察过程中，最重要的问题就是质量信号显示问题，一部分消费者消费体验后所获得的产品或服务的质量信息若能够及时准确的得以披露，将起到校正市场秩序的作用。通过构建博弈模型进行数学逻辑的推导，详见第六章协

同治理部分。这里，我们以案例的方式，来说明信号传播与重复博弈对控制质量安全事件爆发的作用。

　　曾经非常流行的帽衫刚刚进入市场的时候，并没有任何标准或者规定对帽衫的绳子提出规范。所以，在帽衫刚刚开始流行的时候，有些帽衫生产厂家为了追求美观，将帽衫的绳子设计得很长，甚至到达腰际线以下的程度。帽衫绳子过长引发的事故不断地爆出。例如，曾经在美国先后发生了三起交通事故，事后的事故调查与分析表明，都是由于帽衫的绳子过长，加上风吹的作用，绳子被卷入驶过的汽车，导致人被带倒发生交通事故。还有，儿童穿帽衫在一些游乐设施玩耍的时候，绳子被卡在一些设施的缝隙中，导致儿童窒息身亡。世界各国通过各自的监测系统都发现了这一风险问题，从而针对帽衫的绳子作出了规范，例如，我国对儿童帽衫的长度规定不超过 14 厘米（露出的长度）。

　　这说明来自消费者的信息是质量监察非常重要的，在互联网发达的今天，质量管理部门应通过网上消费者提供的质量信息进行统计与分析，并向消费者提供风险提示，达到质量安全事件的控制。

93

第三章　不完全信息与声誉机制

第一节　不完全信息博弈：基本概念

一　不完全信息

不完全信息是指在博弈的一方参与人拥有私人信息的情况下，其他参与人对特定参与人的支付函数、偏好类型、战略选择是不清楚的。比如，市场上一个企业对竞争对手的生产成本、技术实力、经理人决策的程序等并不完全了解；生活中，一个人是"性本善"还是"性本恶"，我们并不清楚；国际谈判中，谈判对手是偏好妥协还是偏好强硬，另一方可能并不知情。如果一些参与人不知道另一些参与人的支付函数，或者支付函数不是共同知识，那么参与人就相当于不知道他在与谁博弈，因而在 1967 年以前，博弈论专家认为此时博弈的结构特征是不确定的，无法进行分析。

海萨尼（1967、1968）提出了一种处理不完全信息博弈的方法，即引入一个虚拟的参与人——"自然 N"。"自然 N"首先行动，它决定每个参与人的特征。每个参与人知道自己的特征，但不知道其他参与人的特征。这种方法将不完全信息静态博弈变成一个两阶段动态博弈，第一个阶段是"自然 N"的行动选择；第二阶段是除 N 外的参与人的静态博弈。这种转换被称为"海萨尼转换"，它将不完全信息博弈转换为完全但不完美信息博弈。

二　海萨尼转换

称参与人拥有的私人信息为他的"类型"，许多情况下参与人类型由其支付函数完全决定，故常将支付函数等同于类型。在第二章的连锁店案例中，进入者似乎是与两个不同的在位者博弈，一个是高成本的在位者，另一个是低成本的在位者。令 θ_i 表示参与人 i 的一个特定类型，H_i 表示参与人 i 所有可能类型的集合，那么有 $\theta_i \in H_i$，则称 H_i 为参与人 i 的类型空间，$i = 1, \cdots, n$。

不完全信息意味着，至少有一个参与人有多种类型。在不完全信息静态博弈中，由于参与人的类型存在多种可能，因而与参与人相关的各种概念都随其类型的不同而不同，其中之一就是参与人的行动空间随类型 θ_i 而变化。令 $p(\theta_1, \theta_2, \cdots, \theta_n)$ 表示参与人 i 类型空间 H_i 的概率分布，即参与人 i 为不同类型的概率。为了陈述简单，我们假定只有参与人 i 知道自己的类型，但不知道其他参与人的类型。但根据海萨尼公理[①]，我们假定分布函数 $p(\theta_1, \theta_2, \cdots, \theta_n)$ 是所有参与人的共同知识，就是说，所有参与人知道 $p(\theta_1, \theta_2, \cdots, \theta_n)$，所有参与人知道所有参与人知道 $p(\theta_1, \theta_2, \cdots, \theta_n)$，如此等等。这一点意味着，在前面的连锁店博弈中，如果进入者有一种类型，在位者有两种类型，那么，p 是共同知识，即进入者知道在位者是高成本的概率是 p，是低成本的概率是 $(1 - p)$。并且在位者知道进入知道自己是高成本的概率是 p。换句话说，在博弈开始时，所有参与人有关自然行动的信念是一致的。

对于其他参与人的任一可能的类型组合 $\theta_1, \cdots, \theta_{i-1}, \theta_{i+1}, \cdots, \theta_n$，如果给定其他参与人人类型与其最优战略 a_j 的一个对应组合 $a_j^*(\theta_j)$，$j \neq i$，$j = 1, \cdots, n$，其支付为

$$u_i(a_1^*(\theta_1) \cdots a_{i-1}^*(\theta_{i-1}), a_i, a_{i+1}^*(\theta_{i+1}) \cdots a_n^*(\theta_n), \theta_i) \tag{3.1}$$

假定参与人 i 认为其他参与人的类型组合恰好为 θ_{-i} 的概率为 $p_i(\theta_{-i}|\theta_i)$。我们称 $p_i(\theta_{-i}|\theta_i)$ 为参与人 i 的条件概率，即给定参与人 i 属于类型 θ_i 的条件下，他有关其他参与人属于 θ_{-i} 的概率。这一概率与参与人 i 的类型 θ_i 有关，还与博弈开始之时参与人人 i 对 $\theta_1 \cdots \theta_i \cdots \theta_n$ 的概率分布知识有关。根据条件概率规则，

$$P_i(\theta_{-i}|\theta_i) = \frac{P(\theta_i, \theta_{-i})}{P(\theta_i)} = \frac{P(\theta_i, \theta_{-i})}{\sum_{\theta_{-i} \in H_{-i}} P(\theta_{-i}, \theta_i)} \tag{3.2}$$

式（3.2）是概率论中著名的贝叶斯公式（Bayes equetion）。这里，

---

① 海萨尼公理：假定概率分布 $p(\theta_1, \theta_2, \cdots, \theta_n)$ 是所有局中人的共同知识。这一公理表明所有局中人有关自然行动的信念（belief）是相同的。

$p(\theta_i)$ 是边缘概率。如果类型的分布是独立的，则有 $p(\theta_{-i} \mid \theta_i) = p(\theta_{-i})$。

此时，因为参与人 i 不知道 θ_{-i}，与第二章中的混合博弈支付函数构造相类似，我们这里用 von. Neumann——Morganstern 效用函数刻画这种不确定下的支付函数，即参与人 i 的期望支付为

$$\sum_{\theta_{-i}} P_i(\theta_{-i} \mid \theta_i) \cdot u(a_{-i}^*(\theta_{-i}), a_i, \theta_i) \tag{3.3}$$

显然，最大化式 (3.3) 的 a_i 就是 i 的最优战略 a_i^*，它与 θ_i 有关，故 $a_i^* = a_i^*(\theta_i)$。当存在一组"最优战略 $a^* = (a_1^*, \cdots, a_i^*, \cdots, a_n^*)$，满足

$$a_i^* \in \arg\max_{a_i \in A_i(\theta_i)} \sum_{\theta_{-i}} P_i\{\theta_{-i} \mid \theta_i\} u(a_{-i}^*(\theta_{-i}), a_i, \theta_i), \ i = 1, \cdots, n \tag{3.4}$$

则称 a^* 是一个（纯战略）纳什均衡，也称为贝叶斯纳什均衡 (Bayes Nash equilibrium)。为了减少复杂性，假定博弈开始之前各个局中人掌握的关于 $(\theta_1, \cdots, \theta_n)$ 的分布密度知识是共同知识，于是有：

贝叶斯纳什均衡（简称贝叶斯均衡）是完全信息静态博弈纳什均衡概念在不完全信息静态博弈上的扩展。有时也称不完全信息静态博弈为静态贝叶斯博弈或贝叶斯静态博弈。

在上面，我们实际上已给出了静态贝叶斯博弈的战略式表述，以下给出正式的战略式表述和一些例子。

三　贝叶斯纳什均衡

贝叶斯纳什均衡是完全信息静态博弈纳什均衡概念在不完全信息静态博弈上的扩展。不完全信息静态博弈又称为静态贝叶斯博弈。

为了定义贝叶斯均衡，首先要说明参与人的战略空间和支付函数。有别于完全信息静态博弈，不完全信息静态博弈中的参与人 i 的行动空间 A_i 是依赖于他的类型 θ_i。令 $A_i(\theta_i)$ 表示参与人 i 的为类型 θ_i 的行动空间，$a(\theta_i) \in A_i(\theta_i)$ 表示 i 的一个特定行动。

定义 3.1（n 人静态贝叶斯博弈的战略式表述）局中人类型空间为 $H_1, \cdots, H_n$；条件概率为 $P_1, \cdots, P_n$；战略空间为 $A_1(\theta_1), \cdots, A_n(\theta_n)$；支付函数为 $u_1(a_1, \cdots, a_n, \theta_1), \cdots, u_n(a_1, \cdots, a_n, \theta_n)$。假设 i 知道 θ_i。用

$$G = \{A_1, \cdots, A_n, \theta_1, \cdots, \theta_n, P_1, \cdots, P_n, u_1, \cdots, u_n\}$$

表示该博弈。博弈顺序为：

（1）自然 N 选 $\theta = (\theta_1, \cdots, \theta_n)$，$\theta_i \in H_i$，局中人 i 观察到 θ_i，但局中人 $j \neq i$ 仅知道 $P_j(\theta_{-j} \mid \theta_j)$，不能观察到 θ_i。

（2）n 个局中人同时选行动（战略）$a = (a_1, \cdots, a_n)$，$a_i \in A_i(\theta_i)$。

（3）i 得到支付 $u_i(a_1, \cdots, a_n, \theta_i)$，$i = 1, \cdots, n$。

注意，该定义不排除局中人 j 可能拥有关于局中人 i 类型的某种信息，而当所有局中人类型空间只有一个元素时，不完全信息静态博弈就退化为完全信息静态博弈。

同时，这里假定了 $A_i(\theta_i)$ 和 $u_i(a_i, a_{-i}, \theta_i)$ 本身是共同知识，即尽管其他局中人不知道 i 的类型 θ_i，但他们知道 i 的战略空间和支付函数是如何依赖于他的类型的，即当他们知道 θ_i 时，就必然知道 $A_i(\cdot)$ 和 $u_i(\cdot)$。

n 个不完全信息静态博弈 $G = \{A_1, \cdots, A_n, \theta_1, \cdots, \theta_n, P_1, \cdots, P_n, u_1, \cdots, u_n\}$ 的纯战略贝叶斯纳什均衡是一个类型依存战略组合 $\{a_i^*(\theta_i)\}_{i=1}^n$，满足：

$$a_i^*(\theta_i) \in \arg \max_{a_i \in A_i(\theta_i)} \sum P_i\{\theta_{-i} \mid \theta_i\} u_i(a_{-i}^*(\theta_{-i}), a_i, \theta_i) \quad i = 1, \cdots, n$$

$$(3.5)$$

可以定义混合战略贝叶斯纳什均衡，并且不难证明有限博弈的不完全信息静态博弈至少存在一个贝叶斯纳什均衡，这一工作可留给读者自己去完成。

需要指出的是：纯战略只是一个行动 a_i 如何依类型 θ_i 而变的规则，不是指一个具体的结果。

第二节　解开连锁店悖论

现在我们可以解开上一章讲的"连锁店悖论"了。在其中，我们假定进入者对在位者的生产成本及选择默许还是斗争的利润有清楚的了解，在这种情况下，一旦进入者进入，在位者只好选择默许，因为斗争意味着更大的损失。即使在位者有多个市场，只要市场的数量有限，斗争的威胁就是不可信的。

但设想在位者有两种可能的类型：高成本或低成本。如果是高成本，博弈的结构如图 3-1 所示。但如果是低成本，在没有进入者进入的情况下，在位者的利润是 200；当进入者进入时，如果在位者选择默许，双方共分市场，进入者得到 90，在位者得 100；如果在位者选择斗争，进入者亏损 10，在位者得到 120（如图 3-1 所示）。这里我们假定，由于在位者的成本足够低，即使选择斗争，其得到的利润也大于默许时的利润。

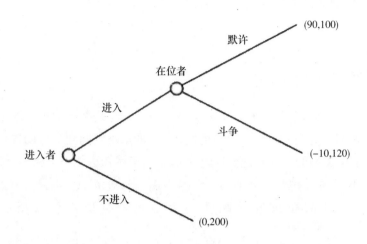

图 3-1　在位者是低成本时的进入博弈

显然，在位者是低成本时，即使是一次性博弈，一旦进入者进入，在位者的最优选择是斗争而不是默许。因此，斗争是可信的威胁。如果进入者知道在位者是低成本，最优的选择是不进入，因为进入意味着遭受 10 单位的损失。

现在假定潜在进入者并不知道在位者究竟是高成本还是低成本，进入者应该选择进入还是不进入？答案依赖于他认为在位者是低成本的可能性的大小。假定他认为在位者是低成本的概率是 p，那么，如果选择进入，他有 p 的概率损失 10，$1-p$ 的概率得到 40，预期收益是：

$$p \times (-10) + (1-p) \times 40 = 40 - 50p$$

如果选择不进入，他的确定收益是 0。因此，当

$$40 - 50p > 0,$$

即 $p < 0.8$ 时，进入者才会选择进入；否则，如果 $p \geq 0.8$，他将选择不进入。

现在假定在位者实际上是高成本。如果只在一个市场上销售产品，他当然会选择默许。但如果他有 20 个市场，当第一个市场被进入时，他应该怎么办呢？如果他选择默许，立刻就暴露出他是高成本，其他 19 个市场就会相继被侵入，他在每个市场上就只能得到 50 的收益。但如果他选择斗争，尽管在这个市场上少赚 50，但如果能让其他潜在进入者认为他

更可能是低成本，他就保护住了其他 19 个市场，每个市场上仍然可以赚 100。显然，即使是一个高成本的在位者，也有积极性通过制裁进入者建立一个低成本的声誉。预期到这一点，可能一开始就没有对手敢进入了。

当然，现实的竞争比我们理论上讲的要复杂。像微软、腾讯这样的市场主导者总是想用残酷的手段阻止进入者进入，但他们是否能成功，依赖于潜在进入者的实力和客户的选择。如果进入者足够强大（如有更适合市场的新产品），在位者的阻击未必能成功。所以我们还是看到市场上不断有新的进入者与原来的厂商争夺市场，甚至把后者赶出市场。

另一个相关的问题是，很少有市场上只有一个在位者。比如说，在快餐市场上就有麦当劳、肯德基、必胜客等多个经营者。此时，在位者面临另一个麻烦。一方面，在位者之间进行的是重复博弈，不希望打价格战，为此，每个在位者都希望建立一个高成本的形象（成本越高，降价的可能性越小）；另一方面，阻止新的竞争对手进入是他们的共同利益所在，他们又希望在潜在进入者面前建立一个低成本的形象。这是一个两难选择。

第三节　KMRW 声誉模型

我们在第二章中已发现：只要重复博弈次数是有限的，则合作性的子博弈精炼均衡总是不可能出现的。

这种情况似乎与我们在现实中所观察到的许多合作现象的存在相矛盾。因为现实中的重复博弈一般总是有限次的。事实上，Axelrod（1981）所做的实验表明，即使在有限次重复博弈中，合作行为也是频繁出现的，特别是在距博弈结束仍比较远的阶段。被称为博弈论"四人帮"的 Kreps、Milgrom、Roberts 和 Wilson（1982）认为：之所以存在前述结论，原因是存在两个假定，即理性人是共同知识假定和信息完全假定。

他们构造了一个著名的"声誉模型"（reputation model），在有限次重复博弈中引入不完全信息和理性人非共同知识的假定，发现存在合作型子博弈精炼均衡解，从而解开了这个悖论。

我们以"囚徒困境"有限次重复博弈为例说明声誉模型的基本思想：

当局中人 2 不知道局中人 1 是否理性（他以概率 p 认为局中人 1 是非理性的，以概率 $(1-p)$ 认为局中人 1 是理性的），而局中人 1 也知道这一事实时，局中人 1 可以在博弈的前面的若干重复阶段中"伪装"成非理性人，让局中人 2 在前面的每个阶段博弈后不能获取局中人 1 是否理性的进一步信息，局中人 2 当然也知道局中人 1 会如此"伪装"，故他不会在观察到局中人 1 的"伪装性行动选择"后就简单地认为局中人 1 是非理性的，而只是不能从中获取局中人 1 理性程度的进一步信息，从而对局中人 1 的理性程度判断仍为最初的先验信息，即以 p 的概率为非理性，$(1-p)$ 的概率为理性。

局中人 1 以这种战略诱使局中人 2 在博弈的大部分过程中总是以 $p > 0$ 的概率猜想他是非理性人，从而认为在各个阶段博弈中认为局中人 1 有可能不选"坦白"而选"抵赖"，从而诱使局中人 2 在各个阶段博弈中可能选"抵赖"，这有利于局中人 1 的利益。到了最后一次阶段博弈，任何局中人的最优选择都是选"坦白"（没有了以后的博弈，最后一次阶段博弈实际上是一个单阶段博弈，唯一的均衡是大家都"坦白"）。既然最后一次博弈的结果是确定了的，之前的选择对其无影响，那么，局中人 1 在倒数第二阶段博弈的最佳选择是：当局中人 2 还被蒙住在鼓里以为他可能是非理性的（从而认为他会选"抵赖"而自己也选"抵赖"）时候，自己选"坦白"获得额外好处（这时暴露自己的真实类型不会对其后的博弈结果产生影响，故没有其他损失）。

局中人 1 在博弈的开始直到最后倒数第二阶段博弈的过程中，一直隐藏自己的真实类型，通过牺牲短期利益而"装傻"，为以后的行为创造了一个"声誉"，让局中人 2 总不能获得关于其类型的除先验信息以外的额外信息，从而诱使局中人 2 也选择合作行为（这对双方都是有利的），直到最后（此时声誉已用尽）"露出庐山真面目"。

这种思想还可以扩展到局中人 1 对局中人 2 的理性程度也具有不完全信息的情形，即局中人 1 和局中人 2 的理性人假定都不是共同知识。

一 基本模型

以下构造有限次"囚徒困境"重复博弈的声誉模型。其中有两个模型，第一个模型只假定关于局中人 1 的理性人假定不是共同知识，这第二个模型假定关于两个局中人的理性人假定都不是共同知识。

假定 1 对于局中人 2 来说，他认为局中人 1 有两种潜在的类型，即理性的和非理性的，先验概率分别为 $(1-p)$ 和 p。但局中人 1 认为局中人

2 只有一个类型，即是理性人。

这里，局中人 2 对局中人 1 的类型只拥有不完全信息。

对于理性人来说，在有限次重复博弈中只会选择不合作行为，即总是选"坦白"。但对于非理性人来说，其可能的选择是任意可假定的（对应于任意可选择的支付函数）。譬如，可假定对非理性人来说，可假定他总是选择"抵赖"，从而局中人 2 可在每次阶段博弈都选"坦白"而获利，但这种非理性的局中人 1 也实在太傻了，即他不论对方如何损害他，他也总是"仇将恩报"。在这种情形，只有单方面的一厢情愿合作行为，合作均衡是不出现的。

我们作出其他的更具合作性的关于非理性人行为选择的假定，即能带来合作均衡的假定。

假定 2 假定非理性的囚徒 1 在以下的博弈中采用这种战略，即"针锋相对"（tit – for – tat）：开始选"抵赖"，然后在 t 阶段选择囚徒 2 在 $t-1$ 阶段所选择的行动（即"你抵赖我也抵赖，你坦白我也坦白"）。

博弈的行动顺序如下：

（1）自然选择囚徒 1 的类型；囚徒 1 知道自己的类型，但囚徒 2 只知道囚徒 1 属于理性人的概率为 $(1-p)$，是非理性的概率为 p；

（2）囚徒 1 和囚徒 2 进行第一阶段博弈；

（3）他们观测到第一阶段博弈的结果后，进行第二阶段博弈；观测到第二阶段博弈结果后，进行第三阶段博弈等等；

（4）理性囚徒 1 和囚徒 2 的支付分别是其各阶段博弈的支付的贴现值之和（为简单化，这里假定贴现因子 $\delta = 1$）。

当囚徒 2 和囚徒 1 是理性人时，囚徒 2 必然会在每个阶段选择"坦白"，而理性的囚徒 1 也知道这种结果，故会在各个阶段中选择"坦白"，从而唯一的子博弈精炼纳什均衡是他们在各个阶段都同时选"坦白"，这是我们在前面已经知道的事实。但是，当囚徒 2 认为囚徒 1 为非理性的概率 p 充分大时，尽管他选"抵赖"仍有可能遭遇到囚徒 1 实际上为理性人（概率为 $(1-p)$）从而选"坦白"的灾难性结果，但当 p 充分大时，这种可能性较小，从而他在各个阶段都选"抵赖"时遇到囚徒 1 为非理性的（从而选"抵赖"）的可能性较大，所获得的支付增加较大，以至于可以抵消因猜错囚徒 1 的理性属性所可能带来的潜在损失，此时，囚徒 2 会在倒数第一阶段以前的各个阶段都选"抵赖"（最后阶段必然选"坦白")。

理性的囚徒 1（囚徒 1 实际上是理性的，这是博弈论对局中人是理性人的假定的直接结果，只不过这里假定理性人假定对局中人来说不是共同知识，即局中人 2 不知道局中人 1 到底是否理性人）也知道囚徒 2 的上述选择（当 p 充分大时），故为了获得合作解，他也会"将计就计"，故意伪装成非理性人，即在倒数第二阶段之前的各阶段都选"抵赖"。

局中人 2 当然也知道理性囚徒 1 的上述选择，但当他预测到对方的合作行为时，不知道囚徒 1 到底是因为其为非理性而选择了"抵赖"呢，还是他是理性人因上述盘算后作出的选择。

因此，理性囚徒 1 通过选"抵赖"而成功地隐藏了有关他理性程度的进一步信息，让囚徒 2 关于囚徒 1 的理性属性判断仍然停留在最初的先验概率（囚徒 1 是非理性的概率为 p）上，从而诱使囚徒 2 在下个阶段仍然按前面各阶段同样的计算作出"抵赖"的选择，而自己也选"抵赖"得到合作解。

直到倒数第二阶段，理性囚徒 1 露出庐山真面目，选"坦白"而出卖囚徒 2，此时囚徒 2 在下个阶段知道了囚徒 1 是理性的，但为时已晚，因为最后一个阶段的选择是确定的（选"坦白"），不受之前选择的影响。

这就是声誉模型的要义：即囚徒 1 与囚徒 2 可能（p 充分大时）达成一个合作（在倒数第二阶段之前的各阶段博弈中）型的子博弈精炼贝叶斯均衡。

我们在这里关于非理性囚徒 1 所以选"针锋相对"战略而不选各阶段都"坦白"的战略的假定，并非是说囚徒 1 可能是"非理性人"，而是指囚徒 2 认为囚徒 1 的支付函数并非是支付矩阵所给出的那种，而可能是一种特殊的其他支付函数。

定理 3.1　在有限 T 次不完全信息的"囚徒困境"重复博弈中，若 $p \geq 2/9$，则以下战略组合构成一个子博弈精炼贝叶斯均衡。

非理性囚徒 1：选"针锋相对"战略；

理性囚徒 1：第一阶段选"抵赖"，一直选"抵赖"直到 $T-2$ 阶段，第 $T-1$ 和 T 阶段选"坦白"。

囚徒 2：开始选"抵赖"，若观测到囚徒 1 选了"坦白"，贝叶斯法则给出的后验概率为 $\tilde{P}=0$，选"坦白"；若预测到囚徒 1 选"抵赖"，后验概率 $p=p$，选"抵赖"；最后，在 T 阶段选"坦白"。

证明：对 T 用数学归纳法证明该定理。

显然，要使定理 1 有意义，必须有 $T \geq 3$。阶段博弈的支付矩阵由表3 – 1给出为：

表 3 – 1　　　　　　　　　"囚徒困境"博弈

		囚徒 2	
		坦白	抵赖
囚徒 1	坦白	– 8, – 8	0, – 10
	抵赖	– 10, 0	– 1, – 1

记 C 为"坦白"（confess）；D 为"抵赖"（Deny）。我们选证明定理 1 在 $T = 3$ 时成立。

首先，给定囚徒 1（理性和非理性）的战略，我们证明囚徒 2 的战略是最优的。事实上，给定囚徒 1（理性和非理性）的战略。囚徒 2 所可能选择的四种战略（因 $T = 3$ 阶段的选择总是 C，是确定了的）分别为：

战略 a：D、D、C

战略 b：D、C、C

战略 c：C、D、C

战略 d：C、C、C

下面将证明战略 a 是最优的。

分别计算囚徒 2 在各个战略下的预期支付水平 u_a、u_b、u_c 和 u_d，战略 a 下有

$$
\begin{aligned}
u_a &= u(D,D,C) \\
&= [p(-1) + (1-p)(-1)] + [p(-1) + (1-p)(-10)] + \\
&\quad [p \cdot 0 + (1-p)(-8)] \\
&= 17p - 19
\end{aligned}
$$

	$t = 1$	$t = 2$	$t = 3$
非理性囚徒 1	D	D	D
理性囚徒 1	D	C	C
囚徒 2	D	D	C

在战略 b 下有：

$u_b = u(D,C,C)$

$= [p(-1) + (1-p)(-1)] + [p \cdot 0 + (1-p)(-8)] +$
$[p \cdot (-8) + (1-p)(-8)]$

$= 8p - 17$

	$t=1$	$t=2$	$t=3$
非理性囚徒 1	D	D	C
理性囚徒 1	D	C	C
囚徒 2	D	C	C

在战略 c 下有：

$u_c = u(C,D,C)$

$= [p \cdot 0 + (1-p) \cdot 0] + [p(-10) + (1-p)(-10)] +$
$[p \cdot 0 + (1-p)(-8)]$

$= 8p - 18$

	$t=1$	$t=2$	$t=3$
非理性囚徒 1	D	C	D
理性囚徒 1	D	C	C
囚徒 2	C	D	C

在战略 d 下有：

$u_d = u(C,C,C)$

$= [p \cdot 0 + (1-p) \cdot 0] + [p(-8) + (1-p)(-8)] +$
$[p \cdot (-8) + (1-p)(-8)]$

$= -16$

	$t = 1$	$t = 2$	$t = 3$
非理性囚徒 1	D	C	C
理性囚徒 1	D	C	C
囚徒 2	C	C	C

要求 $u_a \geqslant u_b \leftrightarrow 17P - 19 \geqslant 8P - 17 \leftrightarrow P \geqslant 2/9$

要求 $u_a \geqslant u_c \leftrightarrow 17P - 19 \geqslant 8P - 18 \leftrightarrow P \geqslant 1/9$

要求 $u_a \geqslant u_d \leftrightarrow 17P - 19 \geqslant -16 \leftrightarrow P \geqslant 3/17$

因 $\dfrac{3}{17} < \dfrac{2}{9}$ ，故当 $P \geqslant 2/9$ 时，有 $u_a \geqslant \begin{cases} u_b \\ u_c \\ u_d \end{cases}$

故 a 为最优战略。

其次，再证明给定囚徒 2 的战略，理性囚徒 1 的战略为最优战略。

对于理性囚徒 1，当 $t = 1$ 时，他若选 "C"，则在 $t = 2$ 时，囚徒 2 知道了其理性人属性，通过贝叶斯法则修正先验概率，得后验概率 $\tilde{P} = 0$ 。

	$t = 1$	$t = 2$	$t = 3$
理性囚徒 1	D	C	C
囚徒 2	D	D	C

$t = 2$ 时囚徒 2 将选 "C" 而非 "D"。

理性囚徒 1 在 $t = 1$ 选 "C" 是非均衡路径上的。

均衡要求理性囚徒 1 在 $t = 1$ 选 "D"。

当 $t = 2$ 时，因 $t = 3$ 的博弈结果是确定的，故理性囚徒 1 选 "C" 是占优的，故选 "C"。

故理性囚徒 1 的战略也是最优的（给定囚徒 2 的战略及后验概率）。

事实上，当 $t = 1$ 理性囚徒 1 选 "C" 时，其支付为 $0 + (-8) + (-8) = -16$ ，而选 "D" 时的支付为 $(-1) + 0 + (-8) = -9 > -16$ ，故选 "D" 为最优。

$T = 3$ 时定理 1 成立。

归纳法假设:

设当 $T \geq 3$ 时定理 1 成立,下面证 $T = T + 1$ 时定理 1 也成立。

首先证明这样一个结论,即从 $t = T - 2$ 开始的博弈中,因徒 2 的最优战略仍是 (D, D, C)。显然,当非理性因徒 1 在 $t = T - 2$ 的选择为 D 时(对应于因徒 2 在 $t = T - 3$ 的选择为 D),这个博弈与前面讨论的 $T = 3$ 时的博弈相同,故已证 (D, D, C) 为因徒 2 的最优战略。

故下面只需证非理性因徒 1 在 $t = T - 2$ 的选择为 C(对应于因徒 2 在 $t = T - 3$ 的选择 C)时,(D, D, C) 仍为因徒 2 的最优战略。下面计算因徒 2 在各种可能战略选择下的支付(只是 $t = T - 3$ 后博弈的支付,不是整个博弈的支付)。

$$u(C,C,C) = [p(-8) + (1-p) \cdot 0] + [p \cdot (-8) + (1-p)(-8)] + [p(-8) + (1-p)(-8)]$$
$$= -8p - 16$$

	$t=1$	$t=2$	$t=3$
非理性因徒 1	C	C	C
理性因徒 1	D	C	C
因徒 2	C	C	C

$$u(C,D,C) = [p(-8) + (1-p) \cdot 0] + [p \cdot (-10) + (1-p)(-10)] + [p \cdot 0 + (1-p)(-8)]$$
$$= -18$$

	$t=1$	$t=2$	$t=3$
非理性因徒 1	C	C	C
理性因徒 1	D	C	C
因徒 2	C	D	C

$$u(D,C,C) = [p(-10) + (1-p)(-1)] + [p \cdot 0 + (1-p)(-8)] + [p \cdot (-8) + (1-p)(-8)]$$
$$= -p - 17$$

	$t=1$	$t=2$	$t=3$
非理性囚徒1	C	D	C
理性囚徒1	D	C	C
囚徒2	D	C	C

$$u(D,D,C) = [p(-10) + (1-p)(-1)] + [p \cdot (-1) + (1-p)$$
$$(-10)] + [p \cdot 0 + (1-p)(-8)]$$
$$= 8p - 19$$

	$t=1$	$t=2$	$t=3$
非理性囚徒1	C	D	D
理性囚徒1	D	C	C
囚徒2	D	D	C

因为有：$8P - 19 \geq -8P - 16 \leftrightarrow P \geq \dfrac{3}{16}$，因 $\dfrac{3}{17} < \dfrac{2}{9}$，所以由

$P \geq \dfrac{2}{9} > \dfrac{3}{16}$，故有

$u(D,D,C) > U(C,C,C)$

又 $8P - 19 \geq 18 \leftrightarrow P \geq \dfrac{1}{8}$，因 $\dfrac{1}{8} < \dfrac{2}{9} \leq P$，则有

$u(D,D,C) > u(C,D,C)$

又 $8P - 19 \geq -P - 17 \leftrightarrow P \geq \dfrac{2}{9}$，故 $u(D,D,C) > u(D,C,C)$，所以 (D,D,C) 为最优战略。这说明，给定理性囚徒的上述战略，囚徒 2 的最优战略在 $t = T - 2$ 后必为 (D,D,C)。

进一步，上面还证明了这样一个结论，即当 $T = 3$ 时，给定理性囚徒 1 的战略为 (D,C,C)，无论 $t = T - 2(=1)$ 时非理性囚徒 1 的选择是 C 或是 D，囚徒 2 的最优战略必为 (D,D,C)。

下面证明这一结论可推广到 $T \geq 3$，用数学归纳法，已证 $T = 3$ 时成立，设 T 时成立，则在 $T = T + 1$ 时。

	$t=1$	$t=2$	$t=3$	……	$t=T-2$	$t=T-1$	$t=T$
非理性囚徒 1	C	1. C	D	…	D	D	D
		2. D	D	…	D	D	D
理性囚徒 1	D	D	D	…	D	C	C
囚徒 2	1. C	1. D	D	…	D	D	C
	2. D	2. D	D	…	D	D	C

108

	$t=1$	$t=2$	$t=3$	……	$t=T-2$	$t=T-1$	$t=T$
非理性囚徒 1	D	1. C	D	…	D	D	D
		2. D	D	…	D	D	D
理性囚徒 1	D	D	D	…	D	C	C
囚徒 2	1. C	1. D	D	…	D	D	C
	2. D	2. D	D	…	D	D	C

若 $t=1$ 时非理性囚徒 1 的选择为 C，此时对应于囚徒 2 的两种可能选择 C、D，我们分别用 1 和 2 标明。

由归纳法假设，当 $t \geqslant 2$ 后，囚徒 2 的任何战略选择都没有选 $(D, D, \cdots, D, C)$ 带来的支付大。

而对应于 1 和 2，囚徒 2 和非理性囚徒 1 在 $t \geqslant 3$ 后的选择都是一样的。故只需比较 $t=1,2$ 时囚徒 2 的不同选择的支付差别就可判别孰优孰劣。

当 1 时，囚徒 2 在 $t=1,2$ 的阶段支付和为

$$[p(-8)+(1-p)\cdot 0]+[p\cdot(-10)+(1-p)(-1)] = -17p-1$$

当 2 时，囚徒 2 在 $t=1,2$ 的阶段支付和为

$$[p(-10)+(1-p)(-1)]+[p\cdot(-10)+(1-p)(-1)] = 11p-2$$

欲使 $11p-2 \geqslant -17p-1 \leftrightarrow p \geqslant \dfrac{1}{28}$，因 $p \geqslant \dfrac{2}{9} > \dfrac{1}{28}$，故 2 是囚徒 2 的最优选择。

同样，当非理性囚徒 1 在 $t=1$ 选 D 时，对应于囚徒 2 在 $t=1$ 的两种选择，他选 D 时在 $t=1,2$ 的阶段支付和为 -2，而选 C 时在 $t=1,2$ 的阶段支付和为 $-9p-1$。

欲使 $-2 > -9p-1 \leftrightarrow p > \dfrac{1}{9}$，因 $p \geqslant \dfrac{2}{9} > \dfrac{1}{9}$，故选 D 是最优的。

所以，无论非理性囚徒 1 在 $t = 1$ 选什么，囚徒 2 选 $(D, D, \cdots, D, C)$ 是囚徒 2 的最优战略。

由归纳法假设知对任意 $T \geqslant 3$，无论非理性囚徒 1 在 $t = 1$ 选什么，$(D, D, \cdots, D, C)$ 总是囚徒 2 的最优战略。

下面，我们来完成前一个数学归纳法的证明。给定非理性人 1 在 $t = 1$ 选 D，囚徒 2 选 $(D, D, \cdots, D, C)$ 显然是最优战略，因为已证此时非理性人 1 在 $t = 1$ 选 D 和 C 时，囚徒 2 选 $(D, D, \cdots, D, C)$ 都是最优战略，当然在非理性人在 $t = 1$ 选 D 时仍为最优。

最后，我们来证明给定囚徒 2 的战略，理性囚徒 1 的战略为最优战略。

显然，给定囚徒 2 的战略，理性囚徒 1 若在 $t = 1$ 选 C，则支付为 $0 + T(-8) = -8T$，若选 D，在 $t = 1$ 阶段支付为 (-1)，在 $t \geqslant 2$ 后，已证 $T = 3$ 时 $(D, D, \cdots, D, C, C)$ 为最优，故建立归纳法假设 $t \geqslant 2$ 后的最优选择为 $(D, D, \cdots, D, C, C)$，则此时支付为 $(-1) + (T-2)(-1) + 0 + (-8) = -T - 7$

进一步 $-T - 7 \geqslant -8T \leftrightarrow T \geqslant 1$（显然成立），故定理成立。定理证毕！

由定理 3.1 看出，只要 $T > 3$（$p \geqslant \dfrac{2}{9}$ 时），非合作阶段的总数量总等于 2，与 T 无关。

另外，$p \geqslant \dfrac{2}{9}$ 既是有限次"囚徒困境"不完全信息重复博弈存在合作精炼贝叶斯均衡的充分条件（上已证明），也是必要条件（不难证明）。

非理性囚徒 1				C (D)	C (D)
理性囚徒 1	D	$\cdots$	D (C)	C	C
囚徒 2			C (D)	C (D)	C

事实上，$p < \dfrac{2}{9}$，在 $t = T - 1$，无论非理性囚徒 1 选什么（即无论囚徒 2 在 $t = T - 2$ 选什么），囚徒 2 在 $t = T - 1$ 的最优选择总是 C。

因为，当非理性囚徒 1 在 $t = T - 1$ 选 C 时，囚徒 2 在 $t = T - 1$ 选 C 时所带来的 $t = T - 1$ 及之后阶段的支付和为 $(-8) + (-8) = -16$

此时囚徒 2 在 $t = T - 1$ 选 D 时所带来的 $t = T - 1$ 及之后阶段的支付

和为：

$$[p(-10) + (1-p)(-10)] + [p \cdot 0 + (1-p)(-8)] = 8p - 18$$

欲使 $-16 > 8P - 18 \leftrightarrow P < \dfrac{2}{8}$，因 $P < \dfrac{2}{9} < \dfrac{2}{8}$，故此时囚徒 2 在 $t = T - 1$ 选 C 为最优。

当非理性囚徒 1 在 $t = T - 1$ 选 D 时，囚徒 2 在 $t = T - 1$ 选 C 时带来的 $t = T - 1$ 及之后的阶段支付和为：

$$[P \cdot 0 + (1-P)(-8)] + (-8) = 8P - 16$$

此时囚徒 2 在 $t = T - 1$ 选 D 时带来的 $t = T - 1$ 及之后的阶段支付和为：

$$[P(-1) + (1-P)(-10)] + [P \cdot 0 + (1-P)(-8)] = 17P - 8$$

欲使 $8P - 16 > 17P - 18 \leftrightarrow P < \dfrac{2}{9}$，当然成立。

无论非理性囚徒 1 在 $t = T - 1$ 选什么（即无论囚徒 2 在 $t = T - 2$ 选什么），囚徒 2 在 $t = T - 1$ 选 C 为最优。

既然囚徒 2 在 $t = T - 1$ 总会选 C，理性囚徒 1 就没有必要在 $t = T - 2$ 选 D 了，故他会选 C。

从 $t = T - 2$ 开始的博弈等价于从 $t = T - 1$ 开始的阶段博弈的二阶段重复博弈。

囚徒 2 在 $t = T - 2$ 总会选 C。

类似反推直至 $t = 1$，囚徒 2 总选 C。

囚徒 1（无论是否理性）在各阶段也总选 C。

唯一的子博弈精炼贝叶斯均衡是两个囚徒［除了非理性囚徒 1 在第一阶段选 D（实际不出现，因囚徒 1 实际上是理性的）］在各阶段都选 C 的不合作均衡。

在上面，我们只是假定其中一个囚徒的类型是私人信息，此时当 P 充分大之后才存在合作解。但是，下面将看到，当假定两个囚徒的类型都是私人信息时，只要 $P > 0$ 就可保证合作均衡的存在（只要重复博弈的次数足够多）。

二　KMRW 定理

下面对此进行一个大致的说明：

这里假定非理性囚徒 1 的战略是"冷酷战略"，即开始选 D（合作），

直到对方在 t 阶段选 C（不合作），然后从 $t+1$ 开始选 C 直到 T（"针锋相对"战略代表的是"你不仁我不义"，"投之以桃，报之以李"，而冷酷战略代表的是决不原谅对方的任何背信弃义行为，这里用"冷酷战略"取代"针锋相对"战略来描绘非理性囚徒 1 的战略，只是为了简化分析，与结论无关）。

我们来看理性囚徒 1，他在开始阶段有两个可能的选择，即选 C 或 D。先看他选 C 的情形，此时因暴露了类型（因非理性囚徒 1 开始是选 D），理性囚徒 2 将在 $t=2$ 及之后各阶段都选 C，而根据冷酷战略，非理性囚徒 2 也在 $t=2$ 及之后各阶段都选 C。

给定这种情形，理性囚徒 1 在 $t=2$ 及之后各阶段的最优选择也是选 C。

显然，这是 $t=2$ 及之后各阶段博弈的唯一均衡，故此时理性囚徒 1 的最大期望支付为：

$$u_1(C) = 0\,（当囚徒 2 选 D）+ (-8)(T-1) = -8(T-1)$$

再看理性囚徒 1 开始选 D 的情形：在他开始选 D 的情形，可以有多种可选择的战略，我们为了证明他不会在开始选 C，只需找出一个开始选 D 的战略，其支付大于他开始选 C 所带来的最大支付即可。

我们只需看看这样一个战略：

开始选 D 直到 T，除非囚徒 2 在某 t 阶段选 C，此时，在 $t+1$ 开始选 C 直到 T（即冷酷战略）（这个战略实际上并非囚徒 1 的最优战略，但我们将证明，只要 T 充分大，即使是该非最优战略也要优于开始就选 C 的战略）。

当囚徒 2 是非理性的时候，囚徒 1 从该战略中获得支付 $(-1)T$；当囚徒 2 是理性的时候，囚徒 1 从该战略中获得的最小支付为当囚徒 2 在 $t=1$ 选 C，随后两人都选 C 的支付，即 $(-10)+(-8)(T-1) = -8T-2$

理性囚徒 1 从该战略得到的最小期望支付为：

$$P(-T) + (1-P)(-8T-2)$$

当 $P(-T) + (1-P)(-8T-2) > -8(T-1) \leftrightarrow T > (3-2P)/7P$ 该冷酷战略优于开始就选 C 的战略。

因 $T^* = (3-2P)/7P = \dfrac{3}{7P} - \dfrac{2}{7}$ 是 P 的减函数，故 P 愈大，T^* 就愈小，合作均衡就愈可能出现（因这里的博弈是对称的，两个囚徒在开始都不会选 C，同样的分析适用于 $t = 2$, $t = 3$, …, $t = T^* - 1$, 即他们都不会在这些阶段中选 C 而是选 D，即相互合作)。

显然，只要 $P > 0$，无论 P 多么小，合作行为在 $T > T^*$ 的博弈中总会出现，只不过 P 很小时，合作行为出现对 T 的要求很大，当 $P \to 0$ 时，$T^* \to \infty$。

一般地，我们有下述定理：

定理 3.2 （KMRW 定理）在 T 阶段重复囚徒困境博弈中，如果每个囚徒都有 $P > 0$ 的概率是非理性的（即对方认为其只选择"针锋相对"或"冷酷战略"），如果 T 足够大，那么存在一个 $T_0 < T$，使得下列战略组合构成一个精炼贝叶斯均衡：所有理性囚徒在 $t \leq T_0$ 的各阶段选 D（合作），在 $t > T_0$ 各阶段选 C（不合作）；并且非合作阶段的数量 $(T - T_0)$ 只与 P 有关而与 T 无关。

该定理这里不给出证明，证明请参见 Kreps、Milgrom、Roberts 及 Wilson（1982）的相关研究。

KMRW 定理给出了对声誉的解释。声誉的作用是诱使对方今后与之合作，但当 $t \geq T_0$ 后，声誉的使用用尽，没有必要付出短期利益去维护声誉，图穷匕首见，出现不合作行为。

建立和维护声誉是有成本的，并且只有充分关注长期利益者才会去建立和维护声誉。

因为名牌产品对企业来说是一种声誉，因建立和维护声誉需要付出成本，故名牌产品的价格一般要比非名牌产品的价格高一些（即使质量是一样的）。

KMRW 定理为现实中诸多合作现象提供了一个强有力的解释。如寡头市场上的合谋行为（在完全信息下是不可能出现的）、第二章中的"连锁店悖论"等。另外，有意思的是 KMRW 定理为我们中国人推崇的"大智若愚"行为提供了合理解释。"智"者，理性人也，为了诱使对方合作，智者可以表现得像个愚者（非理性）那样。

注意，$P = 0$ 时只有不合作解，$P > 0$ 就在 T 充分大时有了合作解，这是信息经济学中参数在临界点处变化带来行为不连续性诸多例子中的一个。

第四节 应用举例:"质量联盟"与集体声誉

本部分的应用举例可见(廉永辉、张琳,2014)。为了维护集体声誉并享受集体声誉带来的"溢价",产品相似或地区相近的优质企业往往选择组成质量联盟,例如甘肃乳品诚信联盟、广西红木企业联盟、哈尔滨食品安全餐饮企业联盟等。现实中质量联盟主要有三方面的作用:通过提供优质产品和品牌建设提升联盟的知名度和美誉度;通过联合制裁机制惩戒联盟内企业的"搭便车"行为;通过设立进入筛选机制甄别申请加盟者类型,吸收高质厂商的同时阻止低质厂商混入联盟。那么质量联盟能否维护集体声誉呢?

目前质量联盟常用的筛选手段包括会员费和成员标准。例如,中国食品质量安全联盟的成员每年需缴纳 30 万—90 万元不等的会员费,"淘宝商盟"要求会员的好评率不得低于某一水平。缴纳会员费能帮助企业享受集体声誉带来的利益,但也会增加企业经营成本。所以联盟通过制定合适的会员费标准可将一些企业尤其是生产假冒伪劣产品的企业(简称"低质企业"或"低质厂商")筛选出来,其原因在于:加入联盟的低质厂商或早或晚会被监管部门、媒体或消费者发现并曝光,一旦被曝光,该厂商就不能再搭集体声誉的"便车",从声誉投资中获得好处可能还不足以弥补其支出的会员费,这种得不偿失的可能阻止了低质厂商加入质量联盟。然而,造假技术不断"革新"对上述筛选机制的效果提出了挑战。假定原有的会员费标准能将低质厂商阻挡在联盟之外,而现在造假技术"进步"降低了低质厂商的生产成本,在原会员费要求下,混入质量联盟为低质产品披上高质外衣对这类低质厂商而言就变得有利可图。因此,为维持筛选机制的有效性,联盟需要"具体情况具体分析",动态地上调会员费标准。尽管这样做可避免联盟成员因集体声誉受损蒙受损失,但同时也增加了联盟内每个厂商的成本。因此,质量联盟会通过权衡提高会员费的收益和成本来作出决策。

一 基本模型

1. 厂商与联盟的基本描述。厂商分为高质量和低质量两种类型,高质量（低质量）厂商以成本 $c_h(c_l)$ 生产高（低）质量产品，产品质量水平分别为 h 和 l，那么有 $h > l, c_h > c_l > 0$。厂商类型固定，即高质量厂商不会去试图生产低质量产品，而低质量厂商没有能力生产高质量产品。$t = 0$ 时刻市场上已存在一个由 m 个高质量厂商组建的"质量联盟"，联盟内厂商每期需支出会员费 a^*，会员费标准由联盟成员共同决定。除进行声誉管理外，联盟还根据消费者特征制定产品价格，具体见对消费者的描述。

此处不考虑单个厂商独自进行声誉投资的情形，因而假定消费者认为联盟外厂商生产的产品均为低质量产品。对联盟外低质量厂商而言，如不加入联盟，则其经济利润为 0（原因见对消费者的描述）；反之，如果付出一定成本加入联盟，获得高质量声誉使低质量产品以高价出售，低质量厂商的经济利润就有可能大于 0。因 $c_h > c_l$，若高质量厂商不加入联盟则其经济利润为负只能亏损或停业，因此必定会选择加入联盟获取与自身质量水平相当的声誉溢价。假设 $t = 0$ 时刻，a^* 能够阻止低质量厂商进入联盟，但此后新的造假技术可使低质量厂商能以更低成本 c_l' 生产假冒伪劣产品，支付 a^* 的会员费混入联盟变得有利可图。由于联盟外低质量厂商和高质量厂商均存在加入联盟的动机，因此联盟无法准确知晓申请加盟者的具体类型。考虑联盟面对一个申请者的情形，且申请者为高质厂商的概率为 α，低质厂商的概率为 $1 - \alpha$。

2. 消费者的基本描述。假定市场上存在两类消费者，一类对产品质量较为看重（高端消费者）；另一类对产品质量相对不太在乎（低端消费者）。两类消费者在市场中均匀分布，任一单位消费者中高端消费者占比均为 x，$x \in (0,1)$。$t = 0$ 时刻消费者总数为 N，不考虑新的消费者进入市场。

将消费者效用函数（支付意愿）形式设为 $U = \theta s - v$，其中 s 为消费者对产品质量的判断，θ 和 v 是反映消费者类型的参数，$\theta > 0, v > 0$。设高端消费者为 $\theta = \theta_h, v = v_h$；低端消费者为 $\theta = \theta_l, v = v_l$，且 $\theta_h > \theta_l$，$\theta_l v_h > \theta_h v_l$，详见图 3-2。图 3-2 显示，对于高质量产品（质量水平为 h），两类消费者对其支付意愿均大于 c_h；但对于低质产品（质量水平为 l），高端消费者根本不会购买，而低端消费者对其支付意愿刚好弥补其生产成本 c_l，这意味着（联盟外的）低质厂商经济利润为 0。

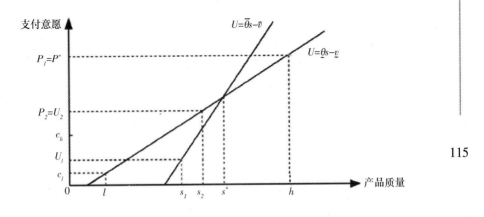

图 3 - 2 两类消费者的支付意愿

$t = 0$ 时刻，消费者认为联盟内厂商生产的是高质量产品，每个消费者随机选择联盟内厂商产品且最大购买量为 1。那么联盟面对的需求曲线为：

$$Q = \begin{cases} 0, p_1 > \theta_h h - v_h \\ xN, \theta_l h - v_l < p_1 \leqslant \theta_h h - v_h \\ N, c_h \leqslant p_1 \leqslant \theta_l h - v_l \end{cases} \qquad (3.6)$$

其中 p_1 为 $t = 0$ 时联盟统一设定的产品价格，Q 为市场需求。考虑联盟将市场定位于全部消费者的情况，此时两类消费者均会购买联盟产品。在联盟定位于全部消费者的前提下，联盟面临的需求量 $Q = N$，此时总收益（$p_1 Q$）为价格的增函数，故联盟有动力采取尽量高的要价，因此联盟最初的定价为 $p_1 = \theta h - v$。消费者不知晓低质量厂商造假成本降低的信息，故收到关于产品质量的新信息之前对联盟内厂商产品质量的判断始终是高质量，收到新信息后则会调整其对联盟成员产品质量的看法：如果收到关于联盟内存在低质量厂商的信息，除了不再购买被曝光的低质量厂商的产品，对联盟内其他成员的信任度也会降低。具体而言，信息曝光后，两类消费者可根据信息灵通与否进一步分为知情高端消费者、不知情高端消费者、知情低端消费者和不知情低端消费者四类。所有不知情的消费者对联盟产品质量的看法不变（仍为 h），并将继续以价格 p_1 购买联盟内厂商（包括被曝光厂商）的产品。知情的消费者则不会再购买被曝光厂商的产品。我们进一步假设，知情高端消费者会离开整个市场。这是因为了解到联盟并不能确保质量为优质后，他

们会把产品质量为 l 的概率由 0 上调为 μ ，此时他们认为产品的平均质量水平为 $s_1 = (1 - \mu)h + \mu l$ 。在这一观念下，他们对产品的支付意愿 $U_1 = \theta_h s_1 - v_h < c_h$ 。与知情高端消费者的强烈反映不同，知情的低端消费者将联盟其他成员产品质量为 l 的概率由 0 上调为 $\lambda(\lambda < \mu)$ ，他们认为市场平均质量为 $s_2 = (1 - \lambda)h + \lambda l$ ，并愿意支付 $U_2 = \theta_l s_2 - v_l \geq c_h$ 购买产品。因此，只要联盟内其他厂商定价得当，还可以继续向知情的低端消费者出售产品。此处假定，知情低端消费者继续购买产品时会以上述曝光信息为由向厂商要求折价，厂商对他们收取的价格为 $p_2 = \theta_l[(1 - \lambda)h + \lambda l] - v_l$ ，这种定价策略恰好使低端消费者的消费者剩余为 0 。

3. 信息披露和传播。为明确分析信息披露时间和信息传播速度对模型均衡结果的影响，我们没有采取通常采用的两期模型，而是将模型设为 T 期（ $T > 2$ ）。如果联盟内混入低质量厂商，本书假定该厂商一定会在 T 期内某期被发现和曝光，记低质量厂商在第 i 期期末被曝光的概率为 r_i（ $i = 1, 2, \cdots, T$ ），则有 $\sum_{i=1}^{T} r_i = 1$ 。为刻画信息传播速度随时间增加而减小的性质，将信息传播形式设为 $e^{-\delta(t-i)}$（ $\delta > 0, t \geq i + 1$ ），即从第 $i + 1$ 期开始，每期期初处于"无知"状态的消费者中会有 $e^{-\delta(t-i)}$ 比例的人通过媒体、监管部门或其他消费者那里得知上述曝光信息。决定信息传播速度的参数为 δ ， δ 越小，信息传播速度越快。信息传播渠道和信息总量都能影响 δ 的大小。首先，信息传播渠道狭窄、传播方式不符合大众接收习惯等因素会导致信息流动性较弱（ δ 较大），甚至出现"信息独白"现象。其次，信息技术的进步使得消费者面对着海量信息，但对单个信息的关注程度下降，从而造成了"信息过载"问题。这一方面导致 δ 较大，即消费者接收到低质量厂商曝光信息的可能性下降；另一方面还会促使低质量成员的曝光信息很快会被其他新的信息覆盖掉，所以随着时间推移，信息传播速度会减慢。在上述信息传播形式下，低质量成员被曝光后，留在市场上的消费者总数（包括不知情消费者和知情的低端消费者）的数量变化情况见表 3 - 2（ $i + 1 \leq j \leq T$ ）。

表 3 - 2 　　　　　　　　　　**市场上消费总量和构成**

时期	市场上消费者总数	不知情消费者	知情低端消费者
$t = i + 1$	$N - x[N - N(1 - e^{-\delta})]$	$N(1 - e^{-\delta})$	$(1 - x)[N - N(1 - e^{-\delta})]$
$t = i + 2$	$N - x[N - N(1 - e^{-\delta})(1 - e^{-2\delta})]$	$N(1 - e^{-\delta})(1 - e^{-2\delta})$	$(1 - x)[N - N(1 - e^{-\delta})(1 - e^{-2\delta})]$
$t = j$	$N - x[N - N\prod_{t=i+1}^{j}(1 - e^{-\delta(t-i)})]$	$N\prod_{t=i+1}^{j}(1 - e^{-\delta(t-i)})$	$(1 - x)[N - N\prod_{t=i+1}^{j}(1 - e^{-\delta(t-i)})]$

二　模型构建

1. 博弈顺序。假定上述各个参数是联盟和申请加盟者的共同知识。模型的博弈顺序是：联盟根据收益成本分析选择维持原会员费标准 a^* 或者将会员费提升到恰好能阻止低质厂商进入的 a'，然后申请加盟者选择是否进入（见图 3 - 3）。需要指出的是，联盟既不会将会员费标准设为 (a^*, a') 之间的数值，因为那样既起不到信号甄别的作用，又白白增加了联盟内厂商的成本；也不会将上述成本进一步提高至 a' 之上，因为只要能阻止低质量厂商进入，联盟就没有必要制定更高的会员费标准。

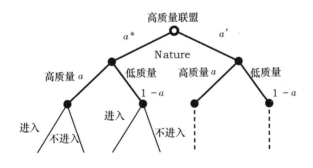

图 3 - 3　模型的博弈顺序

2. 模型构建。若申请加入联盟者为高质量厂商，由前面的分析可知无论联盟是否提高会员费标准，该厂商均选择进入联盟。进入后联盟内各厂商的市场份额为 $\dfrac{N}{m+1}$，简单起见，假设贴现因子为 1，各厂商的利润为：

$$\pi_1^h(h) = \left[\frac{(p_1 - c_h)N}{m+1} - a\right]T \qquad (3.7)$$

其中符号 $\pi_1^h(h)$ 表示厂商类型为高质量厂商（用上标 h 表示），在潜在加入联盟的厂商为高质量时（用括号内变量 h 表示）的利润，下标 1 表示加入联盟成功，下标为 0 时表示加入联盟失败。字母 a 表示联盟制定的会员标准，$a = a^*$ 或 $a = a'$。若申请加盟者为低质量厂商且未能进入联盟，则联盟内各高质量厂商的利润为：

$$\pi_0^h(l) = \left[\frac{(p_1 - c_h)N}{m} - a\right]T \qquad (3.8)$$

若申请加盟者为低质量厂商且成功混入联盟，则联盟内其他高质量厂商的利润会因为该低质量厂商被曝光时间的不确定而面临不确定性。假设低质量厂商在第 i 期末被曝光，第 i 期之前（包括第 i 期）高质量厂商每期利润均为：$\frac{(p_1 - c_h)N}{m+1}$，总利润为 $\frac{(p_1 - c_h)Ni}{m+1}$。由表 3 - 2 知，第 j 期（$j = i+1, i+2, \cdots$）不知情消费者带给高质量厂商的利润为：

$$\frac{(p_1 - c_h)N}{m+1}\prod_{t=i+1}^{j}(1 - e^{-\delta(t-i)})$$

故曝光后高质量厂商由不知情消费者获得的总利润为：

$$\sum_{j=i+1}^{T}\frac{(p_1 - c_h)N}{m+1}\prod_{t=i+1}^{j}(1 - e^{-\delta(t-i)})$$

考虑到厂商对知情消费者的定价为 p_2，知情的低端消费者每期带给各高质量厂商的利润为：

$$\frac{p_2 - c_h}{m}(1 - x)\left[N - N\prod_{t=i+1}^{j}(1 - e^{-\delta(t-i)})\right]$$

总利润为：

$$\sum_{j=i+1}^{T}\frac{p_2 - c_h}{m}(1 - x)\left[N - N\prod_{t=i+1}^{j}(1 - e^{-\delta(t-i)})\right]$$

低质量厂商恰好在第 i 期曝光的概率为 r_i，所以此时预期高质量厂商的利润为：

$$E(\pi_1^h(l)) = \sum_{i=1}^{T} r_i \Big\{\frac{(p_1 - c_h)N}{m+1}\Big[i + \sum_{j=i+1}^{T}\prod_{t=i+1}^{j}(1 - e^{-\delta(t-i)})\Big] +$$

$$(p_2 - c_h)\sum_{j=i+1}^{T}\Big[1 - \prod_{t=i+1}^{j}(1 - e^{-\delta(t-i)})\Big]\frac{(1-x)N}{m}\Big\} - aT \qquad (3.9)$$

同理，可以计算出低质量厂商混入联盟后的期望利润为：

$$E(\pi_1^l(l)) = (p_1 - c_l^\#)\left\{ \sum_{i=1}^{T} r_i\left[i + \sum_{j=i+1}^{T} \prod_{t=i+1}^{j} (1 - e^{-\delta(t-i)})\right] \cdot \frac{N}{m+1}\right\} - aT$$

$$(3.10)$$

其中 c_l^* 为低质量厂商的成本，那么有 $c_l^* = c_l$ 或者 $c_l^* = c_l'$。

3. 均衡条件。最初的会员费标准 a^* 恰好使得低质量厂商进入后无利   119
可图，即：$E\pi_1^l(l)(a^*, c_l) = 0$；但由于造假技术的创新，低质量厂商可
通过造价技术降低生产成本，由 c_l 进一步降至 c_l'，使得低质量厂商加入
联盟有利可图，即 $E\pi_1^l(l)(a^*, c_l') > 0$。但联盟如果维持原会员会费标准
a^* 的情况下所得到的期望利润为：

$$E\pi^* = \alpha\pi_1^h(h)(a^*, c_l') + (1-\alpha)E\pi_1^h(l)(a^*, c_l') \tag{3.11}$$

将 a^* 提高至 a' 后联盟内原各高质量厂商的期望利润为：

$$E\pi' = \alpha\pi_1^h(h)(a', c_l') + (1-\alpha)E\pi_1^h(l)(a', c_l') \tag{3.12}$$

则联盟要想阻止低质量厂商进入需要制定合适的 a'，且满足下列两
个条件：

条件一：保证新的会员费标准 a' 可以有效地大小低质量厂商进入联
盟的念头：

$$E\pi_1^l(l)(a^*, c_l) = 0 \tag{3.13}$$

条件二：保证联盟有动力提高会员标准：

$$E\pi' > E\pi^* \tag{3.14}$$

当 (3.13)、(3.14) 式均成立时，联盟取 $a = a'$，申请加盟者若为
高质量厂商会加入联盟，若为低质量厂商则不会，博弈结果为分离均衡；
而两个条件中任一条件不成立时，联盟取 $a = a^*$，申请加盟者不论为何
种类型都会选择进入，博弈结果为混同均衡。

首先分析条件 1，记

$$B = \sum_{i=1}^{T} r_i\left[i + \sum_{j=i+1}^{T} \prod_{t=i+1}^{j} (1 - e^{-\delta(t-i)})\right]$$

$$K = \sum_{i=1}^{T} \sum_{j=i+1}^{T} r_i\left[1 - \prod_{t=i+1}^{j} (1 - e^{-\delta(t-i)})\right]$$

由式 (3.13) 与式 (3.10)，可得：

$$a' = \frac{p_1 - c_l'}{T} \cdot \frac{N}{m+1} B \tag{3.15}$$

这就是在低质量厂商生产成本将为 c_l' 之后，恰好能阻止其进入联盟所要求的最低的会员费标准。

下面分析条件 2，记 $\Phi = E\pi' - E\pi^*$，从而条件 2 转化为 $\Phi > 0$。综合式 (3.7)、(3.8)、(3.12) 与 (3.13) 式得：

$$E\pi' = \alpha T\Big((p_1 - c_h) \cdot \frac{N}{m+1} - a'\Big) + (1-\alpha)T\Big((p_1 - c_h) \cdot \frac{N}{m} - a'\Big)$$

$$(3.16)$$

$$E\pi^* = \alpha T\Big((p_1 - c_l) \cdot \frac{N}{m+1} - a^*\Big) +$$

$$(1-\alpha)\Big[(p_1 - c_h) \cdot \frac{N}{m+1}B + (p_2 - c_h)(1-x) \cdot \frac{N}{m}K - a^* T\Big]$$

$$(3.17)$$

再结合 (3.15) 式得到条件 2 的阈值表达式为：

$$\Phi = (1-\alpha)\Big[(p_1 - c_h) \cdot \frac{NT}{m} - (p_1 - c_h) \cdot \frac{N}{m+1}B - (p_2 - c_h)(1-x) \cdot \frac{N}{m}K\Big] -$$

$$(p_1 - c_l') \cdot \frac{N}{m+1}B + a^* T > 0$$

$$(3.18)$$

如果式 (3.18) 成立，则联盟确实会选择新的会员费标准以阻止低质量厂商进入。

三 模型分析

根据前面对消费者特征、信息披露和传播、产品性质和质量规制制度的特征，分析质量联盟筛选机制的有效性和集体声誉的影响。

1. 消费者特征的影响

命题 1 消费者中高端消费者占比 x 越高，质量联盟越倾向于提高会员费标准，高质量企业集体声誉越可能得到维护。

证明：由 (3.18) 式对 x 求偏导，可得，

$$\frac{\partial \Phi}{\partial x} = (1-\alpha)(p_2 - c_h) \cdot \frac{N}{m}K > 0$$

因此随着 x 的增加，$\Phi > 0$ 越可能成立。其含义是，随着消费者质量素质的提升，消费者群体中高端消费者所占比例较高，那么一旦联盟中混入低质量厂商且这一信息被曝光，消费者流失将越严重，高质量厂商蒙受的损失越大，因此联盟更倾向于阻止低质量厂商进入。

命题 2 低质量厂商被曝光后，知情消费者对产品质量的信任程度降

低越严重，质量联盟越倾向于提高会员费标准，高质企业集体声誉越可能得到维护。

证明：低质量厂商被曝光后，在知情者中高端消费者会将其他联盟成员认作为低质量厂商的概率上调为 μ，并离开市场；低端消费者则将其他联盟成员认作为低质量厂商的概率上调为 λ，且愿意接受的最高价格 $p_2 = \theta[(1-\lambda)h + \lambda l] - v$。$\lambda$ 越大说明消费者对联盟的信任度越低，因此能够接受的价格 p_2 越低。由（3.18）式得：

$$\frac{\partial \Phi}{\partial p_2} = -(1-\alpha)(1-x) \cdot \frac{N}{m}K < 0$$

可见 λ 越大，$\Phi > 0$ 越容易成立。现实中的含义是，质量联盟承诺其成员提供优质产品，当联盟失信后，消费者对其信任度下降越严重，联盟损失越大，因而联盟

更有动力维护集体声誉。相反，如果消费"信念更新较为麻木"，即得知好的结果和得知不好的结果对消费者观念更新差异不大时，即使声誉下降厂商也不会受到社会惩罚，联盟就没有动力积极维护集体声誉。

2. 信息披露和传播的影响

命题3　混入联盟的低质量厂商可能被曝光的时间越早，质量联盟阻止低质量厂商进入的成本越低（a' 越小），联盟越倾向于提高会员费标准，高质企业集体声誉越可能得到维护。

证明：低质量企业可能被曝光的时间越早，即被曝光概率分布呈现"较小的 i 对应较大的 r_i"。容易证明，在这种情况下的取值小于其他概率分布下的取值。而由（3.15）式可知 a' 是 B 的增函数，因此 a' 在这种情况下取值较小。现实中的意义，低质量成员曝光越早市场份额缩减越快，故而若早期曝光概率高，低质量成员总市场销量和加入联盟后的收益较小，因此联盟要将低质企业拒之门外只需提高较小幅度的会员费标准。

$$B = \sum_{i=1}^{T} r_i \left[i + \sum_{j=i+1}^{T} \prod_{t=i+1}^{j} (1 - e^{-\delta(t-i)}) \right]$$

另外，如果联盟未能阻止低质量厂商进入，较早的曝光时间意味着联盟较早地面对消费者群体数量的萎缩和较低的平均价格，即 T 和 B 越小，因此联盟遭受的损失较大，从而提高会员费标准的收益更大。此外，从（3.18）式可得，T 和 B 越小，$\Phi > 0$ 越易成立。图 3-4 直观描绘了曝光时

间对联盟内高质厂商收益的影响，可见曝光时间越早（情况1），厂商的收益（相比情况2）越低，因此厂商更有动力阻止低质量厂商进入。

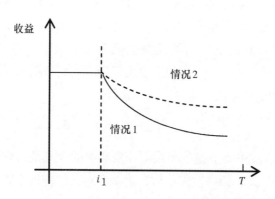

图3-4　曝光时间对厂商收益的影响

命题4　低质量厂商滥竽充数的信息被曝光后传播速度越快，质量联盟阻止低质量厂商进入的成本越低，联盟越倾向于提高会员费标准，集体声誉越可能得到维护。

证明：　δ 为决定信息传播速度大小的参数，δ 越小，$e^{-\delta(t-i)}$ 越大，即曝光后每期获知信息的消费者越多。

一方面，由（3.15）式得 $\frac{\partial a'}{\partial \delta} > 0$，因此 δ 越小 a' 越小。现实意义为，较快的信息传播速度使得低质量厂商进入后预期收益降低，这意味着联盟阻止低质量厂商进入的成本较低。

另一方面，较快的信息传播速度导致低质量厂商被曝光后联盟内高质量厂商面临的消费群体数量和结构都发生了不利的变化（与代表信息传播速度较慢的情况2相比）：其一，留在市场中的消费者群体总量萎缩速度更快；其二，不知情的消费者占比更小，这意味着每期愿意出价 p_1 的消费者占比小而更多是按平均质量水平出价 p_2 的消费者，因此优质厂商每期收益下降更快，从而获得的总收益更少，即 T 和 B 更小（图3-5的情况1），这意味着联盟阻止低质量厂商进入的收益更大。从（3.18）式可得，T 和 B 越小，$\Phi > 0$ 越易成立，即信息传播速度越快，联盟越有动力阻止低质量厂商进入。

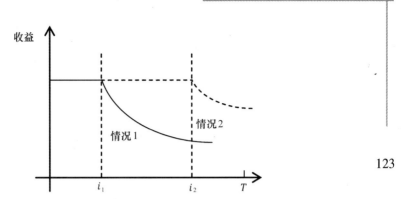

图 3 - 5　信息传播速度对厂商收益的影响

123

3. 产品性质的影响

产品性质中信任品属性越强（搜寻性质和经验性质越弱），厂商滥竽充数行为越难以察觉，即厂商在早期被曝光的概率越小。结合命题 3 可得如下命题。

命题 5　产品的信任性越强，质量联盟阻止低质量厂商进入的成本越高，高质量企业集体声誉失守的可能性越大。

监管机构对企业生产过程和产品质量进行监督检测，但受制于行政资源有限，如检测技术落后、监管人员专业知识不足，检测偏差不可避免，且产品信任性越强，监管难度越大。对于缺乏行政资源和专业知识的消费者、媒体等社会监督力量，鉴别披露以次充好的低质信任品更有难度。此类产品多在对消费者的健康安全造成显性损害后才被发现，因而在信任品市场上，低质量企业加入联盟进行声誉投资可在较长一段时间内享受高质声誉带来的好处。

4. 质量规制制度的影响

由（3.18）式可知，

$$\frac{\partial \Phi}{\partial \alpha} = -\left[(p_1 - c_h) \cdot \frac{NT}{m} - (p_1 - c_h) \cdot \frac{N}{m+1} B - (p_2 - c_h)(1-x) \cdot \frac{N}{m} K \right] < 0$$

申请者为高质量企业的概率越大，联盟越不倾向于提高会员费标准。此时联盟声誉因混入低质企业而受损的可能性很小，提高会员费标准的收益较成本增加额要小。若将申请者扩展为多个，α 则代表"货真价实"企业占比，进而可以衡量一个社会商业环境的诚信度：α 越大，滥竽充数的企业越少说明商业环境的诚信度较高。社会商业环境受历史、文化、制度等多种因素影响，暂不讨论历史、文化等"软因素"，就制度因素而言，政府制定了一系列质量规制制度规范企业产品质量，完善的质量规制制度可促进诚信商业环境的形成。即质量规制制度越完善，α 越大，由 $\frac{\partial \Phi}{\partial \alpha} < 0$ 得以下命题：

命题6　质量规制制度越完善，联盟越不倾向于提高会员费标准。

这一命题并不意味着联盟声誉很可能失守，而是指在保障产品质量方面，政府规制和企业自发声誉管理存在一定的替代互补关系。质量规制制度和会员筛选制度都可以起到阻止低质量企业滥竽充数的目的：对企业而言，前者是"他律"，后者是"自律"。质量规制制度相当于为高质量企业筑起一道"防火墙"：制度完善时，生产假冒伪劣产品的企业很难获得生产许可或相关质量合格认证，"防火墙"可以有效阻隔低质量企业对高质量企业集体的负外部性影响，联盟因而不必支出很大成本防范集体声誉受损；若质量规制制度不健全，政府监管结果的可信度低，优质量企业群体则需支出很大成本健全自己构筑的"防火墙"以维护声誉，模型中体现为提高会员费标准。

四　政策含义分析

第一，消费者应不断提高维权意识，积极参与社会监督。现实中，消费者购买到假冒伪劣产品后可以通过消协或诉诸法律维护自身权益，即使维权成本较高，也可以通过微博等"自媒体"使更多消费者参与到对劣质企业的惩罚中。特别是当前消费者面对层出不穷的产品质量问题报道趋于麻木的情况下，更应积极呼吁消费者树立维权意识，通过"用脚投票"、"用钱投票"的方式激励企业提供优质产品和服务。此外，本文研究表明产品信任性质越强，市场越容易鱼龙混杂。产品的信任性很大程度上源于与产品质量安全有关的知识对消费者来说是"专业知识"。除了消费者自己增加质量鉴别知识以避免上当受骗外，质量联盟、消协等组织也可以积极开展"质量月"等活动普及质量安全知识。

第二，将强政府与媒体的广泛合作，媒体应及时准确披露企业质量信息。消费者一般通过大众媒体在电视、报纸、网络上发布的信息了解企业质量状况，媒体对消费者的行为有很重要的引导作用。因而媒体及时披露企业质量信息的同时应避免为制造噱头，蓄意歪曲夸大事实而造成消费者不必要的恐慌和对企业不公正的社会惩罚。此外，媒体和监管机构的合作非常必要。监管部门拥有大量企业产品质量信息，但是质检系统、工商系统等职能部门网站的信息受众非常少，通过与知名媒体合作，可以极大提高信息传播速度，避免信息闲置和执法资源浪费。

第三，监管机构应不断完善质量规制制度并优化制度的执行环境，改革和创新质量环境的建设，使得企业能够加强"自律"。首先，监管部门应不断优化行政资源。积极进行质量技术机构的市场化改革，使得市场发挥配置检测技术资源的基础作用。其次，监管部门应不断优化执法方法，应配合消费者与媒体大众的信息沟通，从而提高监管的有效性。

第四章　逆向选择与品牌建设

　　本章分析逆向选择问题。经济学对不对称信息问题的研究最早就是从分析逆向选择问题开始的，逆向选择问题是信息经济学研究的基本内容之一。我们所关注的逆向选择问题都来自于现实世界。事实上，信息不对称是人类生活的一个基本特点。比如，企业难以观察员工的能力高低、保险公司难以观察个人的健康状况，我们走在大街上，或开车时在红绿灯前停下的时候，会遇到乞讨者，但是我们不大容易识别我们所遇到的乞丐是真的生活困难，还是"职业"乞丐。商品买卖中，"买的没有卖的精"，生产者总有更多的关于产品的信息，而且产品越复杂，厂家的信息优势就越大。

　　我们把博弈一方拥有但博弈的另外一方所不知道的信息称为非对称信息。非对称信息可以分为两种情况：一类是事前的非对称信息，一类是事后的非对称信息。事前的信息不对称，是指博弈双方发生交易关系之前就存在的信息不对称，比如产品质量问题。事后的信息不对称，是指博弈双方产生交易关系之后，一方不能观测到另一方的行为，比如雇主聘请了律师后，不知道律师工作是否负责。事前信息不对称导致市场的逆向选择问题，而事后信息不对称导致道德风险问题。

第一节　旧车市场上的逆向选择

　　最早注意到逆向选择问题的是 2001 年诺贝尔经济学奖得主 Akerlof。Akerlof 在 1970 年发表的《柠檬市场：质量的不确定与市场机制》一文中，通过考察二手车的交易发现，买卖双方之间的信息不对称会使市场交易难以顺利进行。

当博弈双方进行交易时，如果相关信息在交易双方之间是对称的，或者说是共同拥有的。此时博弈双方会根据自身的效用评价选择合适的商品或者合适的交易对象，并通过谈判达成一个对双方都有利的交易，使得任何潜在的帕累托改进都可以实现。但是，如果存在信息不对称的话，博弈双方的交易很可能无法实现。如买方不清楚要买商品质量信息但卖方知道，由于担心受骗上当，就会放弃购买。这种情况我们称之为逆向选择。逆向选择的存在使得很多潜在有利的交易无法实现，严重的情况还会导致市场坍塌。

常言道："跑遍南京到北京，买的不如卖的精"，"只有买错的，没有卖错的"。设想一下，你去一个旧车市场准备购买一辆二手车，但仅凭外观你难以断定二手车的质量水平到底如何，所以你最多只能出一个市场平均价格。一旦如此，那些高质量的二手车由于估价高于你给出的平均价格，卖家往往不可能再卖给你，而把估价低于平均价格的低质量的二手车卖给你。这便是拥有私人信息的卖方的一种逆向选择行为，这种行为将导致买方愿意支付的平均价格进一步降低，如此继续下去的结果可能是市场严重失灵，只有质量最差的车才卖得出去，而那些我们原以为应该会更为抢手的高质量的二手车反而卖不出去。

更确切地说，当二手车质量好坏属于卖方的私人信息时，买方只能根据市场上二手车的平均质量给出平均价格。但是提供高质量二手车的卖方由于买方平均出价不够高而退出这一市场，其直接后果是市场上二手车的平均质量下降，这就降低了买方对整个市场上旧车的平均质量的预期，为此买方将进一步降低出价，这会导致又有一部分较高质量的旧车的卖方退出市场。如此往复的结果可能使整个二手车市场失灵。在这个例子中，拥有私人信息的高质量二手车的卖方选择退出市场（当然也包括低质量旧车的卖方选择不退出市场）的行为就是一种逆向选择，它改变了处于信息劣势的买方对旧车平均质量的预期，最终导致效率的损失。

下面，我们首先通过一个高度抽象的基本模型来分析二手车市场上的逆向选择行为及其影响。我们将看到，理论上的高度抽象使我们得以透过现实情况的纷繁复杂来揭示问题的本质。接下来我们对这种高度的抽象进行各种适当的放松以使之能够更好地解释现实，但是一些基本的结论并不因此而改变。

一　基本模型

我们分析的是一个以二手市场为代表的旧货市场，这样的旧货市场在中国处处可见。在中国的许多城市里，各个角落都遍布了骑着自行车或小三轮的自谋职业者，车上会有一块显眼的木板写明"回收电视机、洗衣机、电冰箱、录像机及各类家电"。城市居民的这些旧电器在回收后往往被中转到城乡接合部集中起来，在那里可以看到沾满污垢的旧冰箱从里到外被洗刷一新，坏掉的部件被拆自别处的旧零件所替换。如此包装之后，这些二手货就会被运往农村或偏远地区销售。

生活中的常识告诉我们，想卖掉旧货的上家当然比较清楚它的具体情况，而潜在的买方只能从外表上判断一个大概（即便如此，这个外表也很可能是经过精心包装的）。回到二手车市场上来，也就是说，二手车的质量好坏属于卖方拥有的私人信息。

在下面的基本模型中，我们将对旧车市场作些抽象假设。我们假设旧车的质量只有两种类型（$\bar{\theta}$ 或 $\underline{\theta}$）且数量各占一半。[1] 假定高质量二手车对卖方的价值是 10 万元，而对买方的价值是 12 万元；低质量二手车对卖方的价值是 4 万元，而对买方的价值是 6 万元。那么，在信息完整的情况下，买方能够辨别高质量二手车与低质量二手车，买卖双方可以通过有效沟通达成交易，如高质量二手车最终的价格为 11 万元，而低质量二手车的价格为 5 万元。更为一般地，假设成交价格为 P，那么卖方的效用（U_s）可记为：

$$U_s = P - \theta \qquad (4.1)[2]$$

这里，θ 表示进行交易的二手车的质量，θ 可以是 $\bar{\theta}$ 或 $\underline{\theta}$。而买方从交易中得到的效用（U_b）则可表示为：

$$U_b = \theta - P \qquad (4.2)$$

我们还假设双方的保留效用为零，也就是说只要 U_s 不小于零，卖方

---

[1]　如果旧车质量只有一种类型的话，那么就不会有不对称信息了。因此，两种质量类型是确保存在不对称信息的最起码的类型数量。

[2]　这种线性的效用函数隐含着行为人风险中性（risk neutral）的假定，此时边际效用是不变的。更形象地说就是，一元钱的损失对行为人效用的减少与一元钱的获得对行为人效用的增加始终是相同的。

就希望出售旧车，同样，只要 U_b 不小于零，买方就愿意购买旧车。

　　如果信息是不对称的，那么在交易时买方无法分辨所购二手车的质量，但是他们知道，如果所有的二手车拥有者都来卖车的话，他就各有一半的可能性买到两类不同质量水平的二手车。这样，在购买前他对二手车价值的预期 $E(\theta)$ 就可以由下式表示：

$$E(\theta) = 0.5\,\underline{\theta} + 0.5\,\overline{\theta} = 9 \qquad (4.3)$$

　　也就是说，买方所能出的最高价钱只有 9 万元，这个价格当然是高质量旧车的拥有者所不能接受的，因而他不会向市场出售高质量二手车。预见到这种情况，买方也就知道自己只可能买到低质量的二手车，于是他最多只肯出价 6 万元，这个价格只能使低质量二手车能够成交。由于信息不对称使高质量的二手车反而无法成交，这与"劣币驱逐良币"的道理相类似，这里是低质量的二手车将高质量的二手车驱逐出二手车市场。与对称信息下的情况相比，有一半潜在的交易无法达成，显然，这是信息不对称导致的一种市场失灵的结果。为了在一般层面上给出解释，下面给出更一般的分析。

　　现在假设买方对二手车质量的信息是不完全的，不知道二手车的真实质量，仅知道市场上高质量二手车的概率为 q，低质量二手车的概率为 $1 - q$。假定高质量二手车和低质量二手车对卖方的保留价值分别为 kx 和 x，$k \geqslant 1$。对买方的价值分别是 kax 和 ax，这里 $a \geqslant 1$，表示同一辆二手车对买方的效用比对卖方的效用大，否则交易是不会达成的。若成交价格设为 P，那么当二手车是高质量时，买卖双方成交后买方获得的增加值是 $kax - P$；如果是低质量二手车时，买方获得 $ax - P$。对于卖方，无论出售的是好车还是坏车，只要成交，其获得的收益都是 P；如果交易没有达成，二手车仍然属于卖方，高质量车的价值为 kx，低质量的车为 x，买方的收益为零。由于买卖双方都是理性的，那么对于买方而言，只有买车得到的预期净收益大于不买车的净收益（恒为 0）时，才会购买。而对于卖方而言，成交价格 P 不能低于他的保留价值，即低质量车的售价不能低于 x，高质量车的售价不能低于 kx。基于此，容易得到式（4.4）

$$q \cdot (kax - P) + (1 - q) \cdot (ax - P) \geqslant 0 \qquad (4.4)$$

式（4.4）经简化后，可得

$$ax[q(k - 1) + 1] \geqslant P \qquad (4.5)$$

　　即，如果存在信息不对称，买方愿意支付的最高价格是

$ax[q(k-1)+1]$ 。对于拥有低质量车的卖方而言，其愿意接受的最低价格是 x ，那么在 x 和 $ax[q(k-1)+1]$ 之间的某个价格上，二手车交易就可以达成交易。但是对拥有高质量二手车的卖方而言，其能够接受的最低价格是 kx ，则有

$$ax[q(k-1)+1] \geqslant P \geqslant kx \tag{4.6}$$

式（4.6）经简化后，可得

$$q \geqslant (\frac{k}{a}-1)/(k-1) \tag{4.7}$$

也就是说，给定消费者对二手车的评价，只有当市场上高质量车的比例足够大时，高质量的车才有可能成交。另外，随着 k 增大，也就是二手车质量的差异增大时，成交的可能性在不断减小，如果要想二手车交易达成，那么要求市场中高质量的二手车的比例要足够大。式（4.7）等价地有，

$$a \geqslant \frac{k}{q(k-1)+1}$$

即给定高质量车的比例，只有当消费者对二手车的评价比销售者的评价足够高时，市场中的高质量的车才有可能成交。同样，随着 k 增大，那么同样要求买卖双方对二手车的评价差异要足够大，才能促成二手车的交易。这意味着，在存在信息不对称的条件下，交易达成的条件买卖双方对商品价值的评价差异要足够大，或者市场中高质量的二手车比例足够大。比如说，给定 $q=\frac{1}{3}, k=3$ ，要求 a 不小于 $\frac{9}{5}$ ，而在完全信息条件下，只要 a 不小于1，交易协议就可以达成。显然，如果信息不对称，那么介于1和 $\frac{9}{5}$ 之间的 a 就无法实现交易。这表明本来可以实现买卖双方共赢的交易，由于信息不对称而无法实现。图4-1显示了不对称信息下实现交易的临界条件：

如图4-1中曲线 AC、AD、AE 所示，在不同的二手车质量差异水平下，要想达成交易的临界线，要么买方对二手车的评价足够高，即 a 不断增大；要么市场上高质量二手车的比例足够高，即 q 不断增大。如果两个条件都不满足，就会出现所谓的"市场失灵"。图4-1中，曲边三角形 ABC、ABD、ABE 就是在不同的二手车质量差异水平下的市场失灵区域。在信息对称的情况下，ABC、ABD、ABE 区域内的交易都可以达成；但在

信息不完全的情况下，这些交易将无法实现。并且根据图 4 - 1 还可以观察到，随着二手车市场中差异水平的加大，市场失灵的区域也将不断地加大，造成质量治理的难度加大。

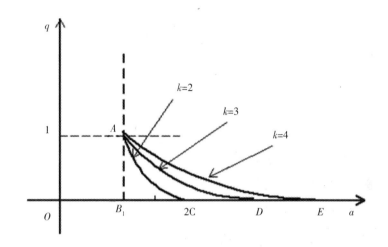

图 4 - 1 二手车市场达成交易的临界条件

现实中，市场失灵的例子有很多。当前由于"有毒大米"、"农药超标蔬菜"的出现，让人们对食品的安全性越发重视。但是，各地无公害蔬菜都在惨淡经营。大部分的"放心菜"，只能在市区的集贸市场上混同于普通菜卖。无公害蔬菜是一种企业化经营的产品，不仅要会种，更要会卖，要建立新型的商标识别和市场营销机制。其主要原因就是，无公害蔬菜无法与普通蔬菜区别，甚至某些情况品相比普通蔬菜还差，造成消费者对其质量不信任。导致无公害蔬菜为了区别与普通蔬菜而选择进超市销售，但是进入超市的成本较高导致无公害蔬菜地位十分尴尬。

例如，河南的"毛庄绿园"牌无公害蔬菜的生产和管理十分严格。镇、村、菜农层层签订协议，镇检测组定期抽检，一旦发现使用超标或违禁农药者，就进行重罚。"毛庄绿园"牌无公害蔬菜曾先后进入郑州 10 家超市，但是最后都无奈地退出。一是由于超市运营的高额成本；二是由于消费者的不信任。例如，记者在 2002 年 3 月 31 日抄录了某集贸市场与花园商厦量贩的"无公害"蔬菜的价格，每千克单价分别是：西葫芦 1 元/2.3 元、卷心菜 0.5 元/1.6 元、西红柿 2.6 元/3 元、菜花 1 元/1.6 元、蒜苗 2.8 元/3.9 元。超市比集贸市场的综合价格要高出 56%，这对于普通市民来说，是一个不小的心理差价。消费者对超市里的"放心菜"并不信任。在花园商厦量贩里，一位姓王的妇女告诉记者："这里的菜，价格高，品种也少，挑选余地小。而且看着不如集贸市场的水灵。谁能证明这是放心菜呢？""毛庄绿园"放心蔬菜的尴尬遭遇折射出安全食品面临的一个核心问题：放到集贸市场与大路货一起卖，市民们不信任；放到超市卖，成本又高。这是典型的市场"逆向选择"问题。

132

二　更为一般的模型

上述基本模型向我们描述的是非常抽象且与现实不太符合的情形，其中一个较为极端的假设是二手车的质量只有两种类型，而现实中被拿到二手车市场上进行交易的二手车的质量水平却参差不齐、五花八门，从即将报废到性能完好如新的都有。因此，此处修改前面关于二手车质量分布的假设，现在假设二手车的质量水平在从 θ 到 $\bar{\theta}$ 的这个范围内是连续且均匀分布的。

与前面的分析相类似，可以知道此时若交易双方对于二手车质量信息是对等的，那么结果就是每辆待出售的二手车被按质论价交易，使得买卖双方都可以找到合适的二手车与合适的交易对象，所有的交易都能实现。[①] 但是，当二手车质量信息不是买卖双方的共同知识时，即不能被买方观察到，那么，买方只能根据二手车市场上的平均质量支付车价。根据修改后的关于二手车质量分布的假定，买方对二手车的预期支付价只能为9万元。因此，买方所能支付的最高车价也就是9万元。反过来，由于卖方十分清楚每辆二手车的真实质量水平，卖方是不会把质量水平在9万元以上的二手车卖给买方的。预期到这一点后，买方对二手车平均质量的预期出价就相应地降低。于是质量高于买方出价的那部分二手车也开始不断地退出市场，买方的出价就会再次下调，这个过程会一直持续下去，直到所有的二手车全部退出市场，市场交易量为零。[②]

（一）买卖双方对二手车评价相同

为了简单明了地分析信息不对称导致的市场失灵的原理，此处不做更为复杂的数学推导，而是通过图形来进行解释与说明。现在我们假设买卖

---

① 这里我们隐含了一个前提假设，就是二手车交易双方是对等的。

② 此时，只有质量最差的二手车会被拿到市场上来卖，由于我们假定所有二手车的质量服从连续的均匀分布，因而质量最差的二手车的数量可被视为无穷小。

双方对二手车质量的评价是一致的，即买卖双方对不同质量水平的二手车的预期价值是相同的，但是卖家清楚地知道每辆车的真实质量水平，但是买家却不清楚，仅知道二手车市场的质量分布情况。我们通过图形分析二手车的供需关系，见图4-2。

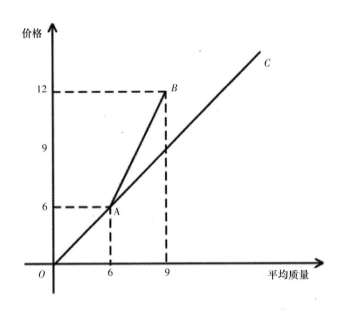

图 4 - 2　二手车市场完全失灵图示

　　假设最低质量二手车为 6 万元，最高质量二手车为 12 万元。这里用买卖双方对二手车的出价——二手车平均质量之间的对应来描述二手车的供给与需求曲线。对于需求方而言，他所能出的最高价格（即最高支付意愿）等于他对市场上二手车的预期质量，因此需求曲线是一条斜率为 1 且过原点的直线，即图中的 OC 。而对于供给方，低于 6 万元的价格是无法接受的，由于二手车最高价格保持在 12 万元，那么二手车的平均质量始终保持在 9 万元不变。当价格在 6 万—12 万元之间变化时，进入市场的二手车的平均质量也会跟着变化。现在给定价格 P ，愿意出售的二手车的质量应当处于 $\underline{\theta}$ 到 P 之间，因此市场上二手车的平均质量与价格之间的关系就可以由（4.8）式表示：

$$E(\theta \mid P) = 0.5\underline{\theta} + 0.5P = 6 + 0.5P, 6 \leqslant P \leqslant 12 \tag{4.8}$$

于是，在此价格范围内的供给曲线就如图 4 - 2 中的线段 AB 所示，清楚地可以看到，二手车的供需曲线只在 A 点相交，市场上二手车达成交易的价格仅在 6 万元成立，那么只有质量最差的旧车进入市场。这正是我们前面分析得出的结果：当二手车质量服从连续的均匀分布时，不对称信息问题导致整个二手车市场消失。

（二）买卖双方评价不一致

在以上两类分析中，由于二手车市场存在不对称信息，导致整个市场消失。如果仅有高低两种质量类型，那么高质量二手车将退出市场；若质量的分布是连续的，则交易量几乎为零，市场将完全失灵！理论分析的结果与我们的现实是不相符的，因为在现实世界里二手车市场是存在的，而且并非只有质量最差的二手车才能达成交易。

事实上，我们所看到的这种与现实的不符只是模型简化的一个代价，只要稍加扩展，前述模型的结论就更能够接近现实情况。从前面买卖双方效用的表达式中可知，我们把双方对二手车价值的评估直接表示为二手车的质量（θ），这意味着对同一质量的二手车，双方的评价是相同的。然而现实中双方的评价通常是不一致的，并且买方的评价通常要高于卖方的评价，否则交易是无法达成的。例如，当今许多大城市里有相当一部分的家庭在购置新一代的家用电器后，原来老式的家用电器本身功能还可以，但是式样陈旧，弃之可惜，留着还嫌占地方，可想而知，即使质量很好，他们对这些旧的家用电器的评价也不会太高，但是对于那些二手家电收购者来说，情况则不然，他们知道在广大的农村地区这类旧家电很有市场，因而对于同样的旧家电，买方的评价很可能会更高一些，具体到前面的模型，我们可以类似在离散的情况的讨论，在公式（4.2）中的 θ 前加上一个大于 1 的系数 a 来表示买方拥有相对更高的评价。[①] 这样，图 4-2 就要作相应改动，图中的需求曲线 OC 应当更为陡峭一些，即绕着 O 点向逆时针方向旋转。于是，需求曲线就完全有可能同供给曲线在 AB 内部的某一点（甚至更高的位置）上相交（如图 4-3 所示）。也就是说，市场的均衡价格要高于 6 万元，有一部分较低质量的旧车能够实现交易。

———————————

① 当然，我们也可以通过在公式（4.1）中的 θ 前加上一个大于 0 小于 1 的系数达到同样的目的。

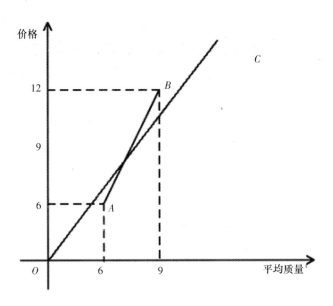

图 4 - 3　二手车市场部分失灵的图示

　　这个结果也意味着那些最高质量的旧车总是最难达成交易。因为此时只有卖方自己知道手里的是好货，但市场无法分辨，只能按总体情况出一个中间价格，而这个价格很可能是卖方不能接受的。这正是基本模型所提示的本质所在。例如，在字画古玩市场，作为一个新手或者外行想从市场中淘换到真正值钱的东西几乎是不可能的。除了自身知识与能力的限制，更多的是不可能出一个让卖方满意的价格，最后可能买到的也多是赝品与仿品，致使许多古玩市场仅在行内交易，很少有在公开的市场成交的。

　　（三）卖方评价不同

　　现实中，对于同一辆旧车，不同的卖家也会有不同的评价。比如，有些家庭会过几年更换车辆，对已经买了新车，但家中车位紧张的家庭而言，他们对旧车的评价可能较低，甚至其评价很可能小于该旧车的实际质量水平 θ；而那些恋旧的家庭，对旧车会有较深的感情，一般不轻易将旧车卖掉，这样的家庭对旧车的评价一般会高于 θ。如此一来，图 4 - 4 中的供给曲线就会发生变化，在价格低于 6 万元时也会有一部分旧车的供给，而高于 12 万元时也会出现供给。这样，供求曲线就完全可能相交且交点上的价格要高于 6 万元，因此市场并没有完全失效。也就是说，考虑到卖方评价的差异性，也能够使我们得到更为接近现实的结果。甚至，在不同情形下，我们也可能对同一件物品持有不同的保留价格。当我们急需用钱而无其他筹资渠道时，我们就可能愿意将物品贱卖。越是急着用钱，我们对物品的保留价格可能就越低。类似的情形经常会在当铺发生，当穷人急需用钱而无处筹资时，他们通常会把较为值钱的好东西拿到当铺里当掉，越是无路可走的人，越有可能被当铺老板盘剥一番。

136

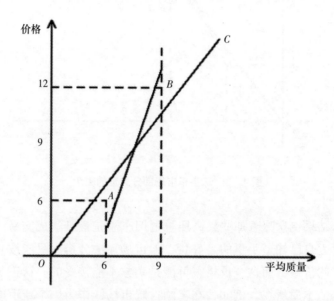

图 4 - 4　旧车市场：部分失灵

（四）买方在信息上的差异性

在前面的讨论中，我们没有考虑到买家对同一辆旧车质量信息拥有的差异性。例如，有的买方本身就是汽车专家，他可以根据旧车的行驶里程，发动机声音等判断旧车真实的质量水平。而对另外一些汽车外行的买家，由于不具备专业的技能，多半根据旧车的外观新旧程度来判断旧车的质量水平，一般会高估旧车的质量水平。那么，针对同一辆旧车，不同的买家由于掌握的质量信息不同，给出的价格也不会相同，那么需求曲线会发生变化，在一定的范围使得交易达成。如图 4 - 5 线段 DE 部分，这与现实更加贴合。

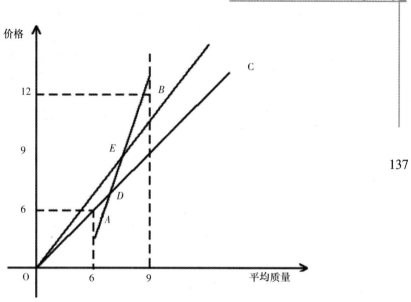

图4-5　旧车市场：买家拥有质量信息差异导致交易达成

在我们前面提到的电梯维保市场里，由于电梯维保公司与电梯业主之间存在严重的信息不对称，而维保费用因维保质量不同而不同，电梯使用单位不能辨别维保质量的高低，因此价格成为电梯使用单位选择维保公司的主要原因。低质量维保公司获得部分超额利润，而高质量维保公司逐步退出市场。随着买方发现所有电梯维保质量下降，预期平均安全质量相应降低，进一步将提供中等安全维保质量水平的电梯维保公司驱逐出市场，造成低效率均衡的恶性循环，充斥着低价低质维保的市场。江苏省为了让使用主体辨别出不同维保公司的维保质量，对维保公司进行星级评价，消费者根据维保公司不同的星级就可以给出不同的价格，进而选择适合自己的维保公司。在这里，买方在不同时点上拥有的信息是有差异的。

通过上述三个方面的扩展，我们看到模型已经能够解释更多的现象了。但是，在以上的扩展中，信息不对称现象仍然存在，基本模型所揭示的效率损失（一部分潜在的市场交易无法达成）依旧不可避免。这恰恰凸显了基本模型的价值：抓住问题的关键，最简单明了地提示本质。事实上，有了一开始这样一个极其抽象的基本模型后，我们后面的分析就变得井井有条。否则，如果将各个方面的扩展都放在一起的话，问题就显得过于复杂。这又是基本模型抽象的功劳，使以后每一次放松的效果能单独地显现出来。

当然，对于前述基本模型的扩展还可以继续进行下去。例如，我们可以进一步假定买方是风险规避（risk averse）而非风险中性的。这样的扩展还可以有很多方面，但就理解旧车市场上不对称信息造成的影响而言，我们已经说得足够多了，再多的扩展非但不能提供什么根本性的改进，而且反而会使模型显得繁琐。

138

第二节　一个现实的例子

"西湖龙井"作为中国第一名茶的主角地位早已受到威胁。2003 年 4 月，在上海国际茶花文化节上评出了 53 个绿茶金奖，浙江省就占了 48 个。除"西湖龙井"外，有 47 种新老名茶。

还有一组数字可用以论证：2002 年，浙江省茶叶总产值 33.7 亿元，而名优茶产值为 26.42 亿元，其中，被冠以"龙井"的名茶产值超过 10 亿元，而"西湖龙井"的产值仅为 7000 余万元。

为了保卫"西湖龙井"中国第一名茶的地位，西湖茶乡的干部群众动足了脑筋。2002 年，国家质量监督检验检疫总局通过了对西湖龙井原产地域产品专用标识使用申请审核，"西湖龙井"开始获得原产地域产品保护，并接受监督。为了防止出现假冒伪劣，杭州西湖区创设了防伪标识，凡在西湖区 168 平方公里范围内生产、销售的西湖龙井茶，统一使用这一标识，每 250 克提供一张防伪标识。

与此同时，西湖区政府还对西湖龙井茶专卖店进行了确认和管理，由政府部门严格按条件审批确认龙井茶专卖店。然而，这三道护身符却依然对付不了假龙井。杭州市质监局曾突击检查各大超市及龙井茶专卖店，结果发现，多盒龙井茶包装上印有原产地保护的椭圆形标志，而真正的保护标志应该是粘贴上去的；部分龙井茶专卖店卖的茶叶外包装上都写着"龙井茶"，却是产地、单位、电话均无的三无商品。

一位熟知内情的西湖龙井茶农告诉记者，越是有名的品牌，仿冒的就越多越快。最早是打"西湖龙井"的招牌，后来打"狮峰龙井"的牌子，现在则打"梅家坞龙井"的品牌了，其实，正宗的寥寥无几。他向记者披露，在现有的茶叶公司中，比较货真价实的也就是"梅"字号和"贡"字号等少数几家企业。

对于西湖龙井茶的现状，相关茶叶公司从自身做起。西湖龙井茶叶公司总经理戚国伟发起组建行业公会，希望通过加强行业制约来净化茶叶市场的秩序。浙江省青联委员、杭州西湖龙井实业有限公司董事长郁明在目睹了多起砸龙井招牌的事件之后，下决心寻找一条保卫西湖龙井品牌的新路。他保留了西湖龙井唯一的炒制中心，聘请炒茶高手按统一质量标准炒制西湖龙井茶。他还专门找到中国人民财产保险公司，为其公司经营的"梅"字号西湖龙井茶一期投保 400 万元。他告诉记者，该公司每年可以向社会提供 1000 千克左右的正宗西湖龙井茶，其符合以下条件：明前茶，产地西湖梅家坞，等级特级，售价每 500 克 800 元。如果有一项作假，由保险公司向消费者理赔。郁明希望通过新闻媒体，对"梅"字号西湖龙井茶的销售过程实施监督。[①]

第三节　逆向选择：更多的例子

前面我们围绕旧车市场讨论信息不对称导致的市场效率的损失，现实中还有很多与逆向选择相关的其他例子。金融市场的信息不对称情况比一般的商品市场要严重得多。我们这里来分析一下保险和银行信贷两个市场中的信息不对称问题。

一　信贷市场中的逆向选择

2001 年诺贝尔经济学奖得主斯蒂格利茨等人在信息不对称条件下研究信贷配给（Stiglitz and Weiss, 1981）问题，解释了银行信贷市场的逆向选择问题。信贷配给是信贷市场上常见的现象：在现行的贷款利率下，不是所有的贷款申请人都能如愿地获得贷款。这意味着市场是非均衡的，在信贷市场上存在着过度需求。我们知道，银行面对的是只承担有限责任的借款人，如果没有足够的担保，贷款项目一旦失败，银行往往不能收回全部的本息。因此，银行放贷的期望收益既取决于贷款利率的高低，也取决于还贷风险（贷款项目失败的可能性）的大小。在这里，贷款项目的风险大小是借款人的私人信息，银行无法辨别具体某个贷款项目的风险大小。

---

① 《中国第一名地位受威胁》，《文汇报》2004 年 3 月 31 日。

假设市场上存在两种类型的贷款人。一种借款人的投资项目收益率较低但能更为稳定地获得回报，因而风险较小，借款人不太可能违约。另一种借款人的投资项目具有较大的投机性，一旦成功借款人能获得较高的收益，但这类项目失败的可能性也相当高。对于银行来说，后一类贷款是"低质量"的。假如有两个项目 A 和 B，均需要 100 万元投资，项目 A 成功的概率为 90%，如果成功，收益为 130 万元，失败的收益为 0。项目 B 有 50% 的概率成功，如果成功，将获得 200 万元收益，失败的收益也为 0。直观地看，项目 B 风险大，但是一旦成功收益也多；项目 A 风险小，但是成功时的收益也相对较少。如果比较预期收益，项目 A 的预期收益是 $130 \times 0.9 = 117$ 万元，项目 B 的预期收益为 $200 \times 0.5 = 100$ 万元。从这个角度，项目 A 要优于项目 B。

现在假设信息是对称的，银行知道哪个项目是"低质量"，哪个项目是"高质量"的，就可以制定相应的利率，以保持银行的盈利水平。假设银行要求的预期回报率为 10%。如果项目 A 申请贷款，要保证 10% 的预期回报，给定项目 A 90% 的成功率，银行需要项目 A 在成功后偿还的利率为 22%（110/0.9 = 122）；同理，如果项目 B 申请贷款，银行要求的利率应为 120%（110/0.5 = 220）。在这两种利率下，银行的期望收益率都是 10%。此时，项目 A 会愿意贷款，因为如果成功了，获得 130 万元，还给银行 122 万元，还剩 8 万元的净收益；如果失败了则宣布破产，最终收益为 0。项目 B 则不愿意贷款，因为即使成功，200 万元的收益并不够偿还贷款本利 220 万元。这个时候社会最优的决策和个人最优的决策是一致的：项目 A 的预期收益率大于银行的资金成本 10%，应该得到贷款，而且实际上也会得到贷款；项目 B 由于期望收益率是零，低于社会成本，不应得到贷款，也确实不会得到贷款，这是信息完全下的理想状态。

如果信息是不对称的，社会资金最优的分配方法将不能实现。假设银行不知道每个项目具体的质量水平，每个项目申请贷款的概率都是 0.5。若银行要确保 10% 的期望收益率，银行只能根据项目类型的分布收取一个平均利率：$22\% \times 0.5 + 120\% \times 0.5 = 71\%$。这就是说，如果要贷款，银行会要求 71% 的利率。如果项目成功，企业需要偿还 171 万元。这样，只有高风险、低质量的项目 B 会申请贷款，而低风险、高质量的项目 A 不会申请贷款。因为，项目 A 在最好的情况下也只能获得 130 万元，贷款显然不合算；而项目 B 如果成功会盈利 200 万元，偿还银行 171 万元后还有 29 万元的净利润。银行当然也不傻，它知道愿意接受 71% 利率的一定是高风险、低质量的项目 B，给这样的项目贷款当然是不合算的。这样，想贷款的项目一定是坏项目，而好的项目反倒得不到融资，社会的最优选择无法实现。

从上面的例子可以看出，如果银行提高利率，那些低风险、低收益项目的贷款人将无力支付贷款的利息而选择放弃贷款，但高风险、高收益项目的借款人却仍会选择贷款，因为对于他们而言，项目失败了还是赔这点钱（有限的抵押或担保），而有幸成功的话，比起巨额的收益来，这点利率的上升根本算不了什么。于是，我们看到，利率上升会使低风险项目退出市场，贷款的"质量"因而降低，而信贷配给正是银行控制贷款风险的一种有效手段。

通过比较可以发现，在一般商品市场上，消费者只要愿意支付更多的钱，生产者总是愿意达成交易的。但是，银行对于愿意支付更高利率的贷款人，并不一定会放出贷款。事实上，银行往往愿意把资金贷款给愿意付较低利率的申请者，而不是愿意支付高利率的申请者。原因在于，银行的预期收益不仅取决于利率水平，还取决于还款的概率，并不是利率越高，银行的预期收益就越高。在前文的例子里，利率是 22% 时，"好"企业会贷款，其还款的概率是 90%；而如果利率上升到 71%，"好"企业会出局，只有"坏"企业会贷款，其还款的概率只有 50%。正是由于逆向选择的原因，银行索取的利率越高，贷款申请人的平均质量越差。当银行索取的利率非常高时，只有赌徒式的企业才会申请贷款。所以银行的预期收益与利率水平呈如图 4-6 所示的倒"U"形关系。

图 4-6 说明，银行预期收益随着利率水平的增大开始先增大，但达到一定的水平后，银行预期收益会下降。从这点看，信息不对称会导致信贷市场上好项目不一定能够得到融资，还会大大提高银行的经营风险。为了解决这个问题，金融体系中也有相关的制度保证，信贷资金的配给制就是其中一种。配给制有助于克服在信息不对称条件下资源配置的无效性，因而从社会的角度讲也是正当的。如果一个商场拒绝向你出售商品，你或许可以向消费者协会投诉甚至可以向法院起诉，但如果银行拒绝向你提供贷款，你是没有办法投诉或起诉的。

141

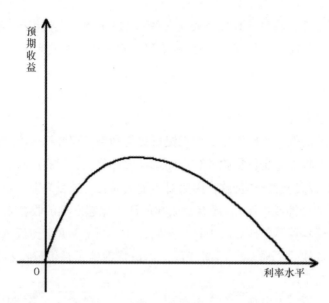

图 4 - 6　利率水平与银行预期收益

为了更清楚地分析信贷市场的逆向选择问题，用图 4 - 7 进行说明。假设现在有两个项目都完全依靠银行融资才能够完成，融资成本为 B，项目 $i(i = 1,2)$ 投资成功后可得收益 R_i，若投资失败一无所获，其中成功的概率为 p_i，且有 $p_1 > p_2$ 与 $R_1 \cdot p_1 = R_2 \cdot p_2$。

这样银行每融资 1 元的期望收益为：

$$\sum_{i=1}^{2} p_i(1 + r) \tag{4.8}$$

对于借款人而言，项目 i 的期望投资回报为：

$$p_i[R_i - B(1 + r)] - (1 - p_i)B_i = 1,2 \tag{4.9}$$

或者

$$p_i R_i - p_i B(1 + r) - B \tag{4.10}$$

由于 $p_1 > p_2, R_1 \cdot p_1 = R_2 \cdot p_2$，从（4.10）式中容易看出高风险项目总是给借款人带来较高的投资回报。令 r^* 为恰好使低风险项目的投资回报等于 0 的贷款利率，由（4.10）式可知：

$$r^* = \frac{[R_1 p_1 - B]}{p_1 B} - 1 \tag{4.11}$$

当利率小于 r^* 时，两类项目都申请贷款，当利率超过 r^* 时，低风险项目退出市场，银行预期收益率降低，因此在 r^* 的利率水平下，即使有超额需求存在银行也不会提高利率，见图 4－7。其中线段 AB 代表银行的预期收益曲线，线段 CD 表示当利率大于 r^* 时银行的预期收益曲线。可以清楚地看到当大于 r^* 时，银行的预期收益会断崖式下降，是因为低风险、高质量的项目因为利率太高而退出信贷市场，只剩下高风险、低质量的项目，使得银行的风险提高。

143

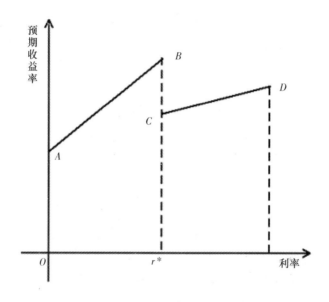

图 4－7　信贷市场的逆向选择

在这个例子中，银行需要承担高风险项目失败后的损失，同时银行只是赚取固定的利息收入，无法分享高风险项目潜在的高收益，正是这种风险与收益的不对等使银行不欢迎高风险项目。

我们看到，当质量导致价格刚性，也就是说，即使市场供求不均衡，价格也不一定会作出相应的调整，这时市场的非均衡状态就成为一种常态。这种情况下虽然存在着一定的低效率现象，但资源配置却处于帕累托最优的状态。换句话说，虽然相对于完全信息的状态来说，这里有效率损失，但是在给定信息不对称的条件下，资源配置的效率已经没有办法进一步改进。这一基本结论在商品市场、劳动力市场和金融市场上存在信息不对称的情况进基本上都是适用的。

在世界上几乎所有国家中，中小企业普遍难以获得贷款，就是因为存在严重的信息不对称。一些大的公司，资产、财务报表都是公开的，银行对其更有信心，而一个小企业，银行难以知道其经营状况，也就不会乐于给它贷款，结果就出现了中小企业融资难的问题。那么，为了促进中国制造业整体质量水平提升，解决中小企业质量创新的融资困难是至关重要的。因为中小企业为龙头企业提供上下游配套产品，是决定一个地区质量竞争力最重要的环节。

144

二 保险市场中的逆向选择

人人都厌恶风险，并希望通过购买保险来平衡风险带来的损失。以电梯安全保险为例，如果保险公司与电梯使用单位之间信息是对称的、完全的，那么保险公司可以根据每台电梯的安全水平的不同，制定不同的收费标准。比如说假定投保 100 万元，如果电梯发生事故的概率是万分之一，就收 100 元的保费；如果电梯发生事故概率是万分之三，那么就收 300 元的保费。这样，每台电梯都可以设定恰当的保险费用。

如果保险公司只知道城市中电梯发生事故的平均概率，但具体到每台电梯的情况却不了解，那么保险公司只能根据电梯发生事故的平均概率确定一个统一的保费。例如，广州试点推行电梯保险制度，平均每台电梯每年收保费 100 元。此时，如果平时电梯维保质量较好的电梯发生事故的概率几乎为零，那么电梯使用主体会觉得不划算，他们很可能会退出保险市场。随着低风险客户的退出，保险公司面临的剩下的参保主体的平均事故率会提高。如果按照原来的保费标准肯定会亏损，保险公司因而就得提高收费标准。但收费提高之后，剩下的参保主体中新的电梯事故率最小的一部分客户又会退出市场。这样，参保主体平均事故率进一步上升，引发保险公司进一步提价，再导致更多的"优良客户"流失，从而陷入一种恶性循环。到最后，只有发生事故最大的电梯才会参加保险，这一过程如图4-8所示（图中，电梯事故率从低到高排列，水平线代表平均概率，垂直线代表退出市场的电梯总量。保费上升与"优质"客户退出互动，导致投保电梯发生事故的概率不断上升），这就是保险市场的逆向选择问题。

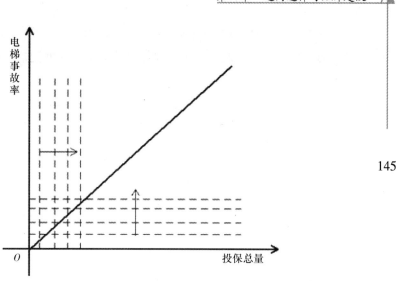

图 4 - 8　保险市场上的逆向选择

由于电梯事故涉及人民群众的安全问题，因此在引入保险制度时采取强制保险的设计，同时鼓励自愿参加更高的商业保险。现在市场上许多保险险种之所以不存在，原因就在于逆向选择和后面将讨论的道德风险。比如现在保险公司不提供自行车被盗险。事实上，20 世纪 80 年代初，中国人民保险公司曾经提供过自行车被盗险。最初，保险公司根据没有保险时的自行车被盗率计算出保费，但很快就发现，投保自行车的被盗率明显上升。保险公司发现自己亏损后，就提高保费，但很快又发现自行车的被盗率进一步上升，还是亏损。最后就把自行车保险取消了。这里的原因在于，当保险公司按之前的平均被盗率收保费时，那些知道自己的自行车被盗可能性很小的人（如居住在部队大院，上班时自行车有人看管），会选择不投保，所以实际投保的自行车的被盗率自然高于全社会自行车的被盗率。当保险公司提高保费时，又一些被盗概率相对低的人也退出了保险。同时，由于道德风险的原因，投保的人也更不注意防盗，甚至有人故意骗保。

曾经发生的保险公司停止办理车贷保险事件也是信息不对称导致的。车贷为买车的人提供了一条便捷途径，售价 20 万元的汽车，消费者可以先花 6 万元作为首付，剩下的 14 万元通过银行贷款按揭偿还。因为偿还存在一定风险，保险公司开设了车贷保险，为银行减轻后顾之忧。但是，由于许多恶意骗保逃债现象的存在，迫使保险公司不再愿意提供车贷保险，而一旦保险公司取消保险，银行也就不愿意提供贷款。很多刚毕业的年轻人想买车，本来可以通过银行按揭的方式购买，但是由于其中无法被识别出来的"害群之马"的存在，导致了游戏规则的变更，让所有人承担最终的成本，这就是逆向选择的代价。

146

回过头来，再讨论一下为什么电梯引入强制保险制度有利于电梯安全水平的提高。由于电梯参加了保险，那么一旦发生电梯事故，哪怕是困梯事件，保险公司也要第一时间给予受困人的赔偿。那么，保险公司必然会组建专业的电梯技术人员，以核实电梯的维保质量，减少电梯事故的发生率，从而获得更高的利润。但是，由于电梯参保后，电梯使用单位就会产生道德风险问题，本来属于自己职责范围，有责任加强电梯的安全监察及信息通报，由于保险公司可以第一时间理赔，而产生工作的懈怠，导致电梯事故率有可能提升，这是目前较难解决的一个质量问题，后面机制设计我们会再次讨论电梯安全问题。

第四节　进一步的讨论

上面的分析可知，信息不对称导致"逆向选择"产生与帕累托改进无法实现，使得双赢的交易无法达成。因此需要找到克服信息不对称的办法。大致来说，解决信息不对称问题的机制可以分为两类：市场机制和非市场机制。

对于解决信息不对称的机制，不同的学者有不同的观点。以斯蒂格利茨为代表的一些经济学家认为，信息不对称导致"市场失灵"，因此需要政府干预。而也有经济学家认为，正是因为信息不对称，我们才需要市场。如哈耶克所指出的，只有竞争性市场，才能生产出交易所需要的信息。

其实，降低供需双方信息不对称最简单的办法是让处于劣势的一方可以低成本地获取到信息。因此，市场上孕育出了一大批专业的信息提供商，以帮助信息劣势一方。比如在美国二手汽车市场上，有专门的公司建立了汽车全程追溯的信息库，详细到什么时间换了车主，什么时间更换了什么零件，什么时间发生了什么事故，甚至保养维护的记录都非常详细。消费者只要支付一定的费用就可以得到汽车的记录信息。再比如，在德国已经实行了多年的"比较试验"机制，市场第三方公司通过购买同类产品并做一些比较试验，而获得每个产品真实的质量信息，消费者可以通过购买他们提供的《比较试验》杂志而理性消费。市场上还有许多其他的认证机构也是专业的信息生产者。像咨询业、会计业、评估业等等，都可以看作是帮助他人获取信息的行业，形成了大量专业化的信息提供商。

上面的例子都是通过市场的手段帮助消费者解决信息劣势地位的例子。其实，处于信息优势的一方（如卖方）并非总是试图隐藏质量信息。在竞争的市场上，拥有高质量产品的卖方总是有很强的积极性向市场宣告他们真实的信息。原因在于，消除信息不对称有助于卖方的销售，实现双赢。市场上有关产品的大量信息是厂家提供的，如厂家主动为消费者提供咨询服务、让消费者通过试用等多种途径来了解产品的性能。

除直接获取和提供信息外，另一个途径是间接获取和提供信息。间接提供信息的主要手段被称为"信号显示"，或者叫"信号传递"，是指拥有信息优势的一方通过一种有成本的方式向处于信息劣势的一方传递自己的真实信息。比如，我们买一些电子产品，通常会提供1年或3年的免费保修，可以认定保修3年的质量一定比保修1年的要好，否则保修3年的产品一定会亏损。间接获取信息的机制被称为"信息甄别"或"机制设计"，指信息上处于劣势的一方通过设计某种激励方案让处于信息优势的一方说实话。比如说保险公司设计出不同的保单，让投保人自己选择，保险公司可以从投保人的选择中知道他属于哪一风险类型。在后面的章节我们会讨论信息传递模型与机制设计模型。

"声誉机制"也是解决信息不对称的一种重要的机制。"声誉机制"的一种重要的表现形式就是品牌与商标机制，或者通过知识产权与专利的形式得到确认。信息不对称程度越严重的领域，越需要品牌战略。品牌可以成为生产者传递私人信息的一种办法，有了品牌之后，如果有欺骗消费者的行为，品牌就会贬值，生产者就会蒙受损失。

而对于非市场手段可以通过许可制度与强制认证等一些手段，来解决信息不对称的问题，但也需要一个前提，就是消费者普遍了解一些强制认证的标识与许可标识。下面分别对不同的机制进行讨论。

第五节　信息不对称与市场机制

既然问题由信息不对称而产生，那么最直接的解决之道当然就是通过

147

可行的办法来降低信息的不对称程度。谁更有激励这样去做呢？其一是高质量商品的卖方，因为他们手头上的商品最有可能因信息不对称问题的存在而卖不出去，他们也最希望买方能够了解商品的质量；其二是想拥有高质量商品的买方，他们不愿意看到市场的失灵。于是，只要降低信息不对称程度的努力不会导致太高的成本，那么这种办法就是可行的，现实中我们也的确能够观察到这种情况。这属于信号显示与信号甄别问题，后面章节将详细阐述。这里仅简单介绍两种信号显示工具：价格机制与品牌建设。

一　价格机制

"柠檬市场"也称次品市场，又称阿格洛夫模型。此处，我们所要表达的意思是商品的质量信息属卖方的私人信息，这是一种高度的抽象。此处虽然根据"旧车"提出了"柠檬市场"的理论。但是，对于某些崭新的商品也存在上述问题。因此，这里我们用"柠檬市场"来泛指契约关系中的某一方拥有私人信息时的交易，这样的"柠檬市场"是极其普遍的。除了本章前面提到的信贷市场与保险市场，劳动力市场也是非常重要的一个例子。

更为根本地，"柠檬市场"上的价格机制与完全信息市场通常是不同的。在传统的经济学理论中，市场上的交易对象（商品、劳动力或者资金）总被认为是同质的，因此价格仅仅起到调节供求的作用，这样的话，只要没有人为的阻碍，仅仅借助于市场的力量就能够实现供求的平衡。现实中的交易对象往往存在着一些质量上的差异，在有关交易对象质量的信息是共同知识的情况下，价格往往取决于质量，即所谓的"优质高价"，或者说，消费者可以把不同质量的物品看作不同的商品，这样传统的理论仍然适用。然而，在"柠檬市场"上，商品质量的差异只有卖方知道，这样，买方就不能再将不同质量的物品归到不同的商品市场中去，于是，价格就不仅要调节供求，它同时还影响着商品的质量。这样价格机制就有可能失灵，而不能完全解决"柠檬市场"问题。关于不完全信息下价格反映质量的研究，可参见斯蒂格利茨（Stiglitz，1987）的综述文章。我们看到，一旦商品的质量成为卖方的私人信息，那么质量（从平均意义上而言）就会取决于价格，这从另一个角度反映了我们平常所说的"一分价钱一分货"、"便宜没好货"的道理，或者说这只是当消费者不了解商品真实质量时候的一种"心理"或经验。我们在现实生活中，也经常遇到花了更高的价格却没有买到好质量的商品，尤其在一些旅游区买当地特产的时候，更容易发生这种情况，消费者可能花了更高的价格购买商品，但却买到了假冒伪劣商品。

二　品牌建设

现实中买卖双方并非只进行一次性的交易，这种买卖关系很可能会长期维持。于是，卖方将会发现通过为自己的高质量商品建立某种声誉或品牌就能够吸引渴望高质量商品的买方，从而扩大交易。对于买方来说，通过最初试探性的交易来发现潜在的有信誉的卖方往往也是值得的，因为他很可能从此就可以一劳永逸地找到高质量商品的可靠货源。当然，为了让声誉或品牌发挥作用，就必须使买方能够识别或记住特定的卖方。现实中的确存在这样的机制，最为通常的，卖方可能拥有固定的营业场所或创建自己的品牌，通过注册自己的商标等手段来固化自己的声誉，这就是一些著名品牌都会设立自己固定的专卖店的原因，凭借做大规模的商品广告等手段来将自己区别于他人。例如，青岛海尔电器，曾经在家用电器抢着买的短缺时代，就非常有远见地砸了一批有质量瑕疵的家用冰箱。此事曾广为流传，这正是企业追求"诚信"与"声誉"的一种信号。反过来，如果要购买某些贵重的物品，一定要去正规的商业场所购买，这样才能对你购买的物品有质量保障。另外，也不要在乘了火车到达旅行目的地后因为肚子饿就急着在附近随便找地方吃饭，因为你和这些饭店之间的交易基本上都是一次性的。

解决信息不对称的重要机制之一是声誉机制，而品牌建设是声誉机制的一种重要的表现形式。通过本节的讨论，也可以帮助我国各地弄清品牌战略的实施过程。其实，信息不对称程度越大，品牌价值越大，这种关系可以用图4-9来表示。

从图4-9可以看出，像土豆这种日常农产品，属于信息不对称程度最低的搜寻品，品牌的价值是最小的，因为消费者一般都可以在购买之前就能判断土豆的质量水平，所以土豆一般没有品牌。现在有一些绿色农产品，也在创立品牌，但是由于这些农产品在外观上与普通的农产品没有任何区别，造成绿色农产品即使创建了品牌也很难适应市场。而在家电行业，比如电视、冰箱等产品，信息不对称程度要比农产品会严重一些，具有更多经验品特征，消费者经过使用后能够判断该产品质量的好坏，那么对应的品牌价值会大一些。在更加复杂的汽车行业，安全性要求更高，信息不对称问题就更加严重，品牌价值也就更大。在国内购车基本首先考虑德国车与日本车，因为德国车与日本车的品牌就代表了其质量水平。而咨询业是四类行业中信息不对称程度最高的，具有典型的专家型特征，是典型的信任品。以会计事务所为例，会计事务所本身的职责是要解决信息不对称问题，告诉公众投资者某一上市公司的财务状况等。这类机构的品牌本身就变得非常重要。类似地，咨询服务、信用评估、投资银行、商业银行、保险等行业，品牌的价值也非常大。

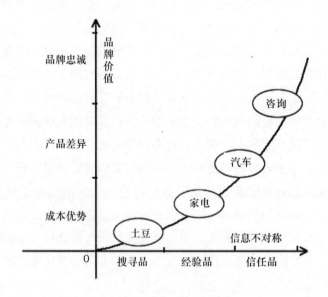

图4-9　信息不对称与品牌价值

在市场竞争中，产品质量竞争优势主要表现在三方面：成本优势、产品优势与品牌优势。其中，成本优势决定价格的下限，因而影响产品对客户的吸引力。产品优势指产品的差异化，产品本身在质量、功能上优于对手，价格就不是消费者进行选择时考虑的唯一因素。品牌优势是指消费者的信任，可以节约消费者收集信息的成本。一个产品如果走品牌战略，基本的路径应该如下：首先，通过成本优势争取一定的市场地位；其次，通过高质量的产品而巩固自身的消费群体并保持质量竞争优势；最后，以自己的品牌优势扩展自己的产品种类，从而进一步赢得市场。小米手机是一个非常好的例子。具体详见图 4 – 10。图中横坐标代表品牌价值，纵坐标代表三种优势在不同阶段的相对重要性。

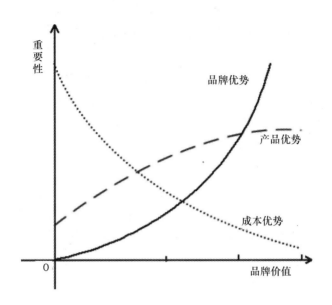

图 4 – 10　品牌价值与竞争优势

　　由于品牌价值和信息不对称相对应，三种优势的相对重要性随品牌价值的不同而变化。品牌优势从 0 开始，且逐渐递增。品牌的价值越大，品牌的优势就越重要。品牌价值越低的产品，其成本优势越重要；品牌价值越高的产品，其成本优势就越不重要。品牌价值低的产品，产品差异的优势也很不重要。随着品牌价值的上升，产品差异的优势会逐渐凸显出来。但是一旦品牌价值非常大，产品的差异优势又会随着品牌的价值降低。这样，企业家在制定竞争战略时，需要根据产业特征区别对待。

　　例如，小米科技就是上述品牌发展路径的典范。在苹果等智能手机纷纷登上市场时，小米手机以苹果 4 代手机约一半的价格推出自己的小米 1 代手机，虽然在某些性能上与苹果 4 代手机存在一定的差距，但整体上差别不大，由于成本优势，使得小米 1 代手机占领了一定的市场份额，紧接着小米手机推出了 2 代、3 代到目前的 4 代手机，发挥自身产品的优势，不断获得市场的认可，消费群体不断扩张。在这种情况下，小米科技开始走多产品路线，典型的就是小米电视，在相同价格的基础上，功能却比其他彩电产品有更好的用户体验感，从而使得小米电视的销售也在快速增长，目前，小米的品牌价值已经得到市场的充分肯定。

第六节　信息不对称与政府管制

152　　解决信息不对称产生的逆向选择问题也可以通过强制性的措施来阻止逆向选择行为的发生，那么不对称信息的不利影响也能够被消除。这样的措施通常由政府以制度化的方式来实施。在信息不对称的情况下，政府可以帮助没有信息的一方获得信息。比如说市场准入。因为在金融等一些领域，消费者容易受到欺骗，可由政府实施市场准入的限制。再比如政府审批，在美国，一种新药上市，必须有 FDA（食品医药管理局）的批准，否则就不能上市，中国也有类似的机构（国家食品药品监督管理局）行使这项职责。我国宏观质量管理现行的两个强制手段为生产许可与强制认证制度。相应的标识如图 4 – 11 所示，两个标识可以作为两个质量信号帮助消费者从众多的商品中区分非法生产的产品。

生产许可　　　　　　　国家3C认证

图 4 – 11　生产许可与国家强制认证标识

生产许可证制度是指国家对于具备某种产品的生产条件并能保证产品质量的企业，依法授予许可生产该项产品的凭证的法律制度。我国实行该制度的产品主要是重要的工业产品，特别是可能危及人体健康和人身、财产安全和公共利益的产品。生产许可证制度是为了保证产品质量，维护国家、用户和消费者利益的强制性措施。

国家对生产下列重要工业产品的企业实行生产许可证制度：

（1）乳制品、肉制品、饮料、米、面、食用油、酒类等直接关系人体健康的加工食品；

（2）电热毯、压力锅、燃气热水器等可能危及人身、财产安全的产品；

（3）税控收款机、防伪验钞仪、卫星电视广播地面接收设备、无线广播电视发射设备等关系金融安全和通信量安全的产品；

（4）安全网、安全帽、建筑扣件等保障劳动安全的产品；

（5）电力铁塔、桥梁支座、铁路工业产品、水工金属结构、危险化学品及其包装物、容器等影响生产安全、公共安全的产品；

（6）法律、行政法规要求依照本条例的规定实行生产许可证管理的其他产品。

任何一个消费者可通过全国工业产品生产许可证公示网获得真实的信息。

强制性产品认证制度，也称3C认证（China Compulsory Certification）是各国政府为保护广大消费者人身和动植物生命安全，保护环境、保护国家安全，依照法律法规实施的一种产品合格评定制度，它要求产品必须符合国家标准和技术法规。强制性产品认证，是通过制定强制性产品认证的产品目录和实施强制性产品认证程序，对列入《目录》中的产品实施强制性的检测和审核。凡列入强制性产品认证目录内的产品，没有获得指定认证机构的认证证书，没有按规定加施认证标志，一律不得进口、不得出厂销售和在经营服务场所使用。强制性产品认证制度在推动国家各种技术法规和标准的贯彻、规范市场经济秩序、打击假冒伪劣行为、促进产品的质量管理水平和保护消费者权益等方面，具有其他工作不可替代的作用和优势。

同样地，消费者可以通过中国认监委的网站查询强制认证的目录，以保障自己购买的产品的安全性。

通过上述的分析，不管市场机制还是政府管制都是解决信息不对称。既然问题由信息不对称而产生，那么最直接的解决之道当然就是通过可行的办法来降低信息的不对称程度。谁能激励这样去做呢？其一是高质量商品的卖方，因为他们手头上的商品最有可能因信息不对称问题的存在而卖不出去，他们也最希望买方能够了解商品的质量；其二是想拥有高质量商品的买方，他们不愿意看到市场的失灵。

于是，只要降低信息不对称程度的努力不会导致太高的成本，那么这种办法就是可行的。现实中我们也的确能够观察到这种情况。例如，家电家具可以提供保质期，来帮助消费者确认自己产品的质量水平。以上便是拥有私人信息的卖方向买方作出的一种信号发送，此外，买方也可能主动地设计某种方案来识别对方的私人信息，这便是信息甄别机制。我们将在下一章中对这两种机制作详细的分析。

154

第五章　信号传递模型及应用

　　信号传递与信息甄别是解决逆向选择问题较为重要的解决机制。其中，信号传递（signalling）与信息甄别（screening）属于代理人和委托人各自主动采用手段的解决信息不对称的机制。信号传递指拥有私人信息的代理人通过采取某种可被观察的行动（即发送信号）来向委托人显示自己的真实信息；信息甄别则指委托人设计某种方案来主动识别代理人的私人信息。与完全信息相比，即使存在类似于价格、广告、生产许可、认证认可等信号发送或信息甄别这样的机制来缓解市场失灵，但是与完全信息相比，效率损失依然是存在的。这就说明质量安全问题是随着人类的发展始终相伴的一个问题，应理性认识。

　　事实上，信号发送或信息甄别的机制在消费者日常生活中广泛存在。例如，计算机销售市场上优质的计算机卖方可能会向买方承诺对出现任何质量问题的计算机在一年内予以免费维修。类似的保修承诺在各类家用电器、家具以及新车的销售中同样存在。那么，就有一个问题，是否所有的家电、家具或新车都有相同的质量承诺呢？现实中，我们会发现不同的企业给出的质量承诺是不同的，比如有的给出 1 年的保修，有的给出 3 年。奥迪汽车给出的保修是 3 年或 10 万公里，这就给消费者一个较好的质量信号。这也正是信号发送与信息甄别机制得以有效运作的前提：低质量生产者不可能作出高质量的承诺，否则他们就会亏本。或者说，低质量生产者发送信号的成本较高。

　　本章我们以信号传递理论的开创者斯宾塞（Spence，1974）的劳动力模型为基础，并构建质量安全治理中的信号传递模型，具体分析信号发送与信息甄别机制是如何发挥作用的以及在这些机制下可能存在的均衡及其含义。

第一节　信号传递机制

由于个人的能力（生产效率）是私人信息，使得某些高能力的劳动力可能"失业"，或者，高能力者即使就业但能获得的仅相当于平均工资。那么是否存在某些可行的机制让这些高能力的劳动力向雇主表明自己的确是高能力的呢？最早对这一问题深入研究的是 2001 年获得诺贝尔经济学奖的迈克尔·斯宾塞教授（Spence，1973，1974）。他注意到雇员有动机通过文凭等教育水平来向雇主传递自己的能力信息，以此克服信息不对称问题。

我们通过以下的简单模型来说明教育作为信号是如何影响劳动力市场运作的。我们想要说的是：高能力者只有接受足够的教育才能证明自己是高能力的，否则低能力者也会通过接受相应的教育来把自己伪装成高能力者。这就如同随着高校的扩招以及门槛的降低，当硕士学位越来越容易拿到，硕士生就不像以前那样吃香，用人单位也开始怀疑起某些硕士的水平。此外，类似于教育这样的信号之所以能够起到区分不同能力的作用，关键的原因是高能力者能更轻松地获得文凭。

当一个人到某个企业去应聘，他可能是高能力的（用 H 表示），也可能是低能力的（用 L 表示）。如果是高能力的，设其生产率是 200，而如果是低能力的，设其生产率为 100。应聘者清楚自己的能力水平，但是潜在的用人单位并不知道应聘者的真实能力。若假定用人单位仅知道应聘者为高能力或低能力的概率都为 $1/2$。换句话说，用人单位认为该应聘者的平均生产率是 150。也就是说，在没有其他信息支持的情况下，用人单位愿意支付的最高工资为 150。自然，高能力的人就会觉得不合适，但是低能力的人肯定感觉满意。那么，高能力的人就会想办法去证明自己是高能力的，其中一个办法就是去接受教育来证明自己的能力水平。

这里假设用人单位是一个以文凭取人的单位，其采取的薪酬政策如下：如果应聘者有大学文凭，就认为该应聘者是高能力的人，可支付的工资为 200 元；如果应聘者没有大学文凭，就认为该应聘者是低能力的人，仅支付 100 元的工资。

　　高能力与低能力应聘者的区别可以反映在接受教育的成本上。因为高能力的人接受能力强，可以较快地掌握知识并通过考试；但低能力的人接受能力弱，十分吃力才能完成学业。因此，假设高能力的人接受教育的成本是 40，而低能力的人接受教育的成本是 120。给定用人单位的薪酬政策，不管高能力或低能力应聘者若都没有大学文凭将都获得 100。但是，高能力的人如果去上大学，工资将增加到 200，扣掉教育成本 40，他还有 160 的净收益，比不上大学只得到 100 多 60 的净收益。因此，他的最优选择是上大学。然而，低能力的人如果想冒充高能力，也得去上大学。但如果他也去上大学，尽管可以让雇主认为自己是高能力。虽然工资增加了 100，但他上大学的成本为 120，实际的净收益只有 200 - 120 = 80，还不如不去上大学，不如老老实实地承认自己是低能力。这样一来，两类能力不同的应聘者就可以清楚地得以区分：高能力的人选择上大学，低能力的人选择不上大学。因此，即使接受教育不能提高一个人的能力，文凭也可以成为传递先天能力的信号。

　　上述分析中，文凭之所以能传递信息，关键是教育成本对于两类人存在较大的差异。如果二者的教育成本差别不大，此时文凭也就没有办法把他们区别开来。例如，仍然假设高能力的人上大学的成本是 40，但是低能力的人上大学的成本只有 80。这时如果用人单位还是坚持既有的薪酬政策，低能力的人上大学也是合算的，因为 200 - 80 = 120 > 100。这样用人单位就很难发现自己的判断有问题了，本以为上大学的人就是高能力的，现在发现并不是这样。这样一来，雇主这时愿意支付的工资就仍然是 150。由此一来，谁都不愿意去上大学了。因为大学毕业之后仍然被认为有一半的可能性是高能力的，一半的可能性是低能力的。而上大学是有成本的，这个成本却成了白花钱，所以这个时候没有人去上大学。如果没有信息不对称，用人单位可以直接判断哪个人能力高，哪个人能力低，就没有必要看文凭了。但由于信息不对称，高能力的人为了让雇主相信自己是高能力，就需要花费相应的教育成本。这个成本就是"信号传递成本"。

　　上面的论述实际上已经对这一节中主要的思想进行了概括，下面将利用形式化的方法数学推理与图形来精确地刻画上述故事背后的内在机制。

157

一 模型设定

现在，在进入劳动力市场之前，未来的求职者可以事先选择接受一定程度的教育，令 $s \geq 0$ 表示求职者所接受的教育程度，劳动力个人将承担接受教育的全部成本。在劳动力市场上，s 是可以被观察到的，将作为一个信号发送给企业。企业将根据受教育程度来推测求职者的能力（生产效率）并提供相应的工资 ω，因此，工资可以被视作受教育程度的函数：

$$\omega = \omega(s) \tag{5.1}$$

为了便于分析，我们需要进行一些具体的设定。我们将劳动力按能力不同抽象为两类，一类是高能力劳动力 H，一类是低能力劳动力 L，记为 θ，且 $\theta \in \{H, L\}$。$c(\theta, s)$ 为类型为 θ 的求职者在教育水平（学习努力程度）为 s 时的成本，$y(\theta, s)$ 为类型为 θ 且教育水平为 s 的求职者的（边际）产出。当求职者被企业雇佣时，求职者的支付为 $w(s) - c(\theta, s)$，而企业的（边际）支付为 $y(\theta, s) - w(s)$。假设低能力劳动力的比例为 p，高能力劳动力的比例则为 $1 - p$。一个基本的假设是：低能力的雇员与高能力雇员相比，要取得同样的教育水平（文凭）需花费较大的成本。我们用如下假设来刻画这种条件，即低能力雇员受教育的边际成本高于高能力雇员，即对所有的 s 有：

$$\frac{\partial\, c(L, s)}{\partial\, s} > \frac{\partial\, c(H, s)}{\partial\, s} \tag{5.2}$$

那么，求职者的无差异曲线可由如下方程刻画：

$$w(s) - c(\theta, s) = R \tag{5.3}$$

其中，R 为求职者的常数净支付。当 $R = 0$ 时，我们得到一条特定的无差异曲线，即

$$w(s) = c(\theta, s) \tag{5.4}$$

这表示在完全信息下，工资与能力是匹配的。

式（5.2）表明，低能力雇员的文凭需求曲线比高能力的文凭需求曲线陡一些，见图 5 - 1。

当存在信息不对称时，如果企业观察到的信号为 s，假定企业是风险中性的，则一个求职者的期望产出为

$$py(H, s) + (1 - p)y(L, s) \tag{5.5}$$

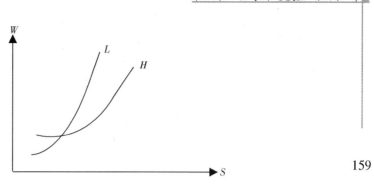

图 5-1　不同类型雇员的无差异曲线

由企业之间的竞争性，企业的行动选择与求职者的期望产出是一致的，

$$w(s) = py(H,s) + (1-p)y(L,s) \tag{5.6}$$

当不存在信息不对称的情况下，有 $w(s) = y(\theta,s)$，于是能力为 θ 的雇员将选择满足如下条件的 s：

$$\max_s [y(\theta,s) - c(\theta,s)] \tag{5.7}$$

设式（5.7）的最优解为 $s^*(\theta)$，在劳动市场和企业之间是竞争性的条件下，$y(\theta,s^*(\theta)) = c(\theta,s^*(\theta))$，且 $\dfrac{\partial y(\theta,s^*)}{\partial s} = \dfrac{\partial c(\theta,s^*)}{\partial s}$（求职者效用最大化条件，即式（5.7）），见图 5-2。注意，图 5-2 中的生产函数 $y(\theta,s)$ 是向上倾斜的，这说明在同样的能力水平下，获得较多教育将提高雇员的生产率。

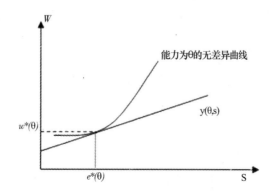

图 5-2　完全信息下的最优教育水平

159

相对于完全信息条件下，信息不对称较为复杂。首先给出两个定义。在信号博弈中，如果对所有的类型 θ ，发送者发送相同的均衡信号，则称为"混同均衡"（pooling equilibrium）。不同类型的发送者发送不同的信号时，称为"分离均衡"（separating equilibrium）。

二　分离均衡

所谓分离均衡，是指在均衡状态下，不同类型的代理人所选择的可被观察到的指标的最优水平是不同的，因而委托人可以通过该指标来区分不同类型的代理人。

在这里，这个可被观察到的指标是求职者的受教育程度。对于分离均衡而言，低能力劳动力不能模仿高能力劳动力，即低能力劳动力如果模仿高能力劳动力获取高学历文凭，即使因高文凭而获取高工资，但所获得的高工资不能补偿其为获得高文凭而付出的过高的教育成本。因此，分离条件为，

$$w^*(L) - c(L,s^*(L)) > w*(H) - c(L,s^*(H)) \qquad (5.8)$$

详见图 5-3 所示。

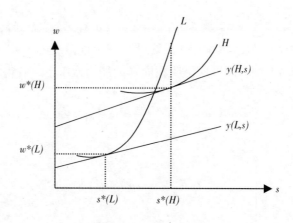

图 5-3　分离均衡

假定企业对求职者的能力有这样的判断：所有受教育程度超过 s^* 的求职者都是高能力的，所有受教育程度不足 s^* 的求职者都是低能力的。于是，相应的工资方案为：

$$w(s) = \begin{cases} y(L,s), s < s^* \\ y(H,s), s \geqslant s^* \end{cases} \tag{5.9}$$

对于类型为高能力（H）的劳动力，当他选择 s^* 时，位于无差异曲线 H 上；当选择 $s \geqslant s^*$ 时，收入为 $y(H,s)$，位于无差异曲线 H 的下方，故选 s 的劣于选择 s^*。当选 $s < s^*$ 时，收入为 $y(L,s)$，此时也位于无差异曲线 H 的下方，且处于较低的位置上。对于高能力劳动力而言，效益最大的选择为 $s = s^*$ 时，因为 s^* 的受教育程度已经使企业认为劳动力是高能力的，接受再多的教育就只会导致受教育成本的上升，没有任何必要。所以，他选 s^* 是最优的，记为 $s^*(H)$。

对于类型为低能力（L）的劳动力，当他选 $s < s^*$，收入为 $y(L, s)$，此时的效益小于 $s^*(L)$（曲线 $y(L,s)$ 与无差异曲线 L 的切点，详见图6－3）时的效用，因为 $s^*(L)$ 是在工资函数为 $y(L,s)$ 时的最优效用水平。当他选 $s > s^*$ 时，收入为 $y(H,s)$，但其要付出比高能力劳动力更高的教育成本，净收益即支付 $y(H,s) > c(L,s)$。根据图 5－3，该净收益（为负）显然小于选 $s^*(L)$ 的净收益（为零）。故低能力劳动力选 $s^*(L)$ 是最优的。任何大于 $s^*(L)$ 小于 $s^*(H)$ 的受教育程度都是不理想的，因为这样的受教育程度并不能使企业认为劳动力是高能力的，所以两类劳动力都只会在图 5－3 中的 $s^*(L)$、$s^*(H)$ 两点之中进行选择。

由于存在低能力劳动力模仿高能力劳动力的倾向，高能力雇员要阻止低能力雇员的模仿，从而形成分离均衡，就必须要求高能力雇员付出更高的代价，取得更高的教育水平，使低能力雇员难以模仿。企业注意到这种较高水平的教育成本，也因此而知道他是高能力雇员，并给予较高的工资以示奖励。这样的一种均衡就被称为分离均衡，因为此时企业根据不同的受教育程度可以区分两类不同类型的劳动力，分别为他们提供不同的工资。接下来我们想找出所有可能分离均衡。我们知道，要让这样的分离均衡能够成立就必须使低能力劳动力不愿通过接受该受教育程度而假装成高能力劳动力，同时，高能力劳动力却愿意通过接受相应的受教育程度来显示自己确实是高能力的。

这对均衡的受教育程度 s^* 有何限定呢？我们可以通过图5－4进一步分析。

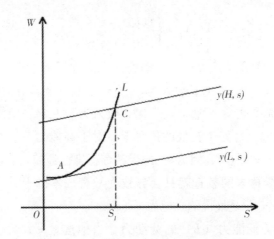

图 5-4　可获得分离均衡的受教育程度（Ⅰ）

如图 5-4 所示，当企业认为高能力劳动力至少应该具备 s_1^* 的受教育程度时，低能力劳动力刚好处于不伪装成高能力劳动力的临界状态，即图中 A 点与 C 点位于同一条无差异曲线上。如果企业所认可的受教育程度低于图中的 s_1^*，那么通过接受该受教育程度低能力劳动力将会伪装成高能力劳动力，这样他可以获得更高的效用。然而，企业将在事后发现原先的这种判断是不正确的，需要进行调整，因此这就不再构成分离均衡。

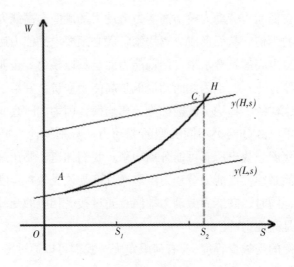

图 5-5　可获得分离均衡的受教育程度（Ⅱ）

在图 5 - 5 中，当企业认为高能力劳动力至少应该具备 s_2^* 的受教育程度时，高能力劳动力恰好处于一种临界状态，图中的 A 点与 C 点位于高能力劳动力的同一条无差异曲线上。如果企业对教育的要求再高些，高能力劳动力将发现他还不如不接受教育被错当成低能力劳动力来得好。但这时企业会在事后发现原先这种关于求职者能力的判断是需要调整的，因此，对受教育程度的要求高于 s^* 也不构成分离均衡。

结合以上两种情况，当企业认为受教育程度在 s_1^* 与 s_2^* 之间的求职者才是高能力时，我们能够得到分离均衡。此时，低能力劳动力不接受教育，高能力劳动力接受企业所认可的程度的教育，企业通过观察求职者的受教育程度就能够区分两类不同的劳动力，同时根据他们各自的生产效率提供不同的工资。

这样，根据企业所认可的受教育程度的不同，我们就会得到无数多个分离均衡，这样的均衡有何不同呢？在分离均衡中，低能力劳动力总是选择不接受教育，因此不同的分离均衡对他们来说并无差异。但是对于高能力劳动力而言，情况则不同。只要足够将他们和低能力劳动力区分开来，高能力劳动力当然希望企业所要求的受教育程度越低越好。由图 5 - 4 可知，这个最低的受教育程度的要求是 s_1^*。在分离均衡中，企业认可的受教育程度越是超出 s_1^*，高能力劳动力的境况就越差，因为他们将为此付出更多的不必要的受教育成本。

我们还可以将上述分离均衡与作为参照的完全信息和不完全信息下不存在信号发送机制的情况进行比较。

在完全信息情况下，企业可以不花任何成本就区分两类不同的劳动力。在分离均衡中，企业最终也能够区分两类劳动力，但这种信息的揭露是有代价的，即高能力劳动力需要花费一定数量的受教育成本。两种情况下，劳动力的工资却是相同的。因此，完全信息解显然要帕累托优于不完全信息下的分离均衡解。更耐人寻味的是，如果全部劳动力中低能力劳动力所占的比例相当低，那么所有的高能力劳动力为了证明自己不是那一小部分人将付出大量的受教育成本。对于整个社会而言，这是一种无谓的浪费。

那么，与没有信号发送机制相比，情况将会怎样？我们知道，当不存在信号发送机制时，企业按劳动力的平均生产效率提供工资，劳动力不必花费受教育成本。对于低能力劳动力来说，有了信号发送机制后他们不能再滥竽充数沾高能力劳动力的光，境况当然就变差。但是能够发送信号是否对高能力劳动力来说就一定更好呢？答案要视具体情况而定。如果低能力劳动力所占比例很低，那么没有信号发送机制时高能力劳动力的工资会非常接近于分离均衡下的高工资，这时分离均衡只能让高能力劳动力得到极其有限的工资提高，但为此他们需要付出一定的受教育成本。因此，此时信号发送机制的存在反而使高能力劳动力的境况变差，他们为了不被误认为是低能力劳动力而不得不付出较高的受教育成本。但是，如果低能力劳动力的比例相当高，那么无信号发送机制时高能力劳动力所能得到的那个平均工资就会很低，这时他们宁愿承担受教育成本来使自己有别于低能力劳动力从而获得工资的大幅度提升。此时，信号发送机制的存在对高能力劳动力是有利的。

三 混同均衡

混同均衡（pooling equilibrium）是指在均衡状态下，不同类型的代理人所选择的可被观察到的指标的最优水平是相同的，因而委托人不能通过该指标来区分不同类型的代理人。在这里的劳动力市场的模型中，混同均衡是指所有的劳动力选择相同的受教育程度的一种均衡状态。此时企业难以凭借受教育程度来区分两类劳动力，只能按平均生产效率提供工资。

这样的均衡可能存在吗？这要取决于企业对劳动力能力作出判断的信念。此时，低能力雇员模仿高能力雇员所耗成本小于高学历带来的收益，即有

$$w^*(L) - c(L, s^*(L)) < w^*(H) - c(L, s^*(H)) \qquad (5.10)$$

图 5 - 6 给出了一种可能的混同均衡。

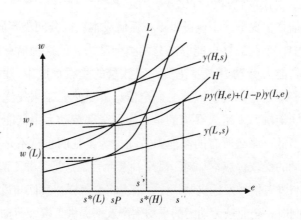

图 5 - 6　混同均衡

对于混同均衡，设两种类型的雇员都选择同样的教育水平 s_p，此时，企业在观察到 s_p 后有 $P(H \mid s_p) = p$，p 是雇员类型为 H 的先验概率。按照前述假设，此时企业的最优工资率选择为

$$w_p = py(H, s_p) + (1 - p)y(L, s_p) \tag{5.11}$$

给定企业的反应，能力为 θ 的雇员选择由以下条件决定的 s

$$\max_s [w(s) - c(\theta, s)] \tag{5.12}$$

当 $s_p = s^*(H)$ 时，在图 5-6 中，对于类型为 H 的劳动力，当他选择 s_p 时，他所处的无差异曲线为 H，而当他选择 $s \neq s_p$ 时，他所处的无差异曲线为 $y(L, s)$ 上的点所处于的无差异曲线，显然效用小于前者，故选 s_p 为最优的。对于类型为 L 的劳动力，当他选择 s_p 时，处于无差异曲线 L，若他选择 $s \neq s_p$，则处于过 $y(L, s)$ 上的无差异曲线，显然选 s_p 是最优的，因为选 $s \neq s_p$ 中的最大化支付选择是 $s^*(L)$，过 $[s^*(L), w^*(L)]$ 的无差异曲线在过 $[s_p, w_p]$ 的无差异曲线的下方。显然，对于图 5-6 中的那种 $s_p = s^*(H)$，以及图中的那种无差异曲线和生产函数来说，雇员选择信号 $s_p = s^*(H)$ 构成一个混同均衡。从数学关系上看，混同均衡并不一定要求 $s_p = s^*(H)$，还存在其他许多 s_p 是混同均衡信号。

通过将分离均衡与混同均衡进行比较可以发现，正是由于较低的受教育程度使总的受教育成本降低才让低能力劳动力选择混迹于高能力劳动力队伍之中。类似的情况在现实中也能够找到。例如，防伪标记曾被一些名牌产品用来区分于假冒伪劣产品，然而随着生产防伪标记的工艺逐渐被制假者掌握，发送这种信号的成本就大大降低，于是假冒伪劣产品也纷纷被贴上了"正宗"的防伪标记。这样一来，原来的分离均衡就不再存在，取而代之的是混同均衡，消费者仅凭防伪标记无法分辨产品的真伪。

四　对均衡的精炼

至此，我们讨论了各种可能的分离均衡与混同均衡。我们发现，在这两种情况中均衡的数目有无穷多个。之所以这样是因为，事实上我们只要求企业对求职者能力的判断在均衡状态下是正确的，对于非均衡路径上的情况（没有最后发生的），由于在均衡结果中并未出现也就无从验证。如果我们能够对企业在非均衡路径上的这种判断作出一些合理的限制，那么我们就能够剔除那些不合理的均衡。在博弈论中，这被称为均衡的精炼。现在就让我们对前面讨论的均衡加以精炼。

（一）分离均衡的精炼

分离均衡的成立要求企业的工资有赖于这样的判断：所有受教育程度少于 s_1 的求职者都是低能力的。但事实上即使能得到最高的工资 $y(H,s)$，低能力劳动力也不会选择接受 s_1 以上的受教育程度，因为他通过支付较高的教育成本获得，与不接受教育获得的效用是一样的。并没有人会选择大于 s_1 且小于 s_2 的受教育程度，所以这种不正确的判断并没有被检验出来。对上述不合理的情况加以剔除，我们只可能得到唯一的分离均衡，即低能力劳动力不接受教育，高能力劳动力接受的受教育程度为 s_1。

（二）混同均衡的精炼

我们也可以根据类似标准剔除一部分混同均衡。如图 5-6 所示，图中 $py(H,s_p)+(1-p)y(L,s_p)$ 代表劳动力的平均能力。由于企业应当相信能够接受 s' 以上程度的教育的求职者肯定是高能力的，因此在 (w_p,s_p) 点所代表的混同均衡下，高能力劳动力完全有积极性放弃 s' 的受教育程度而选择 s_p。事实上，按照上述分析，只要在混同均衡下高能力劳动力的境况与接受教育 s' 点相比更差，那么该混同均衡就应当被剔除。由于 $py(H,s_p)+(1-p)y(L,s_p)$ 是所有混同均衡中最好的一种情况，因此只要在该混同均衡下高能力劳动力的境况不如 s' 点，那么所有的混同均衡都会被剔除，最终的均衡将是最优的分离均衡。

第二节　信号传递模型在二手车市场的应用

一　一般模型

根据上面的分析，一般来说，我们可以把信号传递用如图 5-7 所示的一个不完全信息的动态博弈来刻画。

首先，由"自然"来决定具有私人信息的参与人 A 是哪种类型。假设 A 只有两种类型，A 知道自己属于类型 1 还是类型 2，而参与人 B 不知道，只知道 A 属于类型 1 的概率是 p，类型 2 的概率是 $1-p$。A 也知道 B 知道 A 属于类型 1 的概率是 p，类型 2 的概率是 $1-p$。A 这个时候可以向 B 传递一个信号。我们假定总共有两种不同的信号，信号 1 和信号 2。A 传递信号后，B 尽管不能够直接看到 A 是什么类型，但是可以看到 A 传递了什么信号。然后他根据观察到的信号，利用贝叶斯法则，去修正他对 A 类型的判断：如属于类型 1 的概率有多大，属于类型 2 的概率有多大。然后，再根据这一判断来决定自己采取什么行动。所以，这一博弈的过程不仅是参与人选择最佳行动的过程，而且也是一个信念的修正过程。

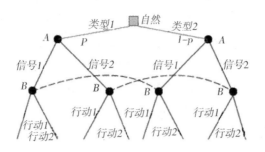

图 5-7 信号传递一般模型

在现实生活中，当一方具有私人信息，另一方不知道该私人信息时，人们就会通过观察对方的行动来试图了解对方。此时，具有私人信息的一方的任何一种行动，都可能变成传递关于自己的私人信息的一种信号。于是具有私人信息一方选择行动的时候，就要特别地谨慎。比如你希望采取一个行动来传递对自己有利的信号，但是对方也会依据此信号来进行理性的判断。也就是说，行动与信号相互作用、相互适应。

二 二手车信号传递模型

根据第五章旧车市场，加入一个质量保修承诺，来分析二手车的信号传递模型。我们把旧车市场买卖双方之间的交易借助如图 5-8 所示的一个信息不对称的动态博弈来刻画。

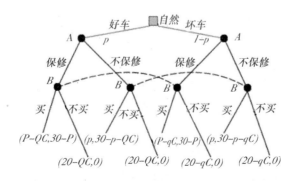

图 5-8 二手车交易的信号传递模型

首先，自然决定卖方 A 所卖的车是好车还是坏车。卖方 A 知道自己出售的车是好车还是坏车，但买方 B 不知道，仅知道 A 卖的车各有 1/2 可能是好车和坏车。假设旧车对卖车的人而言价值为 20，而对买车的人而言价值为 30，无论好车坏车都是这样。而好车和坏车如何区分呢？就用它们出故障的概率来区别。我们用 Q 表示好车在运行当中出毛病的概率，q 表示坏车出毛病的概率，当然我们假定 $Q < q$。假定出故障后的修理成本都一样，用 C 来表示。卖车的人 A 知道他的车是好还是坏，出故障的概率是 Q 还是 q，但是买车的人并不知道。

现在考虑卖方 A 作出一个选择，即提供保修或者不提供。如果提供保修的话，B 可能买，也可能不买。如果 B 买，他付的价格为 P，$30 - P$ 就是交易给他带来的收益。而对于 A 而言，如果他提供保修的话，就要承担修车的期望成本 QC，故他的预期收益就是 $P - QC$（如果是好车）或者 $P - qC$（如果是坏车）。如果 B 不买车的话，那么车还在 A 手里面，价值是 20，减去预期的修车成本，预期收益为 $20 - QC$（如果是好车）或者 $20 - qC$（如果是坏车），这时 B 得到的收益为 0。

A 如果不提供保修，B 同样可以选择买或者不买。如果买，他付的价格为 p（注意是小写字母，不同于提供保修时的价格大写字母 P），此外还要自行承担预期的修理成本，因为卖方不提供保修，所以如果买车，B 获得的净收益为 $30 - p - QC$（如果是好车）或者 $30 - p - qC$（如果是坏车）。A 得到 p。而如果 B 不买，和上述情况是一样的，车留在 A 手里面，A 的预期收益为 $20 - QC$（如果是好车）或者 $20 - qC$（如果是坏车），B 得到 0。这就是关于这个动态博弈的完整的描述。

我们首先来看保修能不能传递信号。

如果在没有任何保修的情况下，对 B 来说，车是好车的概率是 0.5，是坏车的概率也是 0.5，这个时候如果他买车的话，他预期得到的价值是 $30 - p - 0.5qC - 0.5QC$，如果不买只能得到 0。如果 $30 - p - 0.5qC - 0.5QC < 0$，那么 B 就不会买车。简单整理可以得到 $0.5(q + Q)C > 30 - p$，也就是说，如果预期的维修成本大于他获得的价值减去他付出的价格的话，买方就不会买这个车了。这表明，在没有任何信号的情况下，买方 B 所愿意出的最高价格是 $30 - 0.5(q + Q)C$。

对于卖方 A 而言，卖出旧车的收益为 p，把旧车留在手里的收益分别为 $20 - QC$（如果是好车）和 $20 - qC$（如果是坏车）。这也是好车车主和坏车车主售车的心理价位，只有高于这个价格旧车才会被售出，坏车车主的心理价位比好车车主低，所以坏车更容易售出。具体而言，好车可以卖出的条件为 $20 - QC \leqslant 30 - 0.5(q + Q)C$，即当 $(q - Q)C \leqslant 20$ 时好车可以被售出，也就是说，即使车没有保修这个信号，也是可能卖出去的。前提是这种修理的成本非常小，能够让这个不等式成立。所以说，并不是所有的不完全信息都会使市场不存在。而一旦 $(q - Q)C > 20$，市场的价格与好车卖方的心理价位存在一定的差距，好车就卖不出去了。而坏车要卖出去要满足的条件是 $20 - qC \leqslant 30 - 0.5(q + Q)C$，化简为 $(Q - q)C \leqslant 20$，这是恒成立的。所以，在修车成本太大，或者是好车坏车差距太大时，好车有可能无法售出，这就造成了交易的失败。

169

因此，让我们假定 $(q - Q)C > 20$。此时，好车车主可能愿意提供保修，以此向买方传递一个信号，表明自己的车是好车。有了这种信号，买方会愿意以此向买方传递一个信号，表明自己的车是好车。有了这种信号，买方会愿意为有保修的旧车出更高的价，比如 P，而对不提供保修的车的出价仍然为 p。

对于好车的卖方而言，如果提供保修，将车售出的收益为 $P - QC$，而如果不提供保修，售车的收益仍然为 p。对于坏车的卖方而言，提供保修并将车售出的收益为 $P - qC$，不提供保修则为 p。坏车的卖方选择不提供保修意味着 $P - qC < p$，即 $qC > P - p$，即预期的修理成本大于价格差。

这表明保修这一举措要想成为一个真正的信号，就必须能够将好车和坏车区分开来。即如果是好车，卖主愿意提供保修；如果是坏车，卖主不愿意提供保修。这意味着保修成本要满足下述条件：

$$QC \leqslant P - p < qC \qquad (5.13)$$

其中，$QC \leqslant P - p$ 表明好车提供保修是合算的，$P - p < qC$ 表明坏车提供保修是不合算的。二者同时成立就意味着提供保修的车是好车，不提供保修的车为坏车。买方 B 由此就会形成合理的判断，知道提供保修的车是好车，不提供保修的车是坏车。然后根据自己需要作出最佳选择。

由此，我们就得到了一个把"好"、"坏"分开的"分离均衡"（separating equilibrium）。所谓"分离"就是指好车的卖方提供保修，坏车的卖方不提供保修，买方看到提供保修的车就知道是好车，会出一个更高的价格 P，见到不提供保修的车就会相信那是坏车，只会出一个相对更低

的价格 p。

前面的推理看上去繁琐，但其基本结论可以概括如下：要使得保修能成为传递旧车质量好坏的信号，并使得交易成功，必须满足下列两组约束：

1. 激励相容约束：好车有积极性提供保修：$QC \leqslant P - p$，坏车没有积极性提供保修：$P - p < qC$。

2. 理性参与约束：无论好车还是坏车，卖主愿意出售，即 $P - QC > 20$（如果是好车）和 $p > 20$（如果是坏车），并且，买主愿意购买，即 $P \leqslant 30$（如果是好车）和 $p \leqslant 30 - qC$（如果是坏车）。

我们来看一些具体的数字例子。比如 $Q = 0.1$（即好车出故障的概率是 0.1），$q = 0.5$（即坏车出故障的概率是 0.5），另外假定修理费用 $C = 10$。那么，价差 $P - p$ 不能小于 1，但不能大于 5。如果小于 1，好车就没有积极性提供保修；如果大于 5，坏车也模仿好车提供保修。比如一组可能的价格 $p = 20, P = 24$，好车比坏车可以多卖 4 元钱，这就是信号带来的收益。之所以信号可以带来这个收益，是因为不同的车发送信号的成本不同，好车的预期修理成本只有 1 元钱，而坏车需要 5 元钱。

更一般地讲，越是高质量的产品越愿意提供保修。所有的产品都是这样，比如电视机提供五年的保修，这意味着电视机厂对自己的产品很有信心，电视机说不定十年都不会出问题，或者说出问题的可能性很小。如果电视机质量很糟糕，厂家当然不敢提供长年的保修，因为这期间电视机的修理费可能就远远超出这个电视机的价格了，即使他可以卖一个好价格也划不来。

根据公式 $QC \leqslant P - p < qC$，我们可以发现要把市场上的好东西和坏东西区分开，首先 P 与 p 之间要存在一定的差距。也就是说，高质量产品与低质量产品的价格差别足够大。因为只有存在这个价差，拥有好产品的人才会愿意提供信号。如果好车和坏车卖一样的价格，拥有好车的人一定不愿意提供这个信号。这就是一个质量溢价的问题，好东西一定要贵。但是另一方面又不能太贵，如果这个相差太大的话，又破坏了右边的条件。这时，"重赏"之下，坏东西也会冒充好东西。这就是说，如果存在信息不对称，要想发送信号的话，不同质量的产品价格之间应该有一个适当的差距：既要有足够高的溢价，又不能太高。

当然也存在着另外一种可能，即

$$QC \leqslant P - p, qC \leqslant P - p \qquad (5.14)$$

两个条件同时都成立。也就是说坏车的卖方也有意提供保修，这时就是一种混同均衡。两种车都提供保修，售价也是一样的，保修就不再传递信号，因为坏车可以模仿好车，所以买的人仍然不能通过是否提供保修来判断车的好坏。

回过头来看，分离均衡意味着只有好车才提供保修，所以只要观察到车提供保修，买方 B 认为它是好车的概率就是 1，同时只要看到不提供保修的车，它是好车的概率就是 0。所以买方可以根据看到的信号，更新自己的判断。而在混同均衡的情况下，好车、坏车都提供保修，那么观察到车提供保修后，认为它是好车还是坏车的概率与最初对市场的判断是一样的，没有任何变化。这就是说，混同均衡不提供新的信息，而分离均衡提供新的信息。

171

我们看到市场上如果一个信号能够传递信息的话，一定是因为不同类型的人传递信息的成本不一样。只有"好人"不能被"坏人"模仿，我们才能分清谁好谁坏。

第三节　广告的信号传递作用

市场上充斥着大量的商业广告，这些广告传递什么信息呢？在经济学中，我们可以根据产品质量信息在买卖双方之间的不对称程度，把产品划分为三大类。第一类叫搜寻品（search good）：尽管买方事先不知道它的好坏，但是通过付出一定的搜寻成本，就大概可以知道其质量如何，诸如桌椅板凳之类的东西。第二类叫经验品（experience good）：该产品只有使用过之后，你才能知道它的好坏。比如汽车，只有开了一段时间之后才能知道它的好坏，无法通过付出搜寻成本就可以了解的。第三类叫信任品（credence good）：这类产品不仅你买之前不知道其质量如何，买来用了之后仍不知道它的质量好坏。比如现在好多保健品就属于这一类。

对于这三类产品来说，广告的作用是不一样的。对于第一类产品，广告要提供直接的信息，比如产品本身的材料、做工的信息、价格信息、销售地点等。对于第三类产品，广告其实很难告诉消费者实在的信息。但对于第二类产品，虽然广告并不提供有关产品的具体信息，但企业花钱做广告本身就是最重要的信息。

现在假定某种产品可能是高质量，也有可能是低质量，企业自己知道，消费者只有在使用一次之后才知道。如果是高质量，那么买过一次之后消费者还会买第二次；如果是低质量，消费者买了一次后发现受骗上当，就不再买第二次了。假定广告费是 500 万元，每期的潜在市场规模是 400 万元，消费者最初认为做广告的就是高质量产品，不做广告的就是低质量产品，然后根据使用情况修正自己的判断。哪一种产品愿意做广告呢？

如果是高质量产品，做广告第一次能卖出去 400 万元，消费者使用后又来买第二次，又可以卖掉 400 万元，加起来企业可以得到 800 万元，大于广告支出 500 万元。但如果是低质量产品，做广告第一次也可以卖出 400 万元，但是消费者用过之后，下次就不买了，企业只能赚到 400 万元，低于广告费 500 万元。显然，对生产高质量产品的企业来说，做广告是划算的，但对生产低质量产品的企业来说，做广告是不划算的。消费者最初的信念是正确的：做广告意味着高质量，可以购买；不做广告意味着低质量，不应该购买。这就是广告的信号传递功能。

广告费是高质量产品企业向市场传递信息的成本。只有当这种成本足够高时，生产低质量产品的企业才不敢模仿高质量产品的企业做广告，广告才能起到信号传递的作用。比如说，在上面的例子中，如果广告费是 300 万元而不是 500 万元，低质量企业也会做广告误导消费者，广告本身就没有任何信息量。由此看来，市场上巨额的广告费实际上是好企业为了把自己与坏企业区别开来的竞争手段。消费者会有一个理性的预期，如果这种产品敢于花大手笔去做广告，意味着该产品的质量高，就值得购买。而不敢做广告就会意味着企业没有信心，产品不好，消费者就不会去买该产品。这也意味着，对于经验品而言，广告本身并不需要包含有关产品的具体信息。我们看到的很多广告都是形象广告，只是一个抽象的名字，名人代言使人印象深刻，但没有更多更详细的信息。其道理就在这里。

根据信号传递的理论，我们可以知道，信息越不对称的产品，广告的作用也就越大。由此我们也可以对政府的一些广告管制政策作出评价。比如，几年前国家税务总局规定广告支出占销售收入的比例不能超出 2%，这显然是不合理的，因为不同的产品是不一样的。就像我们上面的例子，一个企业第一年的广告支出费用超过它的销售收入都是可能的，因为它相信它的产品是好的，相信第一年买了这个产品的人第二年还会买，并且这个信息会不断地扩散，第三年、第四年买这种产品的人会越来越多。政府对广告费的限制会破坏广告的信号传递功能，反倒有利于生产低质量产品的企业。比如在前面的例子中，如果政府规定广告费不能超过 300 万元，广告就没有意义了。

当然，如果产品是信任品的话，广告并不一定能传递信息。比如我们经常看到的许多保健品，广告支出很多，销售也很好，但这并不一定能证明它的产品质量就好。对于这类广告，政府有必要干预吗？也不一定，因为如果消费者都没有办法识别这个产品质量好坏的话，政府也不一定能够识别出来。这类产品的质量需要企业长期积累的声誉来保证。比如像冬虫夏草这样的东西，人们更愿意买同仁堂的产品而不是一些不知名企业的产品。

第四节　用负债比例显示企业质量：Ross 模型

自 20 世纪 50 年代以来，经济学家一直在探讨一个重要问题，即企业的资本结构对于企业价值有何影响。企业价值指企业的市场价值。米勒和莫迪蒂安尼曾证明了一个著名的"MM 定理"，指出企业价值与企业资本结构无关。企业资本结构指企业资本中债务与股权的比例。

但是，现实中企业总是不会随意地设计其资本结构，而是力图使其资本结构达到某一特定比例。这说明企业价值与其资本结构是有关的。因为企业经理的福利与企业价值有关。直到目前为止，许多人一直在研究"反 MM 定理"，即企业价值与资本结构有关的具体机制，该领域现在也是金融经济学中的热点之一。

但是，这类研究的许多定理都只是通过改变"MM 定理"中原有的假定出发来获得企业价值与资本结构有关的结论，而下面将给出的一个结果却与此相异，是从信号博弈出发，认为资本结构之所以与企业价值有关，是由于资本结构作为一个信号，企业向公众传达了有关企业质量的信息，从而影响公众（市场）对企业价值的评价。

这一结果（即资本结构的信号博弈理论）是该领域内最有影响的理论之一。该理论由 Ross（1977）提出，其中心思想是：企业内部经理与市场上的外部投资者之间存在信息不对称，资本结构通过传递内部信息对企业的市场价值发生影响。

173

下面介绍 Ross 模型：

假定：企业经理知道企业在第二阶段中的市场价值的真实分布函数，而投资者不知道（在第二阶段，企业市场价值由企业的公众预期的利润分布决定），企业经理比外部投资者拥有更多的关于企业赢利能力的信息。在第一阶段，企业经理力图通过发出信号使公众对其企业价值给予正确的评价，达到分离均衡，但第二阶段的企业市场价值将会受到第一阶段行为的影响，如债务对后一阶段有影响，企业经理必须兼顾第一阶段的企业质量与其作为代价对后一阶段经营的影响，后面将用加权平均两个阶段企业市场价值（后一阶段是期望值）作为企业经理的效用函数来表达这一兼顾性。

假定：在第二阶段，企业市场价值（由其获取利润的能力决定）的分布函数是根据一阶随机占优排序的，即企业愈好（质量愈高），其市场价值分布区域的上限愈高（获高利润的概率愈高或市场价值愈可能在高水平处出现）。此博弈行动顺序为：

第一阶段，企业经理通过发出信号，让金融市场投资人知其是高质量企业，从而踊跃购买其股票和债券，因而给予其股票和债券以较高价格，赋予企业较高价值。

第二阶段，企业用从金融市场上融来的资金进行经营，此时，企业的市场价值由其预期利润的资本化决定（与土地价值决定类似），而由于利润率是随机的，故为一随机变量，但高质量企业获高利润的概率较大。

对于企业经理来说，企业市场价值（股票和债券价值）愈高，其个人福利就愈大，相反，当企业破产时，经理受到惩罚（失去工作，名誉损失等）。

经理通过企业的负债比例（负债占总资产的比例）向投资者传递企业获利能力的信息，而投资者将较高负债率看作是企业高质量的表现，原因是：

$$破产概率\begin{cases}与企业质量负相关\\与企业负债率正相关\end{cases}$$

倘若企业是低质量的，其破产概率（在给定负债率下）较大，如果还提高负债率，则破产概率更大。反之，高质量企业的破产概率小，提高负债率（给定企业质量下）尽管会提高破产概率，但破产概率不会变得很大的，故这是低质量企业不敢模仿的。

高质量企业可以通过提高负债率的办法来显示自己的高质量。

表现为：越是好的企业，负债率就越高。

以下分析模型。

假定：两个时期，两个局中人，即企业经理和投资者。

令 v 为企业在第二时期的市场价值（预期利润流的资本化），v 在区间 $[0,\theta]$ 上均匀分布，经理知 θ，投资者只知 θ 的概率分布（先验概率）$\mu(\theta)$（θ 是企业的类型），θ 愈大，企业质量愈高。在第一阶段，经理先选择负债水平 D，投资者观察到 D，从而通过金融市场上的行动决定企业市场价值 v_0。在第二阶段，企业用金融市场融来的资金实现利润（受到第一阶段负债 D 的不利影响，D 愈大，第二阶段破产概率愈大）。

下面给出经理的效用函数。

假定：经理效用函数是第一、二阶段企业市场价值的加权平均（由前讨论，他要兼顾两个阶段的企业表现）。

在第一阶段，企业市场价值为 $V_0(D)$；在第二阶段，对经理来说，记企业的"价值"v' 是一个随机变量（获利润受多种因素影响），一方面，即使企业不破产，其价值也受到影响利润的多种因素的影响；另一方面，当破产时，企业"价值"v 为 $v-L$（L 为破产惩罚），即将企业以 v 卖了以还债，但受到惩罚 L，实得为 $v-L$（可能为负数）。

因当 $v<D$ 时，就出现破产，故有

第二阶段"价值"$v' = \begin{cases} v & v \geq D \\ v-L & v < D \end{cases}$

经理将第二阶段"价值"v' 的期望水平作为指标，从而进入效用函数进行加权。

"价值"v' 的期望水平 $= \int_0^\theta$"价值"$f($价值$)d($价值$) = \int_0^\theta v' \cdot {}''f(v')dv'$

（其中，$f($价值$) = f(v')$ 为"价值"v' 的分布密度。）

$= \int_0^D (v-L)f($价值$)dv + \int_D^\theta vf($价值$)dv$

$= \int_0^D (v-L)f(v)dv + \int_D^\theta vf(v)dv$

（因 $f(v)$ 为 $[0,\theta]$ 上均匀分布，故 $\int_0^\theta f(v)dv = f($常数$)\theta = 1$，所以有

$$f = \frac{1}{\theta}\ )$$

$$= \frac{\int_0^D v\mathrm{d}v}{\theta} - \frac{L\int_0^D \mathrm{d}v}{\theta} + \frac{\int_D^\theta v\mathrm{d}v}{\theta}$$

$$= \frac{\int_0^\theta v\mathrm{d}v}{\theta} - \frac{LD}{\theta}$$

$$= \frac{\frac{1}{2}\theta^2}{\theta} - \frac{LD}{\theta}$$

$$= \frac{1}{2}\theta - \frac{LD}{\theta}$$

效用（支付）函数为

$$u(D, V_0(D), \theta) = (1 - \gamma)V_0(D) + \gamma\left(\frac{1}{2}\theta - \frac{LD}{\theta}\right)$$

其中 γ 为加权权数。

因第二阶段企业市场价值期望水平为 $\int_0^\theta vf\mathrm{d}v = \dfrac{\int_0^\theta v\mathrm{d}v}{\theta} = \dfrac{\theta}{2}$，故 $\dfrac{\theta}{2}$ 为第二阶段企业的期望价值。$\dfrac{D}{\theta}$ 是企业破产概率，即

$$企业破产概率 = P(v < D) = \int_0^D f\mathrm{d}v = \frac{D}{\theta}$$

假定 $D \leqslant \theta$，若有 $D > \theta$，则令破产概率 $\dfrac{D}{\theta} = 1$（概率不能大于 1，这里潜在假定企业没有其他资产可以用来抵债）。

设经理选 D 时，投资者观察到 D 后，认为企业属于类型 θ 的概率（后验概率）为 $\tilde{u}(\theta/D)$，则他认为企业类型的期望值为 $\tilde{\theta}(D) = \int_0^\infty \theta\tilde{u}(\theta \mid D)\mathrm{d}\theta, \tilde{u}(\theta \mid D)$ 由贝叶斯公式给出：

$$\tilde{u}(\theta \mid D) = \frac{P(D \mid \theta)u(\theta)}{\int_0^\infty P(D \mid \theta)u(\theta)\mathrm{d}\theta}$$

$$企业市场价值（期望水平） = \int_0^{\tilde{\theta}(D)} vf\mathrm{d}v = \frac{\frac{1}{2}\tilde{\theta}^2(D)}{\tilde{\theta}(D)} = \frac{\tilde{\theta}(D)}{2}$$

下面只考虑分离均衡。因有

$$\frac{\partial^2 u(D\,V_0(D),\theta)}{\partial D\partial\theta} = \frac{\gamma L}{\theta^2} > 0$$

Spence – Mirrlees 条件成立（质量（θ）越高的企业，越不害怕负债）。存在分离均衡的单一信号区间。下面计算经理的最佳信号：

$$\frac{\partial u}{\partial D} = \frac{1}{2}(1-\gamma)\frac{\partial \tilde{\theta}(D)}{\partial D} - \gamma L\frac{1}{\theta} = 0 \qquad 177$$

因在分离均衡下，投资人从 D 正确地推断出 θ，即当 $D(\theta)$ 是类型 θ 的企业经理的最优选择，则有

$$\tilde{\theta}(D(\theta)) = \theta \text{ 与 } \frac{d\tilde{\theta}(D(\theta))}{d\theta} = 1$$

事实上，分离均衡下有 $P(\theta|D(\theta))=1$，$P(\theta'|D(\theta))=0$，$\theta'\neq\theta$，故

$$\tilde{\theta}(D) = \int_0^\infty \tilde{u}(\theta|D)d\theta' = \int_0^\infty \theta P(\theta'|D(\theta))d\theta' = \int_0^\infty \theta\delta(\theta'-\theta)d\theta = \theta,$$

其中，δ 为克朗内克函数，则

$$\frac{d\tilde{\theta}}{dD}\cdot\frac{dD(\theta)}{d\theta} = 1$$

$$\frac{d\tilde{\theta}}{dD} = \left(\frac{dD}{d\theta}\right)^{-1}$$

代入上述一阶条件：

$$\frac{1}{2}(1-\gamma)\left(\frac{dD}{d\theta}\right)^{-1} - \frac{\gamma L}{\theta} = 0$$

$$2\gamma L\frac{dD}{d\theta} - (1-\gamma)\theta = 0$$

解此微分方程：

$$D(\theta) = \left(\frac{1-\gamma}{4\gamma L}\right)\theta^2 + C,\ C \text{ 为积分常数。}$$

于是得到经理的均衡战略，即类型 θ 的企业经理选择负债水平 $D(\theta)$。

$$\theta = \left[(D(\theta)-C)\frac{4\gamma L}{(1-\gamma)}\right]^{\frac{1}{2}}$$

因"理性预期"性的观察（分离均衡下能准确识别身份），$\tilde{\theta} = \theta$。

$$\tilde{\theta} = \left[(D - C) \frac{4\gamma L}{(1 - \gamma)} \right]^{\frac{1}{2}}$$

代入 $V_0 = \dfrac{\tilde{\theta}}{2}$

$$V_0 = \left[(D - C) \frac{\gamma L}{(1 - \gamma)} \right]^{\frac{1}{2}}$$

在此博弈中（给定 C，对应一个博弈），D 的取值范围为 $[C, \infty)$，而对于 $[C, +\infty)$ 中任一个 D，都有某类型 θ 的企业经理选 D。

任何 D 都是均衡路径，故无非均衡路径。

对每一观察到的 D，由贝叶斯法则给出一个后验概率 $\tilde{u}(\theta^{-1}(D) \mid D) = 1$ 和 $\tilde{u}(\tilde{\theta} \neq \theta^{-1}(D) \mid D) = 0$。

此精炼均衡意味着，愈是高质量的企业，负债水平（及负债率）就愈高，尽管投资者不能直接观察到企业的质量，但他们通过观察企业的负债率来判断企业的质量，从而正确地给企业定价。

非对称信息逼使愈是好的企业承担愈高的负债率，因在完全信息下，企业的负债水平与企业价值无关（由"MM 定理"）。因为增加负债提高了企业破产的概率，经理为信息的非对称性付出了成本，这种成本在完全信息下是不存在的。

为了节省这笔成本，企业经理可以向投资者披露内部信息。

这就是现实中看到的上市公司经理有兴趣向金融市场投资者披露内部信息的原因，因为这样使经理用更廉价的方法让投资者知道了企业的真实价值。

从此均衡战略还可看出，若经理愈不重视企业的市场价值，企业的负债率就愈低。因负债的唯一目的是向外部投资者传递信息，若经理不重视企业市场价值，他就没有必要向市场传递信息，从而没有必要举债和承担破产惩罚。

第六章　机制设计与协同治理

本章研究机制设计问题。在上一章中，拥有"好信息"的一方会主动地通过信号传递的方法来告诉对方自己的信息。但是通常来说，拥有"坏信息"的一方并没有积极性披露自己的消息。在前面的"逆向选择"中，我们关注的是不对称信息可能导致低效率现象的出现，而机制设计要求我们考虑这样的一些问题：什么样的机制能够最大限度地避免由逆向选择所导致的低效率？更简化地说，即如何让拥有信息优势地位的博弈主体说真话？为了回答这样的问题，我们需要求助于"显示原理"，我们将会看到，显示原理表明，为了找到最佳机制，我们只需要关注那些让代理人说真话的机制就可以了，这就大大简化了我们寻找最佳机制的工作。

本章的结构安排如下：第一节分析机制设计的基本原理；第二节以产品质量与电梯安全保险市场为例解释机制设计；第三节分析质量安全治理的协同治理的机理。

第一节　机制设计理论

一　谁是孩子的母亲

一个典型的例子是《圣经》中"谁是孩子的母亲"的故事。两个妇女住在一个房间，相继各生了一个孩子，但突然有一天其中一个孩子死了，两个妇女都说活着的孩子是自己的，官司打到所罗门国王那里。所罗门国王并不知道谁是孩子的母亲，但是这两个妇女都是知道的，其中一个是真的母亲，一个是冒充的。但是真母亲没有办法来告诉大家自己是真的，假母亲没有积极性告诉大家自己是假的。在这种情况下，所罗门国王说，既然你们争论不休，我只能把孩子分成两半，你们每人拿一半好了。这时候，一位母亲放声大哭，说孩子不是自己的，而另一位母亲却无动于衷。这样一来，所罗门国王就知道了谁是真的谁是假的，把孩子判给了前一位母亲。之所以如此，是因为所罗门国王知道，孩子真正的母亲宁肯失去孩子也不愿意孩子死去，而假母亲既然自己得不到孩子，对孩子的死活也就无所谓了。

180

　　在我国历史上也有类似的例子。两位母亲也是为争夺一个孩子把官司打到县衙门，为了识别谁是孩子的亲生母亲，县太爷在地上画了一个大圆圈，让孩子站在中间，两位母亲各拉一只胳膊，宣称谁把孩子拉出圈孩子就归谁。但县太爷心里明白，肯使大力气拉走孩子的一定不是亲生母亲。

　　成语"指鹿为马"实际上讲的是赵高如何找出不顺从自己的大臣的故事。据司马迁《史记·秦始皇本纪》，秦二世三年（公元前 207 年），赵高想谋反，但又害怕群臣不听从他。为了找出那些不随从他的人，他就想了一个办法。他带来一只鹿献给秦二世，说："这是一匹马。"二世笑着说："丞相错了，把鹿说成马。"问左右大臣，左右大臣有的沉默，有的说是鹿。赵高就在暗中假借法律陷害了那些说是鹿的大臣。从此之后，大臣们都畏惧赵高。

二　显示原理

　　机制设计理论就是研究在信息不对称的情况下，没有私人信息的一方如何让具有私人信息的人把信息真实地披露出来。这样的机制分为直接显示机制（direct revelation mechanism）和间接显示机制（indirect revelation mechanism）。在直接显示机制下，具有私人信息的一方报告自己的类型；在间接显示机制下，具有私人信息的一方选择设计给自己的合同。

　　显示原理：任何一个间接显示机制都存在一个对应的直接显示机制，在该直接显示机制下，每个人会如实地报告自己的真实类型，并且两种机制下的资源配置结果是一样的。或者说任何一个说假话机制都可以由一个说真话机制来取代并得到相同的均衡结果。

　　原本机制设计的目的是研究委托人在与代理人订立契约的过程中如何设计最优的机制。当然我们可以对给定的一些机制进行比较，判断哪些机制是较优的，但是如果我们不能穷尽所有可能的机制，我们如何能够断言某一种机制就是全局最优的呢？那么根据显示原理，机制设计问题就被大大地简化，只需要考虑直接机制设计就足够了。只要在直接机制中找到最优的，那么该机制就是所有机制中最优的一个了。

有了显示原理，我们就找到了寻找最优机制的简便方法。首先，我们将关注的范围集中在那些让代理人说真话的机制上；其次，在这些说真话机制中寻找对委托人最优的机制。显示原理指出这样的机制就是我们所要寻找的最优机制。

更为一般的机制设计问题可以用如下博弈来刻画。设想有两个博弈主体 A 和 B。A 代表生产企业，且有两种类型，高质量生产者或者低质量生产者。A 的类型是私人信息，A 知道自己的类型，但是 B 并不知道 A 的类型，只知道 A 是高质量生产者的概率为 p，是低质量生产者的概率为 $1 - p$。为此，B 可以设计出两个方案（方案1和方案2）让 A 来做选择。如果 A 是高质量生产者，他就会选择方案一；如果 A 是低质量生产者，他就会选择方案二。这样的话 B 也就能够知道 A 究竟是高质量生产者还是低质量生产者了。我们可以用图6-1来直观地描述上述博弈。

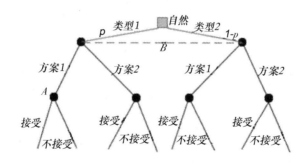

图6-1　机制设计的博弈树

这里，B 设计的方案就是通过 A 的自我选择（self - selection）来判断 A 的类型。而要保证自我选择过程的实现，这些方案必须满足两个约束条件。第一个是参与约束，也就是说 B 设计的这个方案 A 应该会愿意接受，即 A 接受方案要比不接受方案好。第二个就是激励相容约束（incentive compatible constraint）：每一个人都有积极性接受为其类型所设计的方案而不是接受为其他类型所设计的方案，也就是要自我对号入座。参与约束意味着当事人有积极性参加交易，激励相容约束意味着拥有私人信息的 A 能够"说真话"。在这样一种"说真话"的机制中，你是高质量生产者，你的选择就会反映出你是一个高质量生产者；而你是低质量生产者，你的选择就会反映出你是一个低质量生产者。

第二节　机制设计应用

机制设计在现实中有着十分广泛的应用。只要是委托人希望让代理人说真话，那么就会有机制设计的思想在其中。下面我们从机制设计的角度来理解现实中的一些现象。

一　产品的质量差异

现实中，我们经常看到企业的产品会有不同的性能或质量。例如，完全相同的产品可能会有简装与精装的区别。同样的杏花楼月饼（每盒八块装）就有纸盒装与铁盒装之分，虽然盒子里面用来吃的月饼几乎完全一样，但两者的价钱却相差好多。同样的曲奇饼干也会有简装与精装之分，前者用纸盒装，每盒的净重较大，后者用精美的铁罐包装，每盒的净重较轻。个人电脑的 CPU 也是一个例子。Intel 公司在推出性能卓越的奔腾芯片时，也会推出相应的所谓低端产品——赛扬芯片。后者是前者的一个简化版本，特地被去掉了有助于提高数据交换速度的二级缓存。

企业为什么这么做呢？一个最容易让人想到的答案是因为存在着不同口味或偏好的消费者。的确，如果所有消费者对某产品的口味或偏好是完全相同的，那么最符合这种单一偏好的产品的性能或质量也应该是单一的。也就是说，前述这种产品性能或质量的多样性需要由消费者对产品性能或质量要求的多样性来解释。但这就是答案的全部吗？如果回答是肯定的，那么似乎对每一类不同口味的消费者就应当有一种特定的（也是最合适该消费者口味的）产品性能或质量与之对应，最为关键的是，每一类消费者都因此而感到满意。

但是现实中的情况可能有所不同。购买赛扬芯片的消费者往往希望 Intel 公司能够再增加一些该芯片的缓存容量，消费者为此而愿意支付的额外费用甚至超过了企业额外的生产成本的增加。那么企业为什么不这么做呢？对于这样的问题，前面的答案就不再适用。不对称信息下的机制设计却是一个可能的解释。

设想一块电脑芯片的性能可以用一个一维的变量（q）来表示，相应

的生产成本则是 $C(q)$ ，且有 $C'(\cdot) > 0, C''(\cdot) > 0, C(0) = 0$ 。为简便起见我们只考虑存在两类不同的消费者，"游戏迷"与"打字员"。他们的区别在于对芯片性能评价的不同，"游戏迷"酷爱玩游戏，对电脑芯片性能的要求非常高，哪怕只是一点点性能上的提高他都会为此感到非常的过瘾。"打字员"的电脑只用来输入文字，对芯片性能的要求较低。如果用经济学的语言来描述这种区别，那就是两类消费者对产品性能的边际评价不同。两类消费者都需要一块电脑芯片，但同样是消费性能为 q 的芯片，"游戏迷"由此带来的效用是 $\bar{\theta}q$ ，而打字员的效用却是 $\underline{\theta}q(0 < \underline{\theta} < \bar{\theta})$ 。如果企业能够鉴别消费者的类型（边际评价），那么企业就会根据生产的边际成本等于消费者边际评价的均衡条件来确定两种不同的最优产品性能，我们不妨称对应产品为高性能芯片与低性能芯片。同时，企业只会让消费者获得保留效用（零效用），即企业要求消费者支付相当于 $\theta q(\theta = \bar{\theta}, \underline{\theta})$ 的价格来购买芯片。

但事实上企业无法分辨两类不同的消费者，消费者的类型是私人信息。这样的话，当"打字员"只能获得零效用时，"游戏迷"通过购买为"打字员"量身定做的低性能芯片就能够获得严格正的效用，这是他的一种信息租金，在数量上可以用 $\Delta\theta\, q_L$ 表示。其实，这里与劳动力市场的模型基本一致，高能力获得高工资，干同样的活更为轻松，这里换成"游戏迷"对同样的性能有更高的评价。类似的，企业为了减少这种信息租金就会进一步降低低端芯片的性能。

现在我们就可以更为全面地理解产品的质量差异了，这种差异在根本上由消费者偏好的不同导致，它体现了企业试图通过区分不同类型的消费者而达到利润最大化的一种努力。由于消费者的类型是私人信息，企业在设计激励相容的机制时必须向高性能评价者支付信息租金。于是，我们就容易理解为什么即使赛扬芯片的购买者愿意为该芯片的性能提升支付较高的价格而企业仍然不愿意这么做，因为这么做会使所有高端产品的用户去购买低端产品，这将降低企业的利润。

二　保险在质量风险控制中的作用

2001 年诺贝尔经济学奖得主 Stiglitz 和他的合作者 Rothschild 提出的一个基本模型，揭示了保险在风险控制的基本范式，使得保险可以作为一个风险发现工具可以使用在质量风险的控制中，例如，在特种设备安全工作领域，其基本工作思路就是根据人机环管的各个要素中的风险水平进行特种设备安全运行的监管。下面我们根据他们的基本模型，以汽车的全保与部分保险来分析，保险的风险发现工具。最后分析广东电梯的强制保险制度。

184

我们考虑一个汽车保险的合约设计。假设有两类司机，一类是高风险的司机，另一类是低风险的司机，各占50%。假定高风险司机有30%的可能性发生事故，而低风险司机有10%的可能性发生事故。假如车的价值是10万元，并且投保金额按照车的全价来计算，如果保险公司知道投保人属于哪一类风险类型的信息，自然地，保险公司就会向高风险的司机收取3万元的保险费，向低风险的司机收取1万元的保险费。在保险期内如果发生事故，对两类人都赔偿10万元。如表6-1所示。

表6-1 汽车保险的两种类型

	事故概率	保险金额	保费	确定性收益
类型Ⅰ	0.3	10	3	7
类型Ⅱ	0.1	10	1	9
平均	0.2	10	2	

如果保险公司不能分辨投保人的类型，那么它只能按每2万元的标准收保险费。但是如果保险费是2万元，第二类人，也就是那些低风险的人，就有可能不参加保险了，导致逆向选择。假定低风险的风险溢价是0.7万元（即每1万元保险的风险溢价是0.07万元），高风险的风险溢价是2.1万元（即每1万元保险的风险溢价是0.21万元）（后者的风险是前者的三倍，我们假定其风险溢价也是前者的三倍）。我们来分析一下低风险司机的选择：如果他选择不参加保险，那么预期收益将会是9万元，确定性等价（certainty-equivalent）为8.3万元（预期收入减去风险溢价等于确定性等价收入）；保险后的确定性收益只有8万元。这样他自然不愿意参加保险了。而高风险司机仍然愿意参加保险。这是因为：如果他选择不参加保险的话，那么预期收益是7万元，确定性等价为4.9万元；保险后的确定性收益为8万元。保险使得他的效用提高了，他自然愿意参加保

险。而如果低风险投保人不参加保险而只有高风险投保人参加保险，那么
保险公司就肯定要亏损了。因为在只有高风险的人参与保险的情况下，保
险公司的期望利润为负值。这是逆向选择导致的结果。

为了让保险覆盖所有的汽车，我们需要设计一个机制让低风险司机参
加保险。有什么样的办法可以把两类人区分开来呢？需要解释的一点是：
关于这些投保者属于哪一社会群体、什么职业、什么年龄等等，这些信息
我们都是可以确定获得的。问题是在同样的社会群体、同样的职业、同样
的年龄组之中，仍然有的人属于高风险，有的人属于低风险。那么这样的
人中间，怎么分辨他们的类型呢？下面我们来设计一个方案，使得低风险
司机也能自主选择参加保险。

现在假定保险公司提出两个合同方案，然后让投保人自由选择，看他
们愿意接受方案 1 还是愿意接受方案 2。

方案 1：保费 3 万元，发生事故赔偿 10 万元；

方案 2：保费 2000 元，发生事故赔偿 2 万元。

在这两个方案中，谁会选择第一个方案？谁会选择第二方案？

首先看高风险投保人的选择，如表 6 - 2 所示。

表 6 - 2　　　　　　　　高风险投保人对保险合约的选择

	不保险	方案 1	方案 2
期望收益（万元）	7	7	7.4
确定性等价（万元）	4.9	7	5.75

高风险司机在不参加保险情况和方案 1 情况下的期望收益与确定性等
价如表 7 - 2 所示，已经在前面计算过了。现在我们看看他在方案 2 情况
下的期望收益以及确定性等价。在方案 2 的情况下，如果不出事故（概
率为 0.7），那么投保人的收益为 9.8 万元；如果出事故（概率为 0.3），
收益为 1.8 万元。那么投保人的期望收益为 7.4 万元（ = 9.8 × 0.7 +
1.8 × 0.3），而确定性等价则为 5.75 万元（假定高风险司机每 1 万元保险
的风险溢价是 0.21 万元）。在两个可选择的方案中，方案 1 对于高风险者
是最优的，因此他会选择方案 1 投保。然后我们看看低风险投保人的选
择，如表 6 - 3 所示。

185

表6-3   低风险投保人对保险合约的选择

	不保险	方案1	方案2
期望收益（万元）	9	7	9
确定性等价（万元）	8.3	7	8.44

与上面类似，我们可以很快计算出低风险司机在不参加保险情况和方案1情况下的确定性等价收益分别为8.3万元和7万元。现在我们看低风险司机在方案2情况下的期望收益和确定性等价收入。如果不出事故（概率为0.9），那么收益为9.8万元；如果出事故（概率为0.1），收益为1.8万元，那么期望收益为9万元（=9.8×0.9+1.8×0.1），而确定性等价为大约8.44万元（假定低风险司机每1万元保险的风险溢价是0.07万元）。在可供选择的两个方案中，方案2对低风险司机是最优的，因此，低风险司机会选择方案2投保。

因此，如果保险公司设计了这样两个合同的话，高风险的人一定会选择方案1，低风险的人一定会选择方案2，就像刚好是为他们设计的一样。高风险的人有没有可能会冒充低风险的人去选择方案2呢？没有。类似地，低风险的人也同样没有积极性去选择为高风险人专门设计的方案1。这就是我们说的激励相容约束（incentive compatible constraint）。这种方案设计使每一类的人都有积极性说真话，进行自主选择，主动选择那种专门为自己设计的方案。保险公司实际上就把两类人区分开了。

注意这两个方案有一个特点：第一个是全额保险，而第二个不是全额保险。汽车本身的价值是10万元，现在如果赔偿的话也只给你2万元，这种保险方式叫作部分保险（partial insurance）。为什么只让他们得到部分的保险呢？因为如果你给他们保险保得多了，那么高风险的人就会冒充低风险的人，造成难以分辨的信息。经过计算容易知道，如果给低风险司机设定了全额保险的话，那么高风险司机一定会选择第二种方案，而绝对不会选择第一种方案。为了防止高风险的人冒充成低风险的人，我们只能为低风险的人提供部分保险。本来在完全信息的情况下，他应该投全额保险的，但是现在保险公司只能给他一个局部的保险。

在现实中，合同是不是这样呢？大体是这样的。比如说在保险公司的车保业务中，你如果买的是普通保险，汽车丢了，保险公司只负责承诺赔偿你车价的80%。也就是说，假如你的车价值40万元，如果车被盗了，那么保险公司给你赔偿的金额是 32 万元，剩下的 8 万元由你自己负担。但是，如果你愿意投全保的话，你需要额外地加一些保费。用我们这个例子来讲，就是保险公司为你提供了一个标准的合同，具体内容是：保险费用 2 000 元，赔偿金额是 2 万元（车价的 20%）——因为前面的例子只是为了说明问题，与这里假设的数字相差大了一点。但是如果你想得到赔偿金额 10 万元（车价的 100%），请追加保险费用 2.8 万元。当然最后结果还是：给谁设计的方案就会被谁选择。观察表明，确实是风险更高的人会追加保险费以获得全额赔偿，而风险较低的人会选择标准合同。

187

第三节　广州电梯安全强制保险制度

广东省质监局根据日常电梯安全监管情况总结出五个方面的突出问题。一是安全责任链条不够明晰。电梯运营中的所有权、使用权、物业管理权、技术管理权（维修、维保、检验权）和具体使用者往往是多个主体，相互推卸责任；二是维保环节恶性竞争。由于权责不清和利益驱动，导致"质次价低"的维保公司充斥市场；三是检验环节职责混淆。定期检验替代监督检验，行政监管部门既当"裁判员"又当"运动员"，不利于电梯安全主体责任的落实；四是社会救助和制约机制缺失。目前，仍未在电梯领域建立起事故责任险制度，难以形成保险特有的风险防范监督和社会救助的杠杆作用；五是维修改造资金难以落实。电梯是长期、频繁使用的公用设备，而当前在电梯维修更新资金如何提取使用上，缺乏制度和程序上的设计，资金难以保障。

针对上述五大问题，广东省质监局于 2012 年 4 月制订、实施《广东省电梯安全监管改革方案》，系统性地提出了"明确一个责任，实施两项改革，建立两个制度"的改革措施，其中一个重要的制度为推动建立电梯事故责任险制度，构建社会救助和保险制约机制，具体为：

1. 保监部门会同财政、质监部门研究制定电梯事故责任险实施方案，建立以"使用权者"为参保主体，特种设备生产企业、检验机构和维保单位参与，社会广泛认同和接受的电梯安全责任保险制度，形成保险保障参与的电梯安全风险救助机制，提高救助赔付能力。政府可向参保企业提供一定的保费补贴等经费补助。

2. 积极推动技术机构和专业人员参与保险公司的理赔工作和对承保

人的安全风险评估，通过安全风险的量化分析和保费费率的调整，促进电梯"使用权者"加强内部管理，积极防范安全风险，减少电梯安全责任事故，发挥保险机制社会管理职能。

由此形成了如下责任分担机制：特种设备安全监管部门负责监督、处罚、抽检和补贴责任；企业主体中的电梯使用权者承担首负责任，电梯制造企业承担维保主体责任；社会主体中的维保机构承担社会维保服务，成为维保责任的分担主体；检验机构承担社会技术服务，成为责任分担主体；保险公司承担社会保险服务，成为责任分担主体。整个广东省电梯监管改革责任分担模式如图6-2所示。

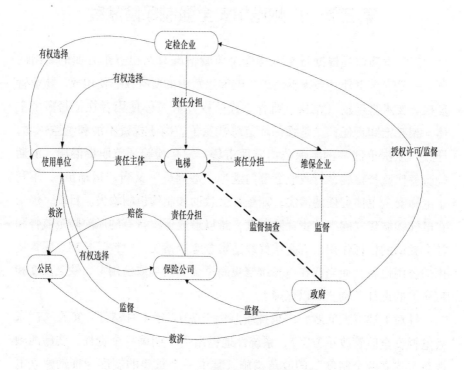

图6-2　广东电梯责任分担模式图

引进保险公司的作用在于分担责任，并发现电梯安全风险。目前，广东所有的电梯，每台电梯每年保费100元，当发生电梯安全事故后，保险公司现行赔付，但仅提供部分保险。电梯使用单位可以自主选择增加保险，从而达到全额保险。众所周知，影响电梯安全一个重要的因素是电梯维保的质量水平，因此造成电梯安全水平不同，有高风险与低风险。若使用单位选择价格较低的维保机构为本单位电梯提供维保服务，必然造成电梯发生事故的概率增大，随着电梯事故发生的频次增加，保险公司可根据每台电梯的风险水平设定不同的保费，从而区别不同电梯风险水平，这同时可为特设局提供每台电梯的风险水平，达到风险控制的目的。

第四节　协同治理的一般分析

质量安全是指由企业生产和提供的产品或服务，因为使用性能的缺陷而对消费者产生伤害的状态。而导致质量安全的根本原因在于质量供需双方在质量信息上存在不对称性，而信任质量是造成信息不对称最大的原因。其中，电梯维保质量就是一个典型的信任质量。主要特征就是电梯维保主体具有质量信息的强势地位，维保主体具有使用主体与监管者不具有的私有信息，容易出现"市场"与"政府"的双重失灵。首先，电梯的维保质量作为一种典型的信任质量，供需双方存在严重的信息不对称；其次，电梯安全是一个公共产品，以上两点必然导致"市场失灵"。为解决电梯安全的"市场失灵"问题，我国政府先后出台了《特种设备安全监察条例》、《特种设备安全法》来保障电梯、锅炉、压力容器等八大类特种设备的安全。一方面，为保障特种设备的"绝对"安全，政府监管范围涉及从特种设备的设计到报废全生命周期的监管，造成政府监管的"越位"与企业主体责任不落实的困局；另一方面，由于我国特种设备数量及科技水平随着经济的快速发展也呈快速增长与不断更新的态势，尤其是电梯数量随着我国房地产业的发展平均每年以 20% 的速度增长。[①] 但作为监管主体，在政府精简机构的前提下，造成监管能力与监管设备的人机比快速下降，造成政府监管的"缺位"，从而导致电梯安全监管的"政府失灵"。

通过分析可以发现，对于电梯维保质量存在"市场"与"政府"双重失灵的困局，主要原因是作为拥有质量信息强势地位的"电梯维保主体"这一关键主体没有参与到协同治理中来。其原因是现有的监管模式并不能激发"电梯维保"主体提升维保质量的主动性。相反，"电梯维保"主体凭借其信息强势地位追求利润最大化，容易造成"处理不足"（Dulleck and Kerschbamer, 2006）。

---

① 数据来源：《特种设备安全状况 2013》，国家质检总局（http://www.zajczx.com/Aiticle. aspx？Aid = 787）。

首先，"电梯维保"主体与"电梯使用"主体之间存在信息不对称。我国要求承担电梯维保服务的维保主体每 15 天对电梯进行维保一次，而作为"电梯使用"主体的消费者由于处于信息劣势，并不能对电梯的维保质量进行有效监督。一般而言一部电梯一年的维保费用平均为 5000 元左右，维保公司为了追求利润最大化，必然会出现"处理不足"。

其次，"电梯维保"主体与"电梯监管"主体之间存在信息不对称（张继宏，2013）。根据《特种设备安全监察条例》的规定，"电梯监管"主体要对辖区内的电梯每年必须进行安全检验，且检验人员还要相互检验以保障电梯的质量安全。但是，目前我们电梯保有量已到 300.93 万台，而我国的特种设备安全监察人员才 1.25 万人[①]，其中电梯监察人员约占 1/3。这造成电梯的监察人机比严重失衡，而"电梯维保"主体作为被监管主体不会主动披露维保质量信息，只会隐藏自己对电梯维保的"处理不足"。因此，在电梯维保质量的治理过程中，拥有电梯维保质量信息最多的维保主体的缺失是造成电梯质量安全事件的最为主要的原因。

一个系统的产生和演化是由相关主体之间的博弈而产生的。信任质量治理的各博弈主体通过博弈可形成一个社会子系统，那么"多中心自组织"的协同治理对质量安全的治理是否有效呢？下面，我们借鉴有关学者（杨荣基、彼得罗相、李颂志，2007；范如国，李星，2011；范如国，2014）的研究，构建博弈模型来分析这一治理模式的有效性。

令 $x_i(t) \in X_i \in \mathbb{R}^N$ 表示在时间 $t \in [t_0, t_1]$ 的博弈主体 i 状态水平，$i \in N_{\circ}$[②]$c_i(t)$ 表示主体 i 在时刻 $t \in [t_0, t_1]$ 为了提升博弈主体 i 的状态水平所投入的成本。每个博弈主体 i 在时刻 t 的效益可表示为 $m_i[x_i(t)^{\frac{1}{2}}] - n_i c_i(t)$，其中 m_i, n_i 为常数，$m_i[x_i(t)^{\frac{1}{2}}]$ 表示博弈主体 i 在状态水平为 $x_i(t)$ 的净收益，$n_i c_i(t)$ 表示博弈主体 i 的投入成本。由于各博弈主体之间可以对质量信息进行共享，从而可产生协同效应。那么博弈主体 i 的状态水平 $x_i(t)$ 在时刻 t 的变化可表示为：

---

① 数据来源：《2013 年全国特种设备安全状况报告》。

② 电梯质量安全的博弈主体目前应包括特种设备管理局（电梯安全执法主体）、特种设备检测研究院（电梯检验主体）、维保公司（电梯维保主体）及消费者（电梯使用主体）4 个主体。但是，由于特设局与特检院之间形成了"法律授权——技术支撑"的关系，对于维保公司而言，两者共同代表了"政府"这一主体，因此这里将博弈主体设置为 3 个，故 $N = \{1, 2, 3\}$。

$$\frac{dx_i(t)}{dt} = \left[\alpha_i [c_i(t)x_i(t)]^{\frac{1}{2}} + \sum_{j \neq i} \beta_j^{[j,i]} [x_j(t)x_i(t)]^{\frac{1}{2}} - \lambda x_i(t) \right]$$

(6.1)

其中，$i,j \in N$ 且 $i \neq j$，$\alpha_i [c_i(t)x_i(t)]^{\frac{1}{2}}$ 表示博弈主体 i 通过投入成本 $c_i(t)$ 对 $x_i(t)$ 的状态变化产生的影响，$\beta_j^{[j,i]} [x_j(t)x_i(t)]^{\frac{1}{2}}$ 表示在协同效应下，博弈主体 j 对主体 i 状态 $x_i(t)$ 所产生的影响，λ 表示协同效益的折损

191

率。因此，各博弈主体之间自组织协同产生的总体收益为：

$$\int_{t_0}^{t_1} \sum_{i=1}^{\#(N)} [m_i x_i(t)^{\frac{1}{2}} - n_i c_i(t)] e^{-r(t-t_0)} dt + \sum_{i=1}^{\#(N)} A_i [x_i(t_1)]^{\frac{1}{2}} e^{-r(t_1-t_0)}$$

(6.2)

其中，$\#(N)$ 表示集合 N 的个数，A_i 表示 $t = t_1$ 时，博弈主体 i 的状态常数。根据文献（杨荣基，彼得罗等，2007）的解法与定理，对（6.1）式与（6.2）式求解，我们可得如下贝尔曼方程：[①]

$$- V_t^{t_0}(t,x(t)) = \max \left\{ \begin{array}{l} \sum\limits_{i=1}^{\#(N)} [m_i x_i(t)^{\frac{1}{2}} - n_i c_i(t)] e^{-r(t-t_0)} + \\ \sum\limits_{i=1}^{\#(N)} V_{x_i}^{t_0}(t,x(t)) \cdot \dfrac{d x_i(t)}{dt} \end{array} \right\}$$

(6.3)

其中，$V_{x_i}^{t_0}(t,x(t))$ 表示 $V^{t_0}(t,x(t))$ 对 x_i 求偏导，且 $V^{t_0}(t,x(t))$ 满足边界条件

$$V^{t_0}(t_1,x(t_1)) = \sum_{i=1}^{\#(N)} A_i [x_i(t_1)]^{\frac{1}{2}} e^{-r(t_1-t_0)}$$

(6.4)

其中，$V_t^{t_0}(t,x(t))$ 表示各博弈主体之间协同在时间 t 时，状态为 $x(t)$ 的收益函数，当博弈主体为电梯维保公司时，可表示电梯的维保质量水平。根据庞特里亚金极值原理，对（6.3）式求最大值可以得到：

$$c_i(t) = \frac{m_i}{4(n_i)^2} [V_{x_i}^{t_0}(t,x_i(t)) e^{r(t-t_0)}] x_i(t)$$

(6.5)

将（6.5）式代入到（6.3）式、（6.4）式中，可得，

$$V_t^{t_0}(t,x_i(t)) = \left[\sum_{j=1}^{\#(N)} y_j(t) x_i(t)^{\frac{1}{2}} - z(t) \right] e^{-r(t-t_0)}$$

(6.6)

---

① 贝尔曼方程：贝尔曼方程也称作动态规划方程，由理查德·贝尔曼发现。贝尔曼方程是动态规划（Dynamic Programming），这种数学最优化方法能够达到最优化的必要条件。

这里有，

$$\frac{\mathrm{d}y_i(t)}{\mathrm{d}t} = \left(r + \frac{\lambda}{2}\right)y_i(t) - \sum_{j \neq i} \beta_j^{[j,i]} y_j(t) - m_i, \frac{\mathrm{d}z(t)}{\mathrm{d}t} = rz(t) -$$

$$\sum_{i=1}^{\#(N)} \frac{\alpha_i^2}{16 n_i} [y_i(t)]^2$$

由此可知，在博弈主体都参与协同时，每个博弈主体 i 的最优投资策略为：

$$c_i(t) = \frac{\alpha_i^2}{16 n_i} [y_i(t)]^2, i \in N \tag{6.7}$$

通过以上的博弈分析可知，当信任质量各博弈主体都参与协同治理时，协同治理的整体收益将随着时间的推移在不断地发生变化，协同治理的瞬时收益等于各个博弈主体状态水平的最优改变给整体收益产生的贡献与瞬时的贴现水平之和。但当协同稳定时，即系统达到一种均衡状态时，系统的总体收益等于系统中各个博弈主体最终所获的报酬的贴现总和，也就是说多中心自组织协同治理对质量安全的治理具有正面积极的影响。因此，多中心自组织协同治理对有信任质量产生的质量安全治理有效。

第五节　协同治理：质量安全有效治理的机理分析

根据产品（服务）供需双方在质量信息上的不对称程度或者产品（服务）自身的质量属性特征，可将产品（服务）质量信息划分为三类：搜寻质量（search qualities）、体验质量（experience qualities）与信任质量（credence qualities）（Nelson，1970；Darby，Karni，1973）。搜寻质量是指消费者在消费前就能确认的质量特性。例如，服装的样式、尺寸；食品的颜色、光泽、品牌、标签等；汽车的外观、品牌；电梯的品牌等体验质量是指消费者在消费之前无法确知，但在消费体验之后就能确知的质量特性。例如，服装的舒适度；食品的口感、味道等；汽车的驾驶便利性，动力性等；电梯的平稳性等。信任质量是指消费者在消费体验后也无法真实评价确认的质量特性。例如，食品的抗生素、激素等。特种设备维修保养、汽车维修、医疗服务等专家型服务的质量。或者说，消费者为了真实确认信任质量特性必须付出进一步的高昂的成本。

现实中，大多数产品（服务）并不能按照上面这种划分方法简单的归类，而是可能同时具备上述三方面的质量属性特征，上面列举的例子都说明这种现象的普遍性。虽然大多数的产品（服务）质量特性都不能进行简单的划分与归类，但是这样的分类方法有利于进行质量安全有效治理的机理分析，详见表6-4。

表6-4　　　　　　　　　质量特性与相应的治理模式

质量特性	治理模式
搜寻质量	提高消费者质量素质
体验质量	引入第三方质量信息提供组织 基于互联网消费者质量信息挖掘与披露
信任质量	行业内同行评价制度 生产经营单位诚信机制

根据表6-4的初步分析可以发现质量安全有效治理的模式，应为消费者、社会、市场与政府的相互协同治理模式，质量安全的有效治理主体不仅只是单一的政府，还应包括消费者、市场、社会，其中消费者本身更应成为质量安全治理的"第一道防线"。政府应在对消费者、市场与社会加大质量公共服务的前提下，通过消费者、市场与社会间接地对"质量安全"进行治理，从而提高治理效率。

一　我国消费者素质水平观察

著名管理学家迈克尔·波特在其名著《国家竞争优势》一书中曾提到，一国的产品是否有竞争力，消费者素质是关键因素之一，越挑剔的消费者，其产品质量越高，越容易在全世界占有更大的市场份额。比如，德国的消费者一看到报纸油墨沾手，马上就打电话投诉，因此反过来促成德国的印刷机全球质量最好。[①]

消费者素质是特指人作为消费主体在消费行为上所具备的修养和能力。严格来说，消费行为是两个有序行为即购买行为（消费准备）和直接消费行为（消费实现）的统一。据此可以认为，消费者素质的内涵既

---

　　① ［美］迈克尔·波特：《国家竞争优势》，李明轩、邱如美译，中信出版社2007年版，第168页。

包括购买行为中体现的消费者的能力，又包括直接消费行为中体现的消费者的能力。消费者的能力主要包括审美鉴赏能力、识别挑选能力和质量监督能力（卢嘉瑞，1988）。2012 年，武汉大学质量发展战略研究院在全国22 个省（直辖市、自治区）进行了主题为"宏观质量观测"的问卷调查，并对消费者素质从多个角度进行观测与调查。[①] 我们认为，消费者素质应为消费准备、消费实现与消费完成的统一。主要体现为消费者在消费准备期间对质量基本知识的认知与运用，在消费实现过程中的行为选择以及在消费完成之后自我权益的保护。因此，可从消费者质量基本知识与认知水平，消费者消费行为选择及消费者的权益维护三个方面观察我国消费者素质。

（一）消费者质量基本知识与认知水平

普通消费者在"消费准备"期间，即支付行为之前，应用一些质量基本知识对产品或服务质量做基本的判断，包括认证认可标识、标准及相关说明。因此，对于消费者质量基本知识与认知水平的评价可从"是否注意查看产品的合格证与说明书"、"是否认识质量标识"、"是否将认证标识作为选择的依据"与"是否希望了解产品的生产标准"四个方面评价消费者对质量基本知识的认知度。调查结果见图 6 - 3a、b、c、d。

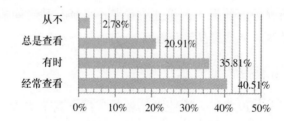

图 6 - 3 - a　消费者是否在购买产品前查看相关合格证和说明书

---

① "宏观质量观测"调查共分四个部分：顾客满意度、消费者质量安全感受、消费者素质与质量公共服务，本研究采用的数据为消费者素质部分的数据，调查对象年龄范围 18—65 岁，为消费的主要群体。调查的地区名单如下：北京、天津、石家庄、枣强、魏县、襄汾、忻州、锡林浩特、大连、梅河口、上海、无锡、句容、海宁、绍兴、建德、安庆、芜湖、亳州、永泰、晋江、乐平、莱芜、平顶山、汝州、郑州、新乡、许昌、武汉、利川、公安、南漳、岳阳、永州、佛山、汕头、南宁、三亚、万宁、垫江、忠县、遂宁、凯里、三原、银川、乌鲁木齐、库尔勒、喀什。

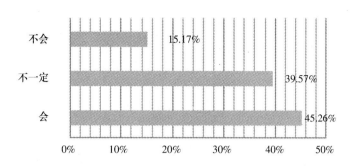

图 6 - 3 - b　消费者是否以质量检测机构认证为选择依据

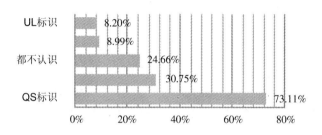

图 6 - 3 - c　消费者所认知的质量标识①

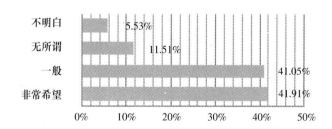

图 6 - 3 - d　消费者是否希望了解相关生产标准

数据来源：武汉大学质量发展战略研究院中国质量观测课题组，《2012 年中国质量发展观测报告》，中国质检出版社/中国标准出版社 2013 年版，第 139—140 页。

———————

① QS 标识是食品市场准入标志。《食品生产加工企业质量安全监督管理办法》规定，实施食品质量安全市场准入制度管理的食品，首先，必须按规定程序获取《食品生产许可证》；其次，产品出厂必须经检验合格并加印（贴）食品市场准入标志。CE 标识是欧洲共同市场安全标志，是一种宣称产品符合欧盟相关质量的标识。HACCP 标志是保护食品在整个生产过程中免受可能发生的生物、化学、物理因素的伤害，其宗旨是将这些可能发生的食品安全危害消除在生产过程，而不是靠事后检验。UL 标识是美国保险商实验室对几点包括民用电器类产品颁发的安全保证标志。

从"消费者是否在购买产品前查看相关合格证和说明书"调查数据来看，有35.81%的消费者选择了"有时"，2.78%的消费者选择了"从不"（图6-3-a）。从"消费者是否以质量检测机构认证为选择依据"调查来看，有39.57%的消费者选择"不一定"；15.17%的消费者选择了"不会"（图6-3-b）。从"消费者是否希望了解相关生产标准"来看，41.05%的消费者选择了"一般"，11.51%的消费者选择了"无所谓"；5.53%的消费者选择了"不明白"（图6-3-d）。从"消费者所认知的质量标识"来看，有24.66%的消费者选择了"都不认识"（图6-3-c）。从这几个方面都可以看出，我国消费者既有客观上对质量基本常识与知识的认知度较低的现实，也有主观上不重视质量常识和知识的故意。这说明，政府在消费者质量教育的投入或工作并不到位，尤其约25%的消费者竟然任何质量标识都不认识，这也解释了在市场上"假冒伪劣"产品、"三无"产品能够存在的原因，其最主要的原因就是存在25%的消费者缺乏基本的质量安全识别能力，选择产品的依据基本是价格，这种情况在城乡接合部和农村地区更为突出。

（二）消费者消费行为选择

消费者在"消费实现"过程中，即直接购买行为，应对判断为质量不好的产品或服务进行拒绝，体现了消费者的素质水平，也体现了消费者的社会责任意识。对于消费者消费行为的选择可从消费者"是否购买过假冒盗版产品"、"知道是假冒盗版产品是否还会购买"、"无意购买到假冒盗版产品是否会举报"、"知道周围生产、销售假冒盗版产品，是否会举报"等观察消费者的消费行为选择。结果见（图6-4a、b、c、d）。

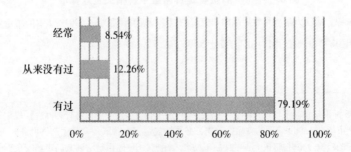

图6-4-a　消费者是否购买过假冒盗版产品

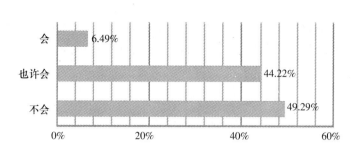

197

图6-4-b 消费者知道是假冒盗版产品是否还会购买

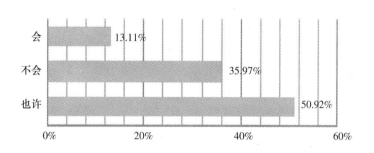

图6-4-c 消费者无意购买了假冒盗版产品是否会举报

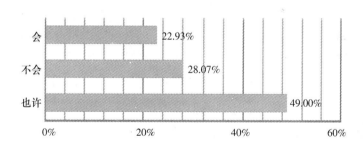

图6-4-d 消费者对周围生产、销售假冒盗版是否会举报

数据来源：武汉大学质量发展战略研究院中国质量观测课题组，《2012年中国质量发展观测报告》，中国质检出版社/中国标准出版社2013年版，第141—142页。

对于消费者是否买过盗版产品，有79.19%的消费者选择"有过"，8.54%的消费者选择"经常"，即超过80%的消费者都购买过盗版产品（图6-4-a）。在知道是假冒盗版产品的情况下，仍然有6.49%的消费者选择继续购买，44.22%的消费者选择"也许会"继续购买（图6-4-b）。这也证明了，存在"质量安全"风险的产品充斥于市场之中，是由于消费者的需求决定的，消费者作为市场监管的有效因素并没有发挥其应有的"自我约束"作用。在缺乏自我约束的前提下，消费者主动维护市场秩序的意愿更低，在主动举报假冒伪劣产品方面，只有约20%的人会选择主动举报（图6-4-c，图6-4-d）。由"智猪博弈"分析可知大多数消费者更倾向于采取搭便车的方法，寄希望于他人努力来改变市场充斥假冒盗版的状况。

（三）消费者的维权意识

消费者在消费完成之后，因产品或服务对消费者产生质量伤害，消费者的维权意愿体现了消费者素质水平。因此可从"消费者对维权途径的了解程度"、"消费者是否知道维权组织"、"消费者维权途径"及"消费者不愿维权的原因"四个方面观察消费的维权意识，其结果详见图6-5a、b、c、d。

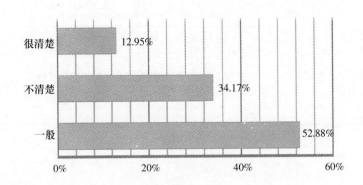

图6-5-a 消费者对维权途径的了解程度

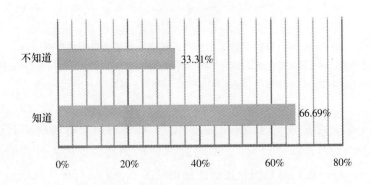

图6-5-b 消费者是否知道维权组织

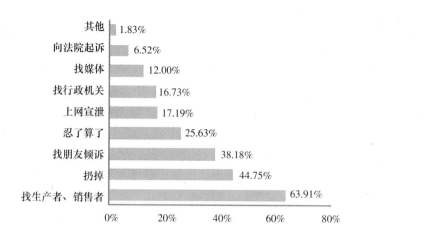

图6-5-c　消费者采取的维权途径

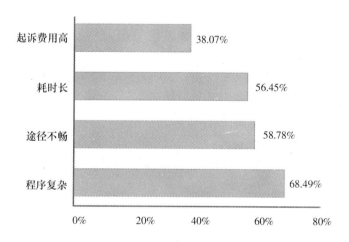

图6-5-d　消费者不愿维权的原因

数据来源：武汉大学质量发展战略研究院中国质量观测课题组：《2012年中国质量发展观测报告》，中国质检出版社/中国标准出版社2013年版，第145-146页。

从消费者对产品质量问题的维权途径与方法调查来看，有34.17%的消费者对维权途径完全不清楚；33.31%的消费者完全不知道维权组织的存在（图6-5-a，图6-5-b），说明虽然政府建立了一些消费者维权途径，但由于宣传与教育的缺乏，仍有很多消费者并不知晓。此外，消费者在购买有质量缺陷的产品或服务后该如何处理的问题上，63.91%的消费者选择直接找生产者和销售者协商解决，只有16.73%的消费者会找行政机关解决；6.52%的消费者选择向法院起诉。选择扔掉、找朋友倾诉、忍了算了、上网宣泄等消极行为的比例也排在找行政机关、媒体和法院等主动行为的前面（图6-5-c）。出现上述现象的原因，主要是程序复杂、途径不畅、耗时长与起诉费用高（图6-5-d）。因此，在建立消费者维权机制考虑公正性的同时，也应考虑维权机制的效率。只有低成本的维权机制的良好运行才能促进消费者进行维权，从而提升消费者的质量素质。

通过上面的调查分析可以看出，中国消费者素质水平较低的原因，客观上有行政主管部门对消费者质量常识与知识的教育不到位，维权途径建设不合理的问题，也有主观上消费者不愿发挥市场监管角色的原因。为提高消费者素质，行政主管部门也必须做好两方面的工作：一是开展消费者质量常识的普及教育；二是构建合理畅通的维权途径。

二　互联网时代下的消费者质量信号显示模型

"体验质量"最重要的问题就是质量信号显示问题，一部分消费者消费体验后所获得的产品或服务的质量信息若能够及时准确地得以披露，将起到校正市场秩序的作用。在移动互联网时代，这种情况变成可能，作为网民的消费者都可以通过互联网，直接向社会传播对产品和服务质量的评价信息，特别是随着微博、微信等"自媒体"传播方式的出现，每一个消费者几乎都可以成为一个独立的媒体，导致质量安全信息的传播，表现出极强的即时性与互动性（程虹、范寒冰、肖宇，2012）。在以往的研究中，都假设先前的消费体验是消费者获取质量信息的唯一可靠的渠道，首期未购买的消费者由于失去了首期"体验"机会而无法获得有关产品质量的更多信息，将不参加后期的购买（Bagwell and Riordan, 1991；Linnemer, 2002；Hahn, 2004；Yehezkel, 2008）。这一假设并不符合现实情况，在移动互联网时代，质量信息可以及时地通过移动互联网得以披露，质量安全信息是所有消费者拥有的公共信息，无论首期有没有消费体验，所有消费者会以一定的概率在后期知道该产品或服务是否存在质量安全风险，从而都能够利用这一额外的信息进行后期的购买决策。我国现有的质检体系、监督抽查制度是保证产品质量的有效方法之一，而监督抽检的覆盖范围是影响我国质量水平的主要因素。面对不断增长的产品总量及产品创新，有限的政府能力不可能支撑不断增长的监督抽查覆盖范围的需求，那么发挥消费者的监督作用，在收集并统计消费者通过互联网发布的质量信息，再进行有的放矢的检验以验证产品质量，将有助于改善我国质量的总体水平。此处借鉴有关学者（Tirole，1996；Levine，2009；李想，2012）构建的无限期重复博弈集体声誉模型，通过引入消费者监督这一外生变量，构建一个两期交易模型，推广他们模型的应用。通过考察监督抽查的覆盖范围的变化，研究其对我国质量水平的作用。

201

（一）基本模型构建

根据市场上质量提供水平与消费水平做以下假设：

第一，假设某行业市场存在两家企业和一群消费者。消费者的总数设为 M ，单个企业有以下三种可能：高质量企业，记为 G ；低质量企业，记为 B ；机会主义企业，记为 O 。高质量企业总是提供高质量产品或服务，低质量企业总是生产低质量产品或服务，机会主义企业能够以零成本提供低质量产品，以固定成本 $C > 0$ 和零边际成本提供高质量产品或服务。这三种类型的概率分别为 $p, q, 1 - p - q$ ，其中 $p, q \in (0,1), p + q \in (0,1)$ ，并且企业间相互独立。

第二，每个消费者具有相同的需求单位，且每个消费者的净效用函数都记为 U ：当消费者购买一个单位产品时，获得净效用为 $U = \theta \cdot R - P$ ，其中 R 表示产品或服务质量的实际水平，取值为高质量 Q^h （安全），或者低质量 Q^l （不安全），且有 $Q^h > 0 > Q^{l①}$ 。 $\theta > 0$ 表示消费者对于质量为 R 的产品或服务主观满意度， P 表示单位产品或服务的价格。不购买时， $U = 0$ 。

第三，两家企业的产品或服务对消费者的净效用无差异，产品或服务定价相同，消费者将以 1/2 的概率随机选择其中一家，当消费者认为其质量水平相同时，两种产品或服务的需求量均为 $M/2$ 。重复博弈模型的时序，详见见图 6－6。

第四，企业在现有的制度环境下确定自己的类型，其中的机会主义选择是否进行质量提升的投资 C ，在此后的交易期中，保持企业类型不变直到下一个交易期。消费者根据先验对市场中的产品或服务质量进行评估，决定是否购买，若购买，博弈进入下一个交易期。

---

① 0 在这里表示符合基本安全标准的质量水平,低质量产品没有达到国家安全标准。

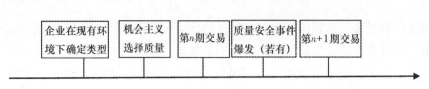

图 6-6　两期交易博弈时序图

202　　第五，在第 $n+1$ 个交易期之前，政府根据消费者互联网发布的质量信息，对存在潜在风险的产品或服务进行检验或验证。低质量产品存在质量缺陷，一旦被检验，其质量缺陷以概率 $\xi \in (0,1)$ 被公之于众，这一概率由抽查的覆盖范围与质量检测水平决定，覆盖范围由消费者是否发挥监督作用决定的，若监管机构把消费者经互联网发布的质量信息作为重要的信息源，并随着我国互联网及网民的普及与发展，覆盖范围将不断增大，记为 $\eta \in (0,1)$。质量检测水平由质检技术机构的检验技术水平，将随着科技的发展不断提高，记为 $\zeta \in (0,1)$。那么，有 $\xi = \eta \cdot \zeta$。由于技术水平更新速度较慢，可在短期内假设为一常数。

　　第六，消费者结合上述质量检验结果和自己对首期的质量评估，更新其对于两产品的质量估计，并据此决定是否继续购买，第 $n+1$ 交易完成之后，博弈结束。

　　（二）一般性分析

　　容易看出，当两家企业的类型组合为 (G,G) 时，根据模型基本假设，此时市场上的产品或服务质量都是高质量的，通过多次的交易，消费者也能推测出市场上的产品都是高质量的，从而充分信任整个行业的产品或服务质量。类似地，两家企业类型组合为 (B,B) 时，由于市场上的产品都不安全，消费者不会购买，市场会崩溃。例如，我国国产婴幼儿奶粉产业，由于"三聚氰胺事件"的影响，造成我国消费者普遍认为不安全，自 2008 年以来产销量逐年递减。当企业类型组合为 (G,B) 时，消费者无法完全确认每家企业的类型，所以只能以 $\dfrac{Q^h + Q^l}{2}$ 估计市场上的质量水平。但是，当市场中至少存在一家机会主义企业时，那么该企业会因利益最大化而考虑是否提供高质量产品或服务。

　　（三）模型分析

　　我们假定消费者认为机会主义企业由于利益驱使，总是提供低质量产品，从而获得较多的利润，那么我们考察当监管范围扩大与检验技术提高怎么影响机会主义者的战略选择。

首先，分析消费者在两期交易过程中对市场某产品或服务的质量评估。当企业类型组合为 (G,G) 时，质量为 Q^h；当企业类型组合为 (G,O)、(G,B) 时，市场平均质量为 $\dfrac{Q^h + Q^l}{2}$；当企业类型组合为 (O,O)、(B,O)、(B,B) 时，市场平均质量为 Q^l。因此消费者首期的对质量的先验估计为：

203

$$EQ_1 = p^2 Q^h + 2[p(1-q-p)+pq]\frac{Q^h + Q^l}{2} + [(1-p-q)^2 + 2q(1-p-q) + q^2]Q^l$$

$$= pQ^h + (1-p)Q^l$$

对于第二期质量估计分为两种情况进行讨论：当没有质量安全事件发生时，消费者对于质量评估更新为：

$$EQ_2 = \frac{[p^2 + p(1-p)(1-\xi)]Q^h}{p^2 + 2p(1-p-q)(1-\xi) + 2pq(1-\xi) + [(1-p-q)^2 + 2q(1-p-q) + q^2](1-\xi)^2}$$

$$+ \frac{p(1-p)(1-\xi)Q^l + [(1-p-q)^2 + 2q(1-p-q) + q^2](1-\xi)^2 Q^l}{p^2 + 2p(1-p-q)(1-\xi) + 2pq(1-\xi) + [(1-p-q)^2 + 2q(1-p-q) + q^2](1-\xi)^2}$$

$$= \frac{pQ^h + (1-p)(1-\xi)Q^l}{p + (1-p)(1-\xi)}$$

当发生质量安全事件时，消费者对质量评估更新为：

$$EQ_2' = \frac{p(1-p)\xi Q^h}{2p(1-p-q)\xi + 2pq\xi + [(1-p-q)^2 + 2q(1-p-q) + q^2]\xi^2}$$

$$+ \frac{p(1-p)\xi Q^l + (1-p)^2 \xi^2 Q^l}{2p(1-p-q)\xi + 2pq\xi + [(1-p-q)^2 + 2q(1-p-q) + q^2]\xi^2}$$

$$= \frac{pQ^h + pQ^l + (1-p)\xi Q^l}{2p + (1-p)\xi}$$

其次，分析机会主义者面对不同的博弈主体，坚持低质量战略的收益。

当机会主义者的竞争对手是高质量者时，机会主义者坚持低质量战略将可能被检测出存在质量问题从而损失竞争利润。当侥幸过关时，机会主义者将获得期望收益 $\dfrac{1}{4}(1-\xi)\theta ME Q_2$；当被曝存在质量问题时，机会主义者损失的期望收益为 $\dfrac{1}{4}\xi\theta ME Q_2'$。那么，机会主义者面对高质量竞争对手时，其期望收益为：

$$V = \frac{1}{4}\theta M\left[(1-\xi)EQ_2 - \xi EQ_2'\right]$$

则有 $\lim\limits_{\xi \to 1} V = -\dfrac{pQ^h + Q^l}{2p}$ 与 $\dfrac{\partial V}{\partial \xi} < 0$ 。这说明机会主义者随着检验概率 ξ 的增大收益减小且为负。若假设 $\zeta = 1$ ，意味着检测技术总是能正确地检测产品质量，ξ 将由覆盖范围 η 决定。当消费者经过消费体验反映出的质量问题，经检测技术通常都会获得准确的检测，因此这一假设是合理的。那么也就是随着覆盖范围的扩大，机会主义者会有从低质量战略转向高质量的动力。

当机会主义者面对低质量竞争对手时，坚持低质量战略将虽然节省了成本 C ，但在可能损失更多的竞争收益。具体分析如下：第一，当低质量竞争对手被曝有质量问题，而机会主义者侥幸过关时，期望收益为 $\dfrac{1}{4}\xi(1-\xi)\theta MEQ_2'$ ；若同时曝出质量问题，那么将损失收益 $\dfrac{1}{4}\xi^2\theta MEQ_2'$ 。第二，若低质量竞争对手侥幸过关，机会主义者若被曝质量问题将损失期望收益 $\dfrac{1}{4}\xi(1-\xi)\theta MEQ_2'$ ；若也侥幸过关，那么获得期望收益为 $\dfrac{1}{4}(1-\xi)^2\theta MEQ_2$ ；那么，机会主义者的期望收益为：

$$V' = \frac{1}{4}\theta M\left[(1-\xi)^2EQ_2 - \xi^2 EQ_2'\right]$$

则有 $\lim\limits_{\xi \to 1} V' = -\dfrac{pQ^h + Q^l}{2p}$ 与 $\dfrac{\partial V'}{\partial \xi} < 0$ ，同样随着覆盖范围的扩大，机会主义者会有从低质量战略转向高质量的动力。

三 "信任质量"有效治理的机制设计

"信任质量"首次提出时，作者就明确指出"'信任质量'特性是那些尽管很有价值，但在正常使用中却难以评价的特性"，并在信息成本角度进一步解释"之所以难以评价"是因为"质量评价需要进一步高成本的信息"（Darby and Karni, 1973）。"信任质量"作为信息不对称程度最大的一种质量特性，最突出的表现形式就是专家服务型。在专家服务市场上，消费者通常面临两种信息的问题：为根本就不需要的服务付费，或者为宣称已提供服务但实际上根本没有提供的服务付费。换句话说，就是"处理不足"或"处理过度"（Dulleck and Kerschbamer, 2006）。

　　汽车维修与医疗服务作为信任质量的典型案例已有众多研究，Wolinsky（1993）研究发现，向不同医疗专家咨询可以有效地减少甚至消除医务人员的欺骗行为。黄涛和颜涛（2009）从信任质量角度，构建博弈模型分析了医疗市场中的过度治疗现象，并指出特定条件下通过引入消费者知识搜寻决策及专家欺骗处罚机制可以起到遏制作用。Winand Emons（1997，2001）对瑞士 Ticino 州医生安排七项重要手术患者结构数据的分析结构显示，普通患者的比重比身份为医生或者医生家属的患者高出33%。Asher Wolinsky（1993，1995）研究指出根据美国交通部的估计超过50%的汽车维修是不必要的。通过以上研究可以发现，降低信任质量的信息不对称度，同行评价是很有效的手段。本部分以特种设备维修保养这一更为专业且质量安全问题更重要的领域为案例，构建同行评价博弈模型，并证明该机制对降低信任质量信息不对称度的作用。

　　（一）模型框架设计

　　本书提出一种权重配属的特种设备管理同行评价机制，对于特种设备维保质量供需双方，通过供需双方之间对特种设备维保质量评价偏差的对比，确立供方与需方各自质量评价可信度水平。诚信机制框架模型见图6 -7。

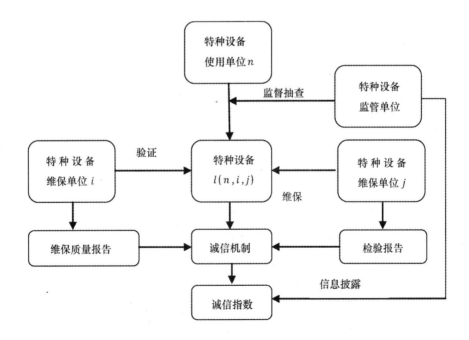

图 6 -7　特种设备维保同行评价机制框架图

假设市场上共有特种设备 L 台，特种设备使用单位共有 N 家，特种设备维保单位共有 K 家，每台特种设备表示为 $l(n,i,j)$，其中 $l \in \{1,2,\cdots,L\}$ 表示第 l 台特种设备，$n \in \{1,2,\cdots,N\}$ 表示第 l 台设备属于第 n 家使用单位，$i \in \{1,2,\cdots,K\}, j \in \{0,1,2,\cdots,K\}$ 表示市场的第 i 家与第 j 家特种设备维保单位，那么 $l(n,i,j)$ 表示特种设备 l 属于使用单位 n，该设备由特种设备维保单位 i 提供维保服务，并向使用单位提交维保报告，由维保单位 j 进行维保质量的检验，并向使用单位提交维保质量检验报告。本文中 $i \neq j$，表示同一台特种设备不能由同一家维保单位既提供维保服务又提供检验服务。当 $j = 0$ 时，表示使用单位 n 自己有开展维保质量检验工作。相应地，当 $j \neq 0$ 时，表示使用单位 n 需要委托维保单位 j 开展维保质量检验服务。

（二）维保质量定价权博弈模型构建及分析

在 Rubinstein（1982）和 Kesler（2004）价格博弈的基础上，本书参照毕军贤（2011）等人关于质量检验博弈的方法，分析特种设备维保质量定价权问题。

假设博弈双方（特种设备维保单位，记为：博弈人 S），（特种设备使用单位，记为：博弈人 B）都是风险中性者。对于特种设备维保质量，维保质量的供需双方只能获得某一时期的静态信息，由于特种设备的维保及检验项目分为若干子项，例如，电梯共 81 项。因此博弈双方对特种设备全部子项的维保质量的评价存在差异，维保质量应分布在一个区间 $[mL, mH]$ 内，且具有弱稳定性。双方对于维保质量的合约具有不完全性，设定价格为交易质量的函数，实行"以质定价"的交易方式。在交易过程中，双方以事前合约规定的维保质量和价格为基础，对特种设备的维保质量进行质量博弈，以期获取有利的交易价格。在特种设备维保质量信息不对称的条件下，维保单位通过隐藏低质量的维保行为，虚报特种设备维保质量的质量水平，从而获得高价格。现实中特种设备维保单位提供的维保报告合格率为 100%。相反地，如果建立特种设备使用单位验证机制，使用单位就会降低特种设备维保质量的质量水平从而获得低价格。这样，双方就存在质量水平评价的利益冲突。

双方博弈过程为，1. 博弈双方事前达成一个不完全的合约规定，设定基准维保质量 m_0 情况下的基准合同价格为 p_0，交易价格实行以质定价

$$p = p_0 + k(m - m_0)$$

其中，k 为价格浮动系数，$k > 0$，m 为双方认同的维保质量。

2. 特种设备的真实的维保质量为 m_r，$m_r \in [m_L, m_H]$ 具有弱稳定性，特种设备维保单位的维保成本为 c_r，$c_r > 0$，$\dfrac{\partial c_r}{\partial m_r} > 0$，意味着随着维保质量的提高维保成本也会增加。维保单位报告的特种设备维保质量设为 m_s；使用单位因特种设备维保质量 m_r 中获得收益为 b_r，$b_r > 0$，$\dfrac{\partial b_r}{\partial m_r} > 0$，使用单位检验的特种设备维保质量为 m_B。

3. 双方依据各自认可的特种设备维保质量（m_s 和 m_B）进行谈判，并形成一致认同的特种设备检验质量 $m = \beta_S m_s + \beta_B m_B$，其中，$0 < \beta_S < 1, 0 < \beta_B < 1$，分别为特种设备维保单位与使用单位拥有的质量裁决权重，$\beta_S + \beta_B = 1$。

在 β_S 与 β_B 不同取值情况下，博弈主体的博弈行为选择将不同。在交易市场中，通常质量裁决权初始会均等的配置给供需双方，即 $\beta_S = \dfrac{1}{2}$，$\beta_B = \dfrac{1}{2}, m = \dfrac{1}{2} m_B + \dfrac{1}{2} m_s$。当质量裁决权均等地配置给供需双方时，该交易过程可以描述为一个不完全信息静态博弈过程。基于合约 (m_0, p_0, k)，设特种设备维保单位以概率 p_S 高报维保质量水平，使用单位以概率 p_B 低报维保质量水平。由于交易双方仅知 m_s, m_B 以及 $\theta = m_s - m_B$，那么产生维保质量水平差异的原因分为三种情况：

第一，在使用单位可以客观真实地报告维保质量水平情况下，维保单位高报维保质量水平，记为 $\theta = \theta_S$，其发生的概率为 $p_S(1 - p_B)$。

第二，在维保单位能够客观真实地报告维保质量水平情况下，使用单位低报维保质量水平，记为 $\theta = \theta_B$，其发生的概率为 $p_B(1 - p_S)$。

第三，使用单位低报维保质量水平，维保单位高报维保质量水平，则有 $\theta = \theta_B + \theta_S$，其发生的概率为 $p_B p_S$。

由于供需双方具有等权的质量裁决权，双方对维保质量偏差所支付的成本是相同的，即各方从质量偏差中所获得的收益份额等于各自虚报维保质量概率与产生维保质量总偏差的比值。那么有，维保单位的支付函数为

$$\alpha_S = \frac{p_S(1 - p_B) + 0.5 p_B p_S}{p_S(1 - p_B) + p_B(1 - p_S) + p_B p_S} - \frac{1}{2} = \frac{p_S - 0.5 p_B p_S}{p_S + p_B - p_B p_S} - \frac{1}{2}$$

同理可得，使用单位的支付函数为

$$\alpha_B = \frac{p_B - 0.5\,p_B p_S}{p_S + p_B - p_B p_S} - \frac{1}{2}$$

显然有 $\alpha_S + \alpha_B = 0$，这是一个零和博弈。即，一方所得为另一方所失，反之亦然。由此建立如表 6-5 的博弈支付矩阵。

表 6-5　　　　　使用单位与维保单位维保质量检验博弈矩阵

		特种设备维保单位	
		真实报告质量	高报质量
特种设备使用单位	真实报告质量	0,0	$-b,b$
	低报质量	$d,-d$	0,0

此处 b,d 分别表示因高报质量水平与低报质量水平，维保单位与使用单位分别获得的收益。此博弈存在两个纳什均衡，即（真实，真实）与（低，高）。若考虑存在维保质量纠纷的磋商成本的条件下，并且在收益完全相同的情况下，维保质量供需双方将选择（真实，真实）策略集合进行交易，从而避免质量纠纷带来的成本损失。

（三）同行评价机制设计

由图 6-7 框架设计可知，市场上每一家特种设备维保单位都面临其他多家维保单位的质量检验与评价，并且对于每一台特种设备存在维保质量与检验质量的两方面评价。因此，对每一家特种设备维保单位存在维保质量诚信指数与检验质量诚信指数。通过其他多家维保单位质量评价统计聚类，评价或者识别某个特种设备维保单位的可信度水平是具有一定的科学性。在目前缺乏对特种设备维保单位虚报维保质量无从测度与规范的情况下，采用特种设备维保单位同行评价及维保质量评价可信度等级作为供需双方诚信度定量指标，从而设计特种设备维保质量裁决权配属和质量纠纷成本分摊的权重，使特种设备维保供需双方博弈均衡趋向诚信维保，详见图 6-8。

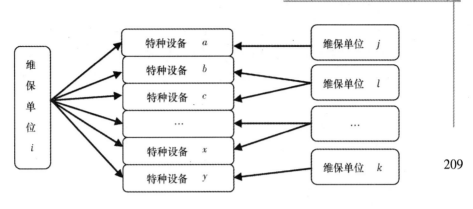

图 6－8　特种设备维保质量同行评价机制

维保质量供需双方权重配属机制的步骤如下：

步骤 1　确立交易者的质量检验可信度指数。当 $|m_S - m_B| \leqslant \varepsilon$ 时，即特种设备维保供需双方认可的维保质量偏差小于规定的容许误差，双方对维保质量评价是一致的，并规定维保单位提供的维保服务与其他维保单位对特种设备维保质量的评价一致次数占其总交易次数的比率为该维保单位维保诚信指数 ρ_S；相应地，规定维保单位提供的维保质量检验服务与所有其他维保单位对维保质量评价一致次数占其总交易次数的比率为该维保单位检验诚信指数 ρ_B，此指数也表示使用单位的诚信指数。因此，没有能力开展维保质量检验服务的使用单位可根据这该指数选择为其提供维保服务与维保质量检验服务的维保单位，进而保障特种设备的安全运行。

步骤 2　供需双方的质量裁决权配属权重和质量指标的确定。供需双方质量裁决权分别为

$$\beta_S = \frac{(1 - \rho_B) - 0.5(1 - \rho_S)(1 - \rho_B)}{(1 - \rho_S) + (1 - \rho_B) - (1 - \rho_S)(1 - \rho_B)}$$

$$\beta_B = \frac{(1 - \rho_S) - 0.5(1 - \rho_S)(1 - \rho_B)}{(1 - \rho_S) + (1 - \rho_B) - (1 - \rho_S)(1 - \rho_B)}$$

那么，特种设备维保质量交易指标为　．

$$m = \beta_S m_S + \beta_B m_B$$

步骤 3　交易者的质量纠纷成本 C 分摊权重的确定．规定供给双方权重分别为

$$\psi_S = \frac{(1 - \rho_B) - 0.5(1 - \rho_S)(1 - \rho_B)}{(1 - \rho_S) + (1 - \rho_B) - (1 - \rho_S)(1 - \rho_B)}$$

$$\psi_B = \frac{(1-\rho_S) - 0.5(1-\rho_S)(1-\rho_B)}{(1-\rho_S) + (1-\rho_B) - (1-\rho_S)(1-\rho_B)}$$

命题　权重配置机制下，只要 $p_S = 1-\rho_S$，$p_B = 1-\rho_B$，该机制将能保证特种设备相关博弈主体诚信维保。

证明：在 $m = \beta_S m_S + \beta_B m_B$ 的规定下，维保单位报告的维保质量偏差为 θ_S，由此维保单位分摊的质量纠纷的磋商成本为 $\psi_S C$，则特种设备维保单位的支付函数为

$$\alpha_S = \left(\frac{p_S - 0.5 p_S p_B}{p_S + p_B - p_S p_B} - \beta_B\right)\theta_S - \psi_S C = -\psi_S C$$

那么

$$\alpha_S = -\frac{p_S - 0.5 p_S p_B}{p_S + p_B - p_S p_B} C$$

由于 $C > 0$，容易知道 α_S 是 p_S 的减函数，$\frac{\partial C}{\partial P_S} > 0$，所以，当 $p_S = 0$ 时，α_S 取得最大值，即维保单位选择高报维保质量的概率为0。显然，特种设备维保单位选择诚信维保的收益最大。同理，可以证明使用单位也不会偏离诚信交易，即将会选择检验诚信指数最好的维保单位为其提供维保质量检验服务。这证明了，在此诚信激励机制设计下，此博弈存在贝叶斯纳什均衡，即供需双方都选择诚信交易策略。

在维保质量诚信机制设计中，诚信指数是一个基于其他维保单位评价而产生的评价指数，该指数反映了多个维保单位对某一个维保单位的评价结果，虽然该指数的准确度在短期内会影响到诚信激励机制设计的效果，但在长期内指数准确度会得到自动的纠正。

第六节　案例分析：电梯星级维保制度

一　星级维保制度简介

为帮助电梯使用单位理性选择电梯维保单位，避免电梯维保单位各自为政、无序（低价）竞争，我国部分省市开始实施《电梯维保单位星级评定制度》（简称星级维保）。即每年组织电梯维保相关单位，包括特设局、检验单位、行业协会等，对辖区内电梯维保单位按照《电梯维保星级评定办法》进行星级评定，分为无星级、二星级、三星级、四星级与

五星级。星级越高，表示该电梯维保单位在一个年度的维保服务质量越高，并向社会公布星级名单与电梯轿厢中进行星级标示。这样电梯使用单位可根据维保单位的星级来直观地了解电梯维保公司的维保质量，市民百姓也能根据电梯维保公司的星级来督促物业公司选择更好的电梯维保单位，从而保障自身的出行安全。

二　星级评定原则与方案

211

电梯维保单位星级评定细则（二星）

单位名称：　　　　　　　地址：　　　　　　法定代表人姓名：

电话：

评定标准	评定方法	评定情况	备注
1. 依法取得电梯安装、改造、维修资质许可	查看原件		
2. 资源条件满足取证条件	对照许可规则，查看有关资源条件鉴证材料，查看人员证件、社保证明		
3. 制订维保方案，应急预案，建立每部电梯的故障、维保记录档案（一机一档），记录完整	查看有关资料，维保合同，维保档案		
4. 设立 24 小时维保值班电话，接到故障通知后市区抵达时间不超过 30 分钟，乡镇不超过 45 小时	对方不知情情况下，模拟故障报修		
5. 对作业人员进行安全教育培训	查看培训考核记录		
6. 服务对象对维保服务质量满意度	书面征求使用单位、电梯实际使用人意见，满意率 85% 以上		
7. 被维保电梯没有发生过较大（含）以上责任事故	查看事故记录		
综合评定结果			

注：申报单位只有全部符合以上条件，才能评为合格二星。

电梯维保单位星级评定细则（三星）

单位名称：　　　　　　地址：　　　　　法定代表人姓名：

电话：

212

评定标准	评定方法	评定情况	备注
1. 依法取得电梯安装、改造、维修 B 级以上资质许可 3 年以上	查看原件		
2. 资源条件满足取证条件	对照许可规则，查看有关资源条件鉴证材料，查看人员证件、社保证明		
3. 制订维保方案；制定应急预案，每半年进行一次应急演练；建立每部电梯的故障、维保记录档案（一机一档），记录规范完整	查看有关资料，应急预案，演练录像，维保合同，维保档案		
4. 设立 24 小时维保值班电话，接到故障通知后市区抵达时间不超过 20 分钟，乡镇不超过 40 小时	对方不知情情况下，模拟故障报修		
5. 对作业人员进行安全教育培训	查看培训考核记录		
6. 每年度按维保规则自行检查 1 次以上	查看记录		
7. 安排维保人员配合定期检验	书面询问检验机构		
8. 维保过程中，及时告知、报告事故隐患	查看记录		
9. 近 2 年没有违规行为记录	查询行政处罚记录		
10. 被维保电梯没有发生过一般（含）以上责任事故	查看事故记录		
11. 服务对象对维保服务质量满意度	书面征求使用单位、电梯实际使用人意见，满意率 90% 以上		
综合评定结果			

注：申报单位只有全部符合以上条件，才能评为合格三星。

电梯维保单位星级评定细则（四星）

单位名称：　　　　　　地址：　　　　　　法定代表人姓名：

电话：

评定标准	评定方法	评定情况	备注
1. 依法取得电梯安装、改造、维修 A 级资质许可 3 年以上	查看原件		
2. 资源条件满足取证条件	对照许可规则，查看有关资源条件鉴证材料，查看人员证件、社保证明		
3. 维保电梯类别（类型）齐全，维保电梯数量盐城、宿迁、淮安、连云港 600 台以上，其他市 800 台以上	查看维保合同		
4. 文明服务、文明用语、维保工作中统一着装，整齐整洁	现场检查		
5. 严格按照规定制订维保方案；制定应急预案，每半年进行一次以上不同类别电梯应急演练；严格按照规定开展维保工作，建立每部电梯的故障、维保记录档案（一机一档），记录规范完整	查看有关资料，应急预案，演练录像，维保合同，维保档案		
6. 合理布点，设立 24 小时维保值班电话，接到故障通知后市区抵达时间不超过 15 分钟，乡镇不超过 30 小时	对方不知情情况下，模拟故障报修		
7. 对作业人员进行安全教育培训	查看培训考核记录		
8. 每年度按维保规则自行检查 2 次以上	查看记录		
9. 安排维保人员配合定期检验	书面询问检验机构		

评定标准	评定方法	评定情况	备注
10. 维保过程中，及时告知、报告事故隐患	查看记录		
11. 被维保电梯没有发生过一般（含）以上责任事故	查看事故记录		
12. 服务对象对维保服务质量满意度	书面征求使用单位、电梯实际使用人意见，满意率95％以上		
综合评定结果			

214

注：申报单位只有全部符合以上条件，才能评为合格四星。

电梯维保单位星级评定细则（五星）

单位名称：   地址：   法定代表人姓名．

电话：

评定标准	评定方法	评定情况	备注
1. 依法取得电梯安装、改造、维修A级资质许可4年以上	查看原件		
2. 资源条件持续满足取证条件	对照许可规则，查看有关资源条件鉴证材料，查看人员证件、社保证明		
3. 制度文件齐全并得到有效执行	查看有关文件资料		
4. 维保电梯类别（类型）齐全，维保电梯数量1200台以上	查看维保合同		
5. 文明服务、文明用语、维保工作中统一着装，整齐整洁	现场检查		
6. 严格按照规定制订维保方案；制定应急预案，每季度进行一次以上不同类别电梯应急演练；严格按照规定开展维保工作，建立每部电梯的故障、维修记录档案（一机一档），记录规范完整，档案保存4年以上	查看有关资料，应急预案，演练录像，维保合同，维保档案		

评定标准	评定方法	评定情况	备注
7. 合理布点，设立24小时维保值班电话，接到故障通知后市区抵达时间不超过15分钟，乡镇不超过30小时	对方不知情情况下，模拟故障报修		
8. 对作业人员进行安全教育培训	查看培训考核记录		
9. 每年度按维保规则自行检查2次以上	查看记录		
10. 安排维保人员配合定期检验	书面询问检验机构		
11. 维保过程中，及时告知、报告事故隐患	查看记录		
12. 被维保电梯没有发生过一般（含）以上责任事故	查看事故记录		
13. 服务对象对维保服务质量满意度	书面征求使用单位、电梯实际使用人意见，满意率99%		
综合评定结果			

注：申报单位只有全部符合以上条件，才能评为合格五星。

三 星级维保制度的效果评价

电梯维保单位星级评定，可以充分利用监管的"有形之手"，来帮助电梯使用单位和使用者更好地了解各电梯维保单位的优劣，通过市场"无形之手"来加强电梯的安全工作，促进电梯维保单位改善服务质量，提高电梯安全管理水平，进一步完善电梯监察部门、检验机构、使用单位、维保单位和使用者"五位一体"的安全管理体系，强化各自安全的主体责任落实。根据2012—2013年度NJ市的统计数据与评价结果，随机抽取18家电梯维保单位星级评定结果与28台电梯，进行效果观测，可以发现星级维保制度效果十分有效，详见图6-9。

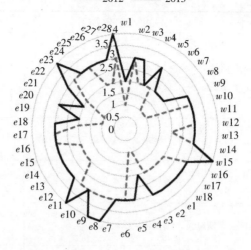

图 6-9　NJ 市星级维保制度效果 2012—2013 年对比图①

　　另外，根据我们对 NJ 市特设局、电梯使用单位与维保单位的调查访问。直接的效果是：NJ 市 2012 年初次进行星级维保评定时，在 145 家维保单位中，53 家被评为无星级维保单位，47 家被评为二星级维保单位，43 家被评为三星级维保单位，仅有两家被评为四星级维保单位；但到 2013 年进行星级评定时，无星级维保单位已经全部消失，要么被取消维保资格，要么通过一年的自身努力提升为有星级维保单位，有 26 家二星级维保公司上升为三星级维保公司。

　　对使用单位的调查访问，使用单位一致认为这一制度有效地帮助他们可以更好地选择出维保质量好的维保单位为他们提供维保服务。对于维保单位的调查访问，被评为四星级维保单位的表示目前市场对他们的认可很高，使得他们自身的议价能力提高，而电梯使用单位也愿意支付更高的价格来保证他们的电梯维保质量。

---

　　①　图中 w 表示电梯维保公司，e 表示电梯。1 表示无星级；2 表示二星级；3 表示三星级；4 表示四星级。

参考文献

Akerlof G. , "The Market for Lemons: Quality Uncertainty and the Market Mechanism", *Quaterly Journal of Econonics*, 1970, 84 (3), pp. 488 – 500.

Aumman, R. , "Agreeing to Disagree", *Annals of Statistics*, 1976, 4, pp. 1236 – 1239.

Bagwell k. , M. Riordan, "High and Declining Prices Signal Product Quality", *American Economic Review*, 1991, 81 (1), pp. 224 – 239.

Darby, M. , E. Karni, "Free Competition and the Optimal Amount of Fraud", *Journal of Law and Economics*, 1973, 16 (1), pp. 67 – 88.

Dulleck U. , R. Kerschbamer, "On Doctors, Mechanics and Computer Specialists: The Economics of Credence Good", *Journal of Economics Literature*, 2006, 44 (3), pp. 5 – 42.

George A. Akerlof, "The Market for "Lemons": Quality Uncertainty and the Market Mechanism", *The Quarterly Journal of Economics*, 1970, Vol. 84, No. 3, pp. 488 – 500.

Hahn S. , The Advertising of Credence Goods as a Signal of Product Quality, the Manchester School, 2004, 72 (1), pp. 50 – 59.

Harsanyi, John, "Approaches to the Bargaining Problem before and after the Theory of Games", *Econometrica*, 1956, 24, pp. 144 – 157.

Harsanyi, John, *A Bargaining Model for the Cooperative n – person game in Contributions to the Theory of Games* 4, edited by A. W. Tucker and R. D Luce, Princeton University Press, 1959.

Harsanyi, John, "Bargaining and Conflict Situations in the Light of A New Approach to Game Theory", *American Economic Review LV*, 1965, pp. 447 – 457.

Harsanyi, John, "Games with Incomplete Information Played by 'Bayesian' Players, Ⅰ: The Basic Model", *Management Science*, 1967. 11 (14), pp. 159 – 182. 2, 145.

Harsanyi, John, "Games with Incomplete Information Played by 'Bayesian' Players, Ⅱ: 'Bayesian Equilibrium Points'", *Management Science*, 1968. 1 (14), pp. 320 – 334. 49, 63n.

Harsanyi, John, "Games with Incomplete Information Played by 'Bayesian' Players, Ⅲ: The Basic Probability Distribution of the Game", *Management Science*, March 1968. 3 (14), pp. 486 – 502. 49, 63n.

Harsanyi, John, "An Equilibrium – Point Interpretation of Stable Sets and a Proposed Alternative Definition", *Management Science*, 1974, 20, pp. 1472 – 1495.

Hsieh C. C. , Liu Y. T, "Quality Investment and Inspection Policy in a Suppliermanufacturer Supply Chain", *European Journal of Operational Research*, 2010, Vol. 202 (3), pp. 717 – 729.

Kessler A. S. , Lulfesmann C. "Bilateral Bargaining, Unverifiable Quality and Options to Return", *Economic Theory*, 2004, (23), pp. 395 – 410.

Kreps, D. , P. Milgrom, J. Roberts and R. Wilson, "Rational Cooperation in the Finitely Repeated Prisoners' Dilemma", *Jounaul of Economic Theory*, 1982, 27 (2), pp. 245 – 252.

Levine J. , "The Dynamics of Collective Reputation", *SIEPR Discussion paper*, 2009, pp. 1 – 18.

Linnermer L. , "Price and Advertising as Signals of Quality when some Consumer are Informed", *International Journal of Industrial Organization*, 2002, 20 (7), pp. 931 – 947.

Maslow, A. H. , " A Theory of Human Motivation", *Psychological Review*, 1943, 50, pp. 370 – 396.

Myerson, Roger, "Nash Equilibrium and the History of Economic Theory", *Journal of Economic Literature*, 1999, 37 (3), pp. 1067 – 1082.

Nash J. , "The Bargaining Problem", *Econometrica*, 1950, 18, pp. 155 – 162.

Nash. J, "Non – cooperative Games", *Annals of Mathematics*, 1951, 54, pp. 286 – 295.

Nash. J, "Two – person cooperative games", *Econometrica*, 1953, 21, pp. 128 – 140.

Nelson. Phillip, "Adertising as Information", *Journal of Political Economy*, 1969, 81 (3), pp. 729 – 754.

Nelson. Phillip, "Information and Consumer Behavior", *Journal of Political Economy*, 1970, 78 (2), pp. 311 – 329.

Rose. C. , "Equilibrium and Adverse Selection", *Rand Journal of Economics*, 1993, 24 (4), pp. 559 – 569.

Rubinstein A. , "Perfect Equilibrium in a Bargaining Model", *Econometrica*, 1982, Vol (50) pp. 97 – 109.

Selten. Reinhard, "Reexamination of the Perfectness Concept for Equilibrium Points in Extensive Games", *International Journal of Game Theory*. 1975. 4, pp. 25 – 55.

Spence, A. "Job Market Signalling", *Quarterly Journal of Economics*, 1973, 87, pp. 355 – 374.

Spence, A. M. , *Market Signaling*, Cambridge, MA: Harvard University Press, 1974.

Spence, M. and R. Zechhauser, "Insurance, Information and Individual Action", *American Economic Review (papers and proceedings)*, 1971, 61, pp. 380 – 387.

Stiglitz, J. , *Whicher is Socialism?* Cambridge, MA: MIT Press. 1994

Stiglitz, J. and A. Weiss, "Credit Rationing in Markets with Incomplete Information", *American Economic Review*, 1981, 71, pp. 393 – 410.

Von Neumann. John, "Zur Theorie der Gesellschaftspiele", *Mathmatische Annalen*. 1928, 100, pp. 295 – 320.

Reyniers D. J, Tapiero C. S, "Contract design and the control of quality in aconflictual environment", *European Journal of OperationalResearch*, 1995, Vol. 82, pp. 373 – 382.

Tirole J. , A Theory of Collective Reputations, *Review of Economics Studies*, 1996, 63 (1), pp. 1 – 22.

Wonlinsky Asher, "Competition in a Market for Informed Experts' Services", *Rand Journal of Economics*, 1993, Vol. 24, pp. 380 – 398.

Wonlinsky Asher, "Competition in Markets for Credence Goods", *Journal of Institutional and Theoretical Economics*, 1995, 151 (1), pp. 117 – 131.

Winand Emons, "Credence Goods and Fraudulent Experts", *Rand Journal of Economics*, 1997, 28 (1), pp. 107 – 119.

Winand Emons, "Credence Goods Monopolists", *International Journal of Industrial Organization*, 2001, 19 (3 – 4), pp. 375 – 389.

Yehezkel, Y. , "Signaling Quality in an Oligopoly when Some Consumers are Informed", *Journal of Economics and Management Strategy*, 2008, 17 (4), pp. 937 – 972.

Von Neumann, John, Oskar Morgenstern, *The Theory of Games in Economic Behavior.* New York: Wiley, 1944. 1, 6n, 46, 88n.

Von Zermelo, E. , "Uber eine Anwendung der Mengenlehre auf die Theorie desSchachspiels", *Proceedings, Fifth International Congress of Mathematicians.* 1913. 2, pp. 501 – 504.

［美］埃莉诺·奥斯特罗姆：《公共事务的治理之道——集体行动制度的演进》，余逊达、陈旭东译，上海译文出版社 2012 年版。

［美］埃莉诺·奥斯特罗姆、罗伊·加德纳、詹姆斯·沃克：《规则、博弈与公共池塘资源》，王巧玲、任睿译，毛寿龙审校，陕西出版集团/陕西人民出版社 2011 年版。

毕军贤、赵定涛：《抽样检验产品的质量检验博弈与诚信机制设计》，《管理科学学报》，2011 年第 4 期。

陈钊：《信息与激励经济学》，上海三联书店/上海人民出版社 2005 年版。

程虹、范寒冰、肖宇：《企业质量安全分先有效治理的理论框架——基于互联网信息的企业质量安全分类模型及实现方法》，《管理世界》2012 年第 12 期。

董灵、李俊：《基于信誉机制的我国质量诚信体系建设》，《宏观质量研究》2013 年第 2 期。

范如国、李星：《产业集群内多企业动态合作创新博弈分析》，《学习与实践》2011 年 12 期。

范如国：《复杂网络结构范型下的社会治理协同创新》，《中国社会科学》2014 年第 4 期。

冯友兰：《中国哲学史》，中华书局 1961 年版。

华红编译：《19 世纪德国机床制造业发展概述》，《机械工程》1987 年第 2 期。

黄涛、颜涛：《医疗信任商品的信号博弈分析》，《经济研究》2009 年第 8 期。

［美］肯·宾默尔：《博弈论与社会契约》，王小卫、钱勇译，上海财经大学出版社 2003 年版。

［德］克·卢夫特：《民主德国计划经济失败的教训》，朱章才译，《国外社会科学》1994 年第 4 期。

李想：《食品安全的经济理论研究》，复旦大学博士论文，2012 年。

卢嘉瑞：《论提高消费者的素质》，《江西社会科学》1988 年第 4 期。

［美］迈克尔·波特：《国家竞争优势》，李明轩、邱如美译，中信出版社 2007 年版。

刘三江：《顶层设计视角下的特种设备检验体制改革研究》，《宏观质量研究》2013 年第 2 期。

罗云、崔钢、何义、王晓桥等：《基于"战略—系统"思维的特种设备监管模式及体系研究》，《宏观质量研究》2014 年第 2 期。

贾国栋：《对我国特种设备检验监管的思索——基于新公共管理理论的视角》，《宏观质量研究》2013 年第 2 期。

李酣：《从市场失灵到政府失灵——政府质量安全规制的国外研究综述》，《宏观质量研究》2013 年第 2 期。

谢识予：《经济博弈论》，复旦大学出版社 1997 年版。

杨荣基、彼得罗相、李颂志：《动态合作——尖端博弈论》，中国市场出版社 2007 年版。

武汉大学质量发展战略研究院：《2012 年中国质量发展观测报告》，中国质检出版社/中国标准出版社 2013 年版。

张继宏：《特种设备质量安全博弈分析》，《宏观质量研究》2013 年第 2 期。

张维迎:《博弈与社会》,北京大学出版社 2013 年版。

张维迎:《博弈论与信息经济学》,上海人民出版社 1996 年版。

张维迎:《竞争力与企业成长》,北京大学出版社 2006 年版。